REISEN AUF SCHIENEN

- Außergewöhnliche Stopps
- Superlative
- Zuglegenden

KUNTH

Der Wilde Westen lebt – zumindest auf der Cumbres and Toltec Scenic Railroad, die ...

... auf schmaler Spur zwischen den US-Bundesstaaten Colorado und New Mexico verkehrt (Seite 244).

Die historische »Littorina« auf Sizilien erinnert ein wenig an einen Bus – sie wurde von Fiat gebaut (Seite 116).

Inhalt

12 Über dieses Buch

Europa auf Schienen

18 NORWEGEN
Der Polarkreis-Express

20 NORWEGEN
Ein perfektes Norwegen-Panorama

22 NORWEGEN
Wo steckt der Halbblutprinz?

24 NORWEGEN
Wasserfälle im Dutzend

26 SCHWEDEN – NORWEGEN
Mittsommernächte

28 SCHWEDEN
Am See entlang zur Königstaufe

30 DÄNEMARK – SCHWEDEN
Eine mörderische Brücke

32 RUSSLAND
Sozialismus & Paläste

34 |SPECIAL|
Die längsten U-Bahn-Systeme der Welt

36 RUSSLAND
Die weltlängste Bahnstrecke

38 RUSSLAND
Transsibirien einmal anders

40 |SPECIAL|
Die längsten Schienennetze der Welt

42 GROSSBRITANNIEN
Die Legende: Schottland im Schlaf

44 GROSSBRITANNIEN
Praxis-Check: Schottland im Bummelzug

46 GROSSBRITANNIEN
In der ältesten U-Bahn der Welt

48 GROSSBRITANNIEN/ISLE OF MAN
Über den Königreichen

50 GROSSBRITANNIEN
Ins walisische Herz

52 GROSSBRITANNIEN
Nordirlands Klippen

54 GROSSBRITANNIEN – ITALIEN
Die Legende: Im Venice Simplon-Orient-Express

56 FRANKREICH – ITALIEN
Praxis-Check: Bitte umsteigen!

58 DEUTSCHLAND
Auf Heines Spuren

60 DEUTSCHLAND
Sommerfrische mit Laura

62 DEUTSCHLAND
Per Zahnrad zum Gachen Blick

64 DEUTSCHLAND
Die Kanonenbahn

66 DEUTSCHLAND
Auf schmaler Spur durchs Erzgebirge

68 DEUTSCHLAND
Rügens Rasender Roland

70 DEUTSCHLAND
Schweben, schweben, nur nicht hängen

72 ÖSTERREICH
Mit der Himmelstreppe zum Wallfahrtsort

74 ÖSTERREICH
Bergfahrt an die Adria

76 ÖSTERREICH
Im Mini-Orient-Express über den Arlberg

78 SCHWEIZ
In Fels und Eis

80 SCHWEIZ
Zum höchsten Bahnhof Europas

82 SCHWEIZ
Geht's noch steiler? Nein!

84 SPANIEN
Entlang des Camino del Norte an der Biskaya

86 SPANIEN
Die Legende: Der Andalusier

88 SPANIEN
Praxis-Check: Von Sevilla nach Córdoba

90 SPANIEN – PORTUGAL
Nachtzug nach Lissabon

92 PORTUGAL
Wein, Fluss & Eisenbahn

94 PORTUGAL
Mit der Elektrischen zum Strand

+INHALT+

- 96 PORTUGAL — Nachhaltig Bahnfahren
- 98 PORTUGAL — Quietschend durch die Altstadt
- 100 FRANKREICH — Mit 300 km/h ans Meer
- 102 |SPECIAL| — Der schnellste Zug der Welt
- 104 FRANKREICH — Pinienzapfen im Hinterland
- 106 FRANKREICH — Im Kohlezug aufs grüne Plateau
- 108 FRANKREICH — Ein Kanarienvogel auf Schienen
- 110 FRANKREICH/KORSIKA — Alpine Bahnfahrt im Mittelmeer
- 112 SCHWEIZ – ITALIEN — Hundert Täler, eine Bahn
- 114 ITALIEN/SIZILIEN — Reif für die Insel
- 116 ITALIEN/SIZILIEN — Tanz um den Vulkan
- 118 ITALIEN/SARDINIEN — Kleiner grüner Zug
- 120 SLOWENIEN — Durch die Karstwälder
- 122 SLOWENIEN — Von den Alpen bis (fast) an die Adria
- 124 BOSNIEN-HERZEGOWINA — Am Ufer der Neretva
- 126 MONTENEGRO – SERBIEN — In den Schluchten des Balkan
- 128 RUMÄNIEN — Im Land der Vampire
- 130 BULGARIEN — Bulgariens Gebirge

132 +Afrika+ auf Schienen

- 134 MAROKKO — Marrakesh Express
- 136 TUNESIEN — Ritt auf der Eidechse
- 138 ÄGYPTEN — Nilreise
- 140 MAURETANIEN — Aus der Wüste zum Atlantik
- 142 |SPECIAL| — Die längsten Züge der Welt
- 144 KAMERUN — Per Dschungelzug ins Hochland
- 146 ÄTHIOPIEN – DSCHIBUTI — Schleichfahrt
- 148 OSTAFRIKA — Die Legende: Afrikas Stolz
- 150 SAMBIA – TANSANIA — Praxis-Check: Im Rhythmus des Bongo Flava
- 152 TANSANIA — Kolonialspur zum Tanganjikasee
- 154 KENIA — Durch Nationalparks nach Mombasa

- 156 SÜDAFRIKA — Die Legende: Blau, blau, blau sind alle seine Farben
- 158 SÜDAFRIKA — Praxis-Check: Johannesburg to Cape Town
- 160 SÜDAFRIKA — Unter Dampf zum Bauernmarkt
- 162 SÜDAFRIKA — Der wilde, wilde Süden
- 164 SIMBABWE — Elefanten vorm Zugfenster
- 166 SIMBABWE — Elefanten-Express
- 168 NAMIBIA — Auf dem Baiweg vom Hochland an den Atlantik

170 +Asien+ auf Schienen

- 172 TURKMENISTAN – KASACHSTAN — Die Legende: Auf den Spuren Marco Polos
- 174 TURKMENISTAN – KASACHSTAN — Praxis-Check: Die Seidenstraße auf eigene Faust

INHALT

176 SAUDI-ARABIEN
Glaubensfrage: Highspeed durch die Wüste

178 VAE
Teufelsritt auf der Formula Rossa

180 INDIEN
Das Zahnrad der Zeit

182 INDIEN
Im Spielzeug zur Teestunde

184 INDIEN
Westküsten-Express: Von Brücke zu Brücke

186 INDIEN
Quer & längs durch Indien

188 SRI LANKA
Ein Blick zurück auf die Schiene

190 SRI LANKA
Im Land des Tees

192 CHINA
Führungslos durch China

194 CHINA/TIBET
Mit Sauerstoffmaske zum Dach der Welt

196 CHINA
Grüne Züge im roten China

198 KAMBODSCHA THAILAND
Grenzerfahrung im Land der Khmer

200 KAMBODSCHA
Auf der Bambusplattform

202 VIETNAM
Wiedervereint unterwegs

204 THAILAND
Auf Königs Spuren nach Hua Hin

206 THAILAND
Das Pfeifen im Dschungel

208 JAPAN
Zurück in die Zukunft

210 | SPECIAL |
Die größten Bahnhöfe der Welt (nach Fläche)

212 JAPAN
Hängepartie

214 JAPAN
Hello Kitty

216 JAPAN
Eine Fahrt durch die Vergangenheit

218 | SPECIAL |
Die schnellsten Züge der Welt

220 +Nordamerika auf Schienen+

222 KANADA
Pu der Bär reist mit

224 KANADA
Im Zug zu den Eisbären

226 USA
Einmal quer durchs Land bitte!

228 | SPECIAL |
Artisten auf Achse: Zirkuszüge

230 USA/ALASKA
Der Himmel über Alaska

232 USA
Schienen im Outback

234 USA/KALIFORNIEN
An stählernem Kabel

236 USA/KALIFORNIEN
Im Land der Zukunft

238 USA/KALIFORNIEN
Mit dem Board ans Meer

240 USA/ARIZONA
Grand Canyon unter Dampf

242 | SPECIAL |
Die größten Bahnhöfe der Welt (nach Gleisen)

244 USA/COLORADO – NEW MEXICO
Dampfzug nach Silverado

246 USA/COLORADO
140 Jahre unter Dampf

248 USA/COLORADO
Per Zahnrad auf Amerikas patriotischen Berg

250 | SPECIAL |
Mit Zahnrad und Drahtseil steil bergauf

252 USA/NEW JERSEY
Düsenjet-Feeling

INHALT

Mittel- und Südamerika auf Schienen

256 MEXIKO
Schluchtenfahrt ins Hochland

258 PANAMA
Immer am Kanal entlang

260 KUBA
Schokoküsse aus Kuba

262 KUBA
¡Viva la Revolución!

264 ECUADOR
Tanz mit dem Teufel

266 PERU
Nur in Tibet geht's höher

268 |SPECIAL|
Im Zug dem Himmel so nah

270 PERU
Legende: Luxuszug im Reich der Inka

272 PERU
Praxis-Check: Unterwegs nach Cusco

274 PERU
Viele Wege führen auf den Heiligen Berg

276 BRASILIEN
Durch die grüne Serra

278 ARGENTINIEN/FEUERLAND
Die südlichste Eisenbahn der Welt

280 ARGENTINIEN
Der Zug in den Wolken

282 ARGENTINIEN
Kunst in der Metro

284 ARGENTINIEN
Mit dem Dampfross durch Patagonien

Australien und Neuseeland auf Schienen

288 AUSTRALIEN/VICTORIA
Mord im Regenwald

290 AUSTRALIEN
Australien von Nord nach Süd

292 AUSTRALIEN/QUEENSLAND
Perspektivenwechsel

294 AUSTRALIEN/TASMANIEN
Der Tasmanische Teufel

296 NEUSEELAND
Neuseelands Alpen, Flüsse und Täler

298 NEUSEELAND
Panorama am Pazifik

300 NEUSEELAND
Lange Reise, kurzer Zug

305 Register

311 Bildnachweis

312 Impressum

> Die Icons in den Karten zeigen die Seitenzahlen an. Markiert ist jeweils der Startpunkt der Bahnreise.

Über dieses Buch

Deutschlands erste Bahnstrecke von Nürnberg nach Fürth ging 1835 in Dienst und gab den Startschuss zu einem beispiellosen Ausbau des Zugverkehrs. Bereits 15 Jahre später reisten die Deutschen auf 5700 km Gleisen durchs Land. Den Romantiker Joseph von Eichendorff bewegte dieser Fortschritt zu folgender Klage: »An einem schönen warmen Herbstmorgen kam ich auf der Eisenbahn vom andern Ende Deutschlands mit einer Vehemenz dahergefahren, als käme es bei Lebensstrafe darauf an, dem Reisen, das doch mein alleiniger Zweck war, auf das allerschleunigste ein Ende zu machen.« Das Tempo des Transports scheint bis heute der über allem stehende Zweck einer Eisenbahnfahrt zu sein. Den Wettbewerb um immer neue Geschwindigkeitsrekorde tragen einige wenige Länder mit raketengleichen, aerodynamisch perfekt geformten, aber nicht immer besonders elegant aussehenden Bahnen aus, die unter geheimnisvollen Kürzeln wie TGV oder ICE fungieren. Als müsste auch der Name möglichst schnell und kurz sein.

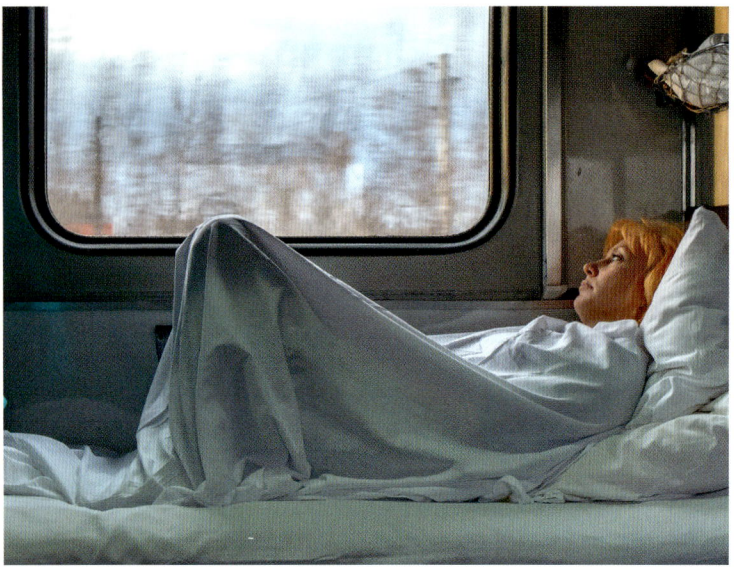

Mit der Transsibirischen Eisenbahn lassen sich Russlands Weiten auch liegend erleben (Seite 36).

Wie elegisch liest sich dagegen *Transsibirskaja magistral*, Transsibirische Eisenbahn, und passend zum Namen benötigt sie für ihre epische Fahrt über knapp 10 000 km acht Tage. Sie wird natürlich nicht mehr von einem Dampfross gezogen, wie bei Boris Pasternaks »Doktor Schiwago«, ist auch durchaus schnell, aber selbst bei diesem (noch humanen) Tempo würden sich Lara und Jurij ineinander verlieben. Nicht nur Geschwindigkeit, auch Langeweile und damit verbunden das Bedürfnis nach Kommunikation mit den Mitreisenden ist charakteristisch für das Bahnfahren. Gustave Flaubert klagte, er würde nach fünf Minuten im Zug vor Stumpfsinn zu heulen beginnen. Andere wie Jurij und Lara verlieben sich. Oder werden zu Mördern – Agatha Christie hat das perfekt vorgemacht.

Ihrer Schreibkunst und den Verfilmungen von »Mord im Orient Express« verdanken wir auch die Faszination für die Verbindung von Bahnfahren und Luxus. In der großen Ära der Orient- und sonstigen Palastzüge geriet die Reise in einem fürstlichen Schlafzimmer auf Rädern zum Statussymbol. Da aber die wohlsituierte Klientel ziemlich übersichtlich blieb und schnell dem nächsten Reiz, dem des Fliegens, erlag, starben die Verbindungen nach und nach aus. Erst das Bedürfnis nach immer außergewöhnlicheren »Kreuzfahrten über Land« setzte diverse »Orient«-Züge wieder auf die Schiene.

Ob die heutigen Luxuszüge tatsächlich die Faszination des Bahnfahrens vermitteln, die Reiserfahrung, so wie wir sie lieben? Spät nachts am Bahnsteig auf blecherne Ansagen horchen, auf den Pfiff für die Freigabe des Zuges warten, Menschen im ungesund-bleichen Licht flackernder Neonröhren beobachten? Und endlich das erlösende Signal! Langsam beginnt das Dadamm-dadamm der Räder, wird immer schneller und gewinnt schließlich das Gleichmaß, das den Kopf träge macht. Das leise Quiet-

Bahnfahren ist ein Erlebnis, nicht nur mit der spektakulären Burma Railway in Thailand (Seite 206).

schen von Eisen auf Eisen, wenn die Räder den Zug in die Kurven zwingen, das sanfte Wiegen der Fahrgestelle lassen unsere Augenlider schwer werden. Wir räkeln uns in den Sitzen des Abteils in eine angenehme Position und sinken schließlich mit verwehenden Gedanken immer tiefer in das Vergessen des Schlafes. Nachtfahrten sind das Nonplusultra des Eisenbahnreisens. Wenn alle anderen im Schlaf an ihrem Platz verharren, sind wir unterwegs, wenn alle anderen morgens das ewig Gleiche sehen, blicken wir auf eine neue Welt.

Älter geworden reisten wir dann auch bequemer durch die Dunkelheit, leisteten uns erst Liegewagen, schließlich ab und an auch ein Schlafwagenabteil. Und mussten plötzlich feststellen: Nachtzüge, Schlafwagen verschwinden aus den Fahrplänen. Während auf allen Kontinenten immer mehr Menschen bequem in Zügen durch die Nacht gondeln, hat sich die Deutsche Bahn aus dem Schlafwagenverkehr verabschiedet und einige Restzüge den Österreichischen Bundesbahnen überlassen. Die betreibt die Verbindungen – wer hätte es gedacht – durchaus profitabel.

Endlich wittern diejenigen, die den Nachtzug für ein überkommenes Modell gehalten hatten, neue Geschäfte. Seither geht es Schlag auf Schlag: 2021 nahm Frankreich den Nachtzug Paris–Nizza wieder in Betrieb, und weitere sollen folgen: Ziel sei es, dass europäische Destinationen wie Malmö, Berlin, Wien, Rom oder Madrid bis Ende des Jahrzehnts per Nachtzug erreichbar sind. Auch Deutschland zieht nach. Vielleicht lernt die Welt ja endlich doch noch, Speed herauszunehmen. Vielleicht lassen sich die Klimaveränderungen begrenzen. Mit der vollen Nutzung der Infrastruktur, die bereits existiert, und mit dem weiteren Ausbau der Eisenbahn wären wir auf einem guten Weg.

Dieses Buch möchte die Augen öffnen für die unendlichen Möglichkeiten des Reisens auf Schienen, möchte Geschichte erläutern und Geschichten erzählen. Wenn Sie beim Durchblättern des Buches Lust bekommen, die eine oder andere Strecke zu befahren, dann haben wir unser Ziel erreicht. Wir wünschen viel Spaß beim Lesen und Schauen, und am Ende der Lektüre – wer weiß – vielleicht eine Liste mit künftigen Wunsch-Reisen.

Rast er noch, oder schwebt er schon? Der japanische Shinkansen ist mit bis zu 300 km/h unterwegs.

Hier passiert ein Zug den 3 776 m hohen Fuji, den höchsten Berg des Landes (Seite 208).

+Europa+
auf Schienen

Gemessen an der Länge der Schienennetze steht die Europäische Union hinter den USA an zweiter Stelle. Zählt man Nicht-EU-Länder wie Norwegen und Russland hinzu, führt Europa die Liste sogar an! Unter diesen mehr als 300 000 Schienenkilometern die landschaftlich reizvollsten, technisch interessantesten oder historisch spannendsten Bahnlinien zu finden, ist gar nicht so einfach – insbesondere, wenn man die vielfältigen Interessen von Eisenbahnfreunden unter einen Hut bringen möchte.

So stellen wir in diesem Kapitel Bahnen wie die norwegischen Nordlandsbanen oder die slowenische Wocheinerbahn vor, die uns mit den landschaftlichen Reizen ihrer Streckenführung begeistern, aber auch technische Pionierleistungen wie die Schweizer Pilatusbahn oder die Wasserballastbahn im portugiesischen Braga. Auch viele Museumszüge sind dabei – aber gelten die überhaupt als Eisenbahnen, wenn sie nur noch Ausflügler befördern und nicht im regulären Dienst verkehren? Für uns schon, denn eben diese historischen Züge schaffen doch jenes Eisenbahnerlebnis, nach dem sich Nostalgiker und Fans von Dampflok & Co. sehnen. Der TGV kann damit nicht konkurrieren.

Doch TGV, ICE, Frecciarossa, und wie die Hochgeschwindigkeitsgeschosse alle heißen, sind die Zukunft der Bahn. Sie stehen für ein ganz anderes, aber nicht minder eindrucksvolles Zugfeeling. Solange sie die Regionalbahnen nicht vollständig verdrängen, fahren wir auch auf diesen Flitzern gern eine Etappe mit. Aber nun: Bitte einsteigen und die Türen schließen!

NORWEGEN

Der Polarkreis-Express

Weit und breit kein Santa Claus, aber Rentiere und Elche sichten die Passagiere auf Norwegens längster Eisenbahnstrecke durchaus. Die Entscheidung, ob man tagsüber oder nachts fährt, hängt ein bisschen von der Jahreszeit und persönlichen Vorlieben ab.

REISE-INFOS
- Zug: Nordlandsbanen
- Strecke: Trondheim – Bodø
- Länge und Spurweite: 729 km, Normalspur
- Dauer: 9 h 50
- Preis: 62 € (Standard), 152 € (Schlafwagen für zwei Personen)
- Info: www.vy.no

Die bullige Diesellock des Typs NSB Di 4, die unseren Zug nach Bodø ziehen wird, gibt uns einen Vorgeschmack auf die Reise: Offensichtlich erwarten uns Hindernisse, die diese schon alte, aber kräftige Zugmaschine einfach von den Gleisen fegen wird. Wir denken dabei an Schnee, schließlich geht's hoch nach Norden und über den Polarkreis. Es tun sich dann aber auch andere Blockaden auf – dazu später.

Brücken und Tunnel wechseln sich ab auf der Nordlandsbanen, die nach Bodø führt.

Zunächst machen wir es uns in einem der komfortablen Schlafabteile bequem. Da wir im Winter unterwegs sind, haben wir den Nachtzug gewählt, denn wir hoffen auf das Glück, Polarlichter zu sehen, und verzichten dafür auf das Panorama von Landschaft und Städten. 44 Bahnhöfe, knapp 300 Brücken und 154 Tunnel liegen vor uns – nicht alle muss man unbedingt gesehen haben.

Dass der Schnee draußen immer höher liegt, erkennen wir an den kurz aufflackernden Szenen, die das Licht unseres Abteils wie ein Scheinwerfer aus der Dunkelheit schält. Das Thermometer zeigt –14 °C Außentemperatur an. Zwischen Kiefern erklettert die Bahn nun in beständiger Fahrt die Bergkette des Saltfjellet … und da ist er endlich, bei Kilometer 579,3: der Polarkreis!

Die Bahn stoppt. Nicht wegen dieser geografischen Linie, sondern weil plötzlich Rentiere vor ihr herlaufen, wie ein Mitpassagier, ein Sámi, erklärt. Inzwischen türmt sich der Schnee links und rechts der Gleise zu erstaunlichen Barrieren, nur die Schienen sind relativ frei. Wer kann es den Tieren verübeln, dass sie den leichteren Weg wählen, wenngleich es oft genug der Weg in den Tod ist: Nicht immer halten die Loks rechtzeitig. Früher hatten die Fahrer Gewehre dabei, um verletzte Tiere zu erlösen, erzählt der mitreisende Sámi. Aus Tierschutzgründen sei der Abschuss jetzt verboten.

Unsere Rentiere hatten Glück, die Bahn fährt weiter. In Bodø am Vestfjord hat uns die Zivilisation wieder. Und das Nordlicht flackert psychedelisch über den Nachthimmel. 🚃

⌐ Ausgebüchst

Da die Strecke regelmäßig von zwei Tagzügen und einem Nachtzug befahren wird, können Passagiere die Fahrt jederzeit unterbrechen – zum Beispiel im Städtchen Mosjøen mit dem stimmungsvollen, historischen Viertel Sjøgata – und mit der nächsten Bahn weiterfahren. ⌐

Im Hafen von Bodø legen zahlreiche Fischkutter an.

Ein perfektes Norwegen-Panorama

Durch Schluchten und über Hochebenen, vorbei an Fjorden, Gipfeln und knapp 40 Haltestellen, erleben die Passagiere der Bergensbanen Norwegen im Schnellzugtempo. Ideal fürs erste Kennenlernen – möglichst bei schönem Wetter!

REISE-INFOS
- Zug: **Bergensbanen**
- Strecke: **Oslo – Bergen**
- Länge und Spurweite: **496 km, Normalspur**
- Dauer: **6 h 30**
- Preis: **ab 60 €**
- Info: **www.vy.no**

Selbst König Haakon war stolz, als der erste von Bergen kommende Zug am 27. November 1909 im Bahnhof von Oslo einfuhr. Knapp 35 Jahre hatten die Bauarbeiten an der fast 500 km langen Strecke quer durch das ganze Land gedauert. Ein ingenieurtechnisches Meisterwerk seiner Generation, so die Majestät zur Eröffnung.

Links: Klare Bergluft und strahlend blauer Himmel erwarten Reisende an Norwegens höchster Station Finse.
Rechts: In Bergens historischem Viertel Bryggen säumen frühere Handelskontore die Ostseite der Bucht.

Nur in den wärmeren Monaten zeigt sich die Hardangervidda so grün.

Was Haakon so lobte, wird nach dem Start in Oslo deutlich. Vorbei an Fjorden und durch Kiefernwälder flitzt die rote Bahn von Städtchen zu Städtchen und durch einen Tunnel nach dem anderen – am Ende der Reise wird sich ihre Zahl auf 182 summieren. Die Sitze im Großraumwagen sind bequem, die Wärme macht müde, aber im Restaurantwaggon warten anregender Kaffee und süße *kanelboller,* Zimtschnecken, die nicht nur Norweger so lieben! Ab Kilometer 220, der Zug hat Nesbyen erreicht, verändert sich die Szenerie: Die Bahn erarbeitet sich rund 1 000 Meter Höhe auf die Hardangervidda-Hochebene – und wird von Wolken und Nebel verschluckt.

Norwegens höchste Bahnstation Finse auf dem Hochplateau verzeichnet 1222 m Höhe und Minustemperaturen. Die Nebel haben sich gelichtet und geben den Blick über eine schneebedeckte Märchenlandschaft frei, mit weiß gekrönten Gipfeln am Horizont und Schneebälle werfenden Kindern, die den Halt zum Toben nutzen.

Bei Myrdal, Kilometer 370, schlägt das Klima erneut um. Der Fjord ist nah, verdrängt mit seiner relativen Wärme die polaren Winde, und es geht wieder bergab – mit einem Gefälle von 5,5 % so steil wie nirgendwo sonst in Europa (im Normalspurbetrieb). Bergen empfängt uns mit einem Jugendstilbahnhof und der kristallklaren Luft von Städten, die am Wasser liegen.

⌐ Ausgebüchst

Über die Hardangervidda-Hochebene und parallel zu den Schienen verläuft der 80 km lange Rallarvegen, ein beliebter, wenn auch recht holperiger Radweg, der nur von Mai bis Oktober befahren werden kann. Die Bergensbane nimmt Räder mit – man kann also ein beliebig langes Teilstück der Strecke mit dem Fahrrad zurücklegen.

NORWEGEN

Wo steckt der Halbblutprinz?

Harry Potter was here! Nicht ganz, aber zumindest virtuell. Ihre Magie, die verdankt diese ungewöhnliche Bahnstrecke nicht dem Zauberlehrling, sondern der einzigartigen Szenerie, die der Fluss Rauma ins Gestein gegraben hat.

REISE-INFOS
- **Zug:** Raumabanen
- **Strecke:** Åndalsnes – Dombås
- **Länge und Spurweite:** 114 km, Normalspur
- **Dauer:** 1 h 20
- **Preis:** ab 20 €
- **Info:** https://entur.no

Eigentlich braucht diese aussichtsreiche Fahrt durch das wildromantische, von zackig erodierten Felswänden begrenzte Tal des Rauma-Flusses keine zusätzliche Werbung – aber da der Ort Bjorli so stolz darauf ist, soll es erwähnt werden: Hier entstanden die einzigen Filmminuten der gesamten Harry-Potter-Reihe, die nicht in Großbritannien gedreht wurden, und das, weil es in Schottland partout nicht schneien wollte. Die Winterszenen in »Harry Potter und der Halbblutprinz« wurden um das in den Wintermonaten stets zuverlässig verschneite Bjorli gedreht.

Bjorli ist ein Wintersportort; viel Ausrüstung für alpinen oder Langlaufsport wird ausgeladen, der Zug leert sich nach einer guten Dreiviertelstunde Fahrtzeit merklich. Da hat die Bahn den aufregendsten Teil der Strecke vom Meer durch das teils schluchtartig verengte Tal des Rauma in das knapp 600 m hoch gelegene Schneeloch bereits bewältigt. Dem wild rauschenden Fluss folgend oder ihn über eine der vielen Brücken querend, arbeitete sich der silbern-rote Triebwagen Meter um Meter höher. Er fuhr an Europas höchster, senkrechter Felswand entlang, dem Trollveggen, der beeindruckende 1700 m über die Talsohle ragt, und überquerte die Kylling bru, Norwegens berühmteste Brücke. Nicht einmal der Erste Weltkrieg konnte die acht Jahre währende Arbeit an der Granitbrücke unterbrechen.

Übrigens: *Im Sommer verkehren zwischen Mai und August Ausflugsbahnen, die an besonders malerischen Stellen langsam fahren oder zum Fotografieren anhalten – allerdings nur zwischen Åndalsnes und Bjorli.*

Ab Bjorli weitet sich die Landschaft. Wer nicht unbedingt bis Dombås (mit Anschluss nach Oslo) weiterfahren möchte, steigt aus, genießt das Bergpanorama, unternimmt vielleicht eine kleine Wanderung und fährt mit der nächsten Bahn zurück.

Durchs Zugfenster
Vor der Kylling bru absolviert die Bahn in einem Wendetunnel einen 180°-Turn und kommt 19 m tiefer (und passgenau an der Brücke) wieder aus dem Tunnel heraus. Eine technische Meisterleistung, von der der Blick auf das tief unten schäumende Wildwasser aber schnell wieder ablenkt.

Oben: Die ersten Sonnenstrahlen fallen frühmorgens auf den Trollveggen, eine fast senkrechte Felswand.
Unten: Immer wieder quert die Bahnstrecke im engen Tal den Fluss Rauma.

NORWEGEN

Wasserfälle im Dutzend

Lieber bergauf oder bergab? Oder gleich hin und zurück?
Jede Strecke hat ihre Reize – auf dem Weg von Flåm nach Myrdal
ist es die beeindruckende Steigung. Und in Gegenrichtung der
Blick von der Anhöhe auf den tiefblauen Fjord.

REISE-INFOS

- Zug: **Flåmsbana**
- Strecke: **Flåm – Myrdal**
- Länge und Spurweite: **20 km, Normalspur**
- Dauer: **1 h**
- Preis: **ab 37 €**
- Info: **www.norwaysbest.com**

Ein letzter Blick zurück auf den schmalen Aurlandsfjord und das Städtchen Flåm – dann widmen wir uns voll und ganz dem Abenteuer, auf einer nur 20 km kurzen Strecke 867 Höhenmeter zu erklettern – per Bahn versteht sich. Die Flåmsbana rechnen verschiedene Rankings wahlweise zur schönsten Eisenbahnstrecke Norwegens, Europas oder der

Eine Fahrt mit der Flåmsbana, der wohl berühmtesten Bahn Norwegens, bleibt lange in Erinnerung.

Der sagenumwobene Kjosfossen liegt direkt an der Flåmbahn. Damit die Passagiere ihn besichtigen können, wurde eigens für den Wasserfall eine Haltestelle eingerichtet.

Welt. Wir möchten uns lieber selbst ein Bild machen und die Fahrt mit einer Radtour verbinden.

Auf jeden Fall haben wir noch nie so konstant steile Anstiege erlebt – die silbergrau lackierte Lok der Baureihe EL 18 zieht ihre dunkelgrünen Waggons fast durchgängig über 5,5% Steigung bergan. Das fordert Respekt, erst recht, wenn man bedenkt, dass die Schienen bereits zwischen 1923 und 1940 verlegt wurden. Durch 20 Tunnel arbeiten wir uns stetig das schmale Flusstal des Flåmselvi hinauf – in einem sogar mit einer 180°-Schleife. Und jedes Mal, wenn wir aus diesen dunklen Passagen ins Tageslicht tauchen, rauschen links und rechts Wasserfälle.

In den Waggons herrscht Unruhe: Auf welcher Seite ist die Aussicht besser? Die Mitreisenden eilen von links nach rechts: »Hier links, tief unter uns der Fluss!« – »Schau mal dort der Wasserfall, das muss der Kårdalsfoss sein!« So oder so ähnlich klingt es wohl – die meisten Passagiere sind Norweger, die wir leider nicht verstehen. Endlich kommt der Star dieser Strecke in Sicht, und zwar rechts! Der 200 m hohe Kjosfossen rauscht und spritzt in mehreren Stufen einen steilen Hang hinunter. Dann zuckelt die Bahn auch schon in Myrdal ein – Endstation! Im Bahnhofscafé Rallaren leihen wir Mountainbikes und rollen an der Bahnlinie entlang downhill nach Flåm, diesmal mit ausgiebigen Fotostopps.

⌐ So schmeckt's

Im Café Rallaren gibt's nicht nur gut gewartete Räder, sondern nach Vorbestellung auch ein Lunchpacket fürs Picknick unterwegs (Bike um 38 €, unbedingt vorab reservieren auf https://caferallaren-eng.squarespace.com/).

+SCHWEDEN – NORWEGEN+

Mittsommernächte

Den nördlichsten Passagierbahnhof Europas mit Regelspurverkehr besuchen wir bei dieser Nordlandtour mit dem Nachtzug. Denn im Sommer versinken die Landschaften nie in Dunkelheit, und das schafft eine ungewöhnliche Stimmung.

REISE-INFOS
- Zug: NT 94 (Norrlandståget sleeper)
- Strecke: Stockholm – Narvik
- Länge und Spurweite: 1533 km, elektrifizierte Normalspur
- Dauer: 19 h
- Preis: 63–250 €
- Info: www.vy.se, www.norrtag.se

Die Strecke in den hohen Norden quer durch Lappland nach Narvik stand schon immer auf unserem »Reisezettel«. Begonnen wurde der Gleisbau für die Erzbahn zu den Minen Nordschwedens bei Luleå am Bottnischen Meerbusen 1884, und nach fünf Jahren war der erste Abschnitt zwischen Luleå und Gällivare fertig. Da aber der Meerbusen in den Wintern fast immer vereiste, begann man Ende des

In der modernen Halle des Stockholmer Hauptbahnhofs herrscht reges Treiben.

Narvik ist der nödlichste Eisenbahn-Endpunkt in Norwegen. Die Station ist allerdings nicht direkt, sondern nur mit einem Umweg durch Schweden über die Erzbahn Luleå–Narvik zu erreichen

19. Jhs. mit der Verlängerung in die norwegische Stadt Narvik, die auch in harten Wintern eisfrei blieb.

Hoch im Norden fesseln uns zwei Phänomene. Im Sommer verschwindet die Sonne nur ganz kurz hinter dem Horizont, um gleich wieder durchzustarten; ein wenig Zwielicht, unheimlich und magisch zugleich, dann ist es auch wieder vorbei. Im Winter, wenn die Nächte kein Ende nehmen wollen, hat uns die Natur mit dem Spiel des Nordlichts auch so einiges zu bieten. Das mit dem Nordlicht heben wir uns aber auf, wir fahren in die Mittsommernacht.

Übrigens: *Norwegen wurde 1940 von der Wehrmacht besetzt, um die Eisenerzversorgung des Deutschen Reiches sicherzustellen. Bis 1945 fuhren deshalb die Erzfrachter zwischen Narvik und Emden hin und her.*

Sehr komfortabel sind die Wagen, auch in der zweiten Klasse, und sehr sauber – skandinavisch eben. Wir leisten uns dieses Mal ein Zweierabteil mit Bad und blicken vom Bett aus auf die ewig rauschenden Wälder des Nordens und auf seine unergründlichen, dunklen Seen. Wir kreuzen den Polarkreis, Lappland zieht an uns vorbei, und dann, viel zu schnell, fährt die Bahn in Narvik ein.

Ausgebüchst

Das Phänomen der Mittsommernacht ist von Narviks Hausberg Narvikfjellet besonders gut zu beobachten. Um Mitternacht herum schleicht die Sonne regelrecht am Horizont entlang, taucht kurz unter, wieder auf – die richtige Zeit für einen nicht enden wollenden Sundowner.

Oben: In Lidköping, wo die Kinnekullebanan nach Mariestad abfährt, überqueren die Züge den Fluss Lidan.

Unten: Der Vänern ist dank seiner Breite von bis zu 81 km der größte See Schwedens.

SCHWEDEN

Am See entlang zur Königstaufe

Am Südwestufer von Schwedens größtem See passiert die Bahn den Kinnekulle, einen der historisch bedeutenden Orte des Landes. Kurz mal aussteigen und wandern? Dank der häufigen Verbindungen ist das kein Problem.

REISE-INFOS
Zug: Kinnekulletåget, Kinnekullebanan
Strecke: Lidköping – Mariestad
Länge und Spurweite: 55 km, Normalspur
Dauer: 45 Min.
Preis: 4,50 €
Info: www.sj.se

Die Fahrt in den modernen Dieseltriebwagen ist nicht super spektakulär, aber landschaftlich durchaus reizvoll, eine einfache Reise durch Mittelschweden mit dunklen Wäldern entlang der weiten Wasserflächen des Vänern. Europas drittgrößter See ist ein Vogelparadies, und wer die Szenerie vor dem Zugfenster aufmerksam beobachtet, wird so manches seltene Exemplar entdecken. Die heute wieder zahlreichen Kormorane – von Fischern nicht gerade geschätzt – waren im 19. Jh. nahezu ausgerottet.

Übrigens: *Da die Bahn hier vornehmlich der Anbindung des Umlandes an die Städte dient, ist der Verkehr auf die Pendlerströme ausgelegt. Die Anzahl der Fahrten wird tagsüber reduziert, in den Morgen- und Abendstunden aber hochgefahren.*

Erbaut wurde die Strecke zwischen 1887 und 1889 als Schmalspurbahn (891 mm) durch einige Privatgesellschaften, die jeweils nur für kurze Abschnitte der Strecke verantwortlich waren. Die Umrüstung auf Normalspur erfolgte dann in den 1950er- und 1960er-Jahren, als die staatliche Eisenbahngesellschaft Statens Järnvägar (SJ) die Kleingesellschaften übernahm und das schwedische Streckennetz konsolidierte. Heute verkehren auf der Strecke Triebwagen der in Hennigsdorf/Deutschland hergestellten Bombardier-Baureihe Itino Y31/32.

Eine große Attraktion auf dem Weg ist der 306 m hohe Tafelberg Kinnekulle. Um den 40 km langen Kinnekulleleden, den Trail durch die Naturschutzgebiete an seinen Flanken, zu gehen, steigen Reisende an den Stationen Råbäck oder Blomberg aus. Vom Gipfelplateau gibt der Aussichtsturm die Sicht frei über das Seeufer und die Orte Lidköping und Mariestad.

Ausgebüchst

Herzland der schwedischen Geschichte ist die Region um den Kinnekulle, weil unweit – in der Kirche von Husaby – der erste christliche König von Schweden, Olof Skötkonung, getauft wurde. In der Umgebung sind weitere Zeugen der Vergangenheit zu finden, darunter die berühmten Liliensteine mit floralem Muster. Niemand weiß, welchem Zweck sie einst dienten.

+ DÄNEMARK – SCHWEDEN +

Eine mörderische Brücke

Von Kopenhagen nach Malmö ist es seit dem Jahr 2012 mit der Bahn nur noch ein Katzensprung – im Untergeschoss der 7845 m langen und krimitechnisch verewigten Brücke über den Öresund.

REISE-INFOS

- Zug: Øresundbanen / Öresundsbanan
- Strecke: Kopenhagen – Malmö
- Länge und Spurweite: 45 km, elektrifiziert, zweigleisig, Normalspur
- Dauer: 39 Min.
- Preis: 13–19 €
- Info: www.sj.se

Dass Dänemark und Schweden seit dem Jahr 2000 durch eine spektakuläre, knapp 8 km lange Brücke über den Öresund miteinander verbunden sind, haben wir mitbekommen. Dass dieses Jahrhundertbauwerk seit 2012 auch eine Eisenbahn quert – diese neue Erkenntnis verdankten wir der Krimiserie »Die Brücke« um ein schwedisch-dänisches Ermittlerteam (s. Film-Tour). Mit dieser Bahn wollten wir fahren.

Die Øresundsbron hat für Dänemark und Schweden einen hohen Symbolwert.

Bereits im Jahr 1910 hatte man sich Gedanken über eine Verbindung zwischen den beiden Städten gemacht. Kriege und Geldmangel beerdigten die Pläne bis in die 1980er-Jahre, als ein neues Projekt aufgelegt wurde: Auf der Dänemarkseite mit einem Tunnel und ab dem Inselchen Peberholm dann als doppelstöckige Schrägseilbrückenkonstruktion mit einer Durchfahrtshöhe von 55 m für die ganz großen Schiffe. Die Bahn nutzt das »Untergeschoss« der Brücke, oben drüber rauscht der Autoverkehr.

Übrigens: Dass Dänemark und Schweden in ihren jeweiligen Streckennetzen verschiedene elektrische Systeme verwenden und sich auch die Signaltechnik unterscheidet, war ein Problem. Die Stromversorgung liefert nun das dänische Netz. Da die Signaleinrichtungen auf der Insel Peberholm wechseln, wurden die Züge auf umschaltbare Systeme umgerüstet. Und für den Namen der Brücke gibt's einen schwedisch-dänischen Kompromiss: Øresundsbron.

In der Frühe starten wir mit der Öresundsbanan in Kopenhagen. Die Wagen sind topsauber, modern, zweckmäßig. Eintauchen in den Tunnel, kurze Fahrt über Peberholm, Hochschwung zur Brücke und schließlich erneut eine Tunnelfahrt unter Malmö hindurch zum Hauptbahnhof – das war's. Kein Mord. Aber eine fantastische Aussicht auf den Öresund und die wirklich riesigen Pötte, die darauf dahindampfen. Guten Morgen, Malmö!

Film-Tour

Die Kommissarin Saga Norén aus Malmö, eine Figur mit leicht autistischen Zügen, arbeitet mit ihrem dänischen Kollegen Martin Rohde meist recht grausame Mordfälle ab. Die beiden fahren – per Auto, per Bahn – in jeder Episode gefühlte fünf Mal über die Öresundbrücke. Die Krimiserie »Die Brücke« ist mit inzwischen vier Staffeln ein Renner des öffentlich-rechtlichen Fernsehens.

Ein Besuch von Nyhavn, dem »neuen Hafen«, gehört beim Kopenhagen-Trip einfach dazu.

+RUSSLAND+

Sozialismus & Paläste

Mit ihren prunkvollen, historischen Stationen zählt die Moskauer Metro zu den schönsten unterirdischen Verkehrssystemen der Welt. Paläste für das Volk sollten es werden, so die Vorgabe der Funktionäre, und das haben die Architekten umgesetzt.

REISE-INFOS
- **Zug: Moskowski metropoliten**
- **Strecke: 408 km, 15 Linien**
- **Preis: 0,75 €/Fahrt**
- **Info: https://transport.mos.ru/en**

1935 ging die erste Linie, die »rote« 1, an den Start, 1938 eröffnete dann die »dunkelblaue« 3, noch heute die Linie mit den elegantesten Haltestellen. Ihre Strahlkraft verdanken sie natürlich umfangreicher Renovierung und Instandsetzung – weniger zentral

Marmorne Bänke und üppige Kronleuchter schmücken die einst längste Station Arbatskaja.

Links: Ploschtschad Rewoljuzii war eine der Endstationen des 1. Bauabschnitts.
Rechts: Slawjanski Bulwar erinnert an die Jugendstileingänge so mancher Pariser Metrostation.

gelegene Stationen sind deutlich unansehnlicher. Wer sich einen ersten Überblick über Moskaus U-Bahn-Ästhetik verschaffen möchte, fährt am besten mit der Linie 3, die unter anderem den Moskauer Stadtkern einmal von West nach Ost durchquert.

Übrigens: *2,56 Milliarden Menschen – eine gigantische Zahl. So viele Passagiere befördert die Moskauer Metro im Jahr. Theoretisch führe damit jeder Einwohner Russlands 18 Mal mit der Metro. Tatsächlich sind es wohl in erster Linie die Moskauer Pendler und Touristen, die sie nutzen.*

Wir steigen am Ploschtschad Rewoljuzii zu, dessen Namensgeber, die Revolution, ihre Entsprechung in der Gestaltung der U-Bahn-Haltestelle mit 76 Bronzestatuen von sozialistischen »Helden« findet, von Soldaten, Arbeitern und Menschen aus dem einfachen Volk. Um die alle unterzubringen, wurden sie rigoros noch in kleinste Nischen gestellt, manche so geduckt, dass sich die realen sozialistischen Passagiere dadurch verunglimpft sahen – wollte das stalinistische Regime sie etwa als Geknechtete darstellen? Eine Station weiter, Arbatskaja, verlor der Sozialismus gegen die Prunksucht, und wir erfreuen uns an Lüstern, Fresken und Marmor. Bei ihrer Eröffnung war Arbatskaja die längste Station Moskaus, heute steht sie auf Rang zwei. Kiewskaja, ähnlich barock, ist eine Reverenz an die Ukraine, während Park Pobedy mit einem bunten, naiven Mural an Russlands Sieg über Napoleon erinnert. Dann fährt die Metro in unsere Lieblingsstation ein: Slawjanski Bulwar, ein potemkinsches Klein-Paris im Moskauer Untergrund. Nein, kein Art Nouveau, aber 2008 gut kopiert! Trotzdem wunderschön.

+SPECIAL+

Die längsten U-Bahn-Systeme der Welt

U-Bahn, Subway, Metro, MRT – das sind die häufigsten Begriffe für die elektrischen Schienenbahnen, die in Großstädten zur Personenbeförderung eingesetzt werden. Trotz ihres Namens fahren U-Bahnen in zahlreichen Städten nicht nur in Tunneln, sondern auch oberirdisch, auf separaten Gleisen oder aufgeständert als Hochbahn über den Straßen der Stadt. Dass sie heute in fast allen Metropolregionen der Welt eingesetzt werden, verdanken die Metros ihrer hohen Leistungsfähigkeit: Mit ihnen können bis zu 50 000 Fahrgäste pro Stunde und Richtung bei Zugfolgezeiten von nur 90 Sekunden befördert werden.

Immer eine Fahrt wert:

- **Metro Shanghai (China), 745 km:** Obwohl erst 1990 mit dem Bau der Metro in Shanghai begonnen wurde, hat sie heute das längste Streckennetz. Sie gilt als die am schnellsten

Die 1918 erbaute U-Bahn-Haltestelle Whitehall Street (New York). Seit einem Umbau im Jahr 2009 ist die Station mit der South Ferry Station verbunden. Sie wird jährlich von über neun Millionen Fahrgästen genutzt.

Die Station Komsomoloskaja ist eine der prunkvollsten Haltestellen der Moskauer Metro.

wachsende Metro der Welt. Seit der Eröffnung der Linie 1 im Jahr 1995 kamen 17 weitere Linien hinzu, und der Ausbau geht weiter: Bis zum Jahr 2025 sind 25 Linien und ein Streckenausbau auf mehr als 1000 km geplant.

- New York City Subway (USA), 399 km: Die New Yorker Subway ist eine der ältesten U-Bahnen der Welt. Sie wurde bereits 1904 eröffnet, wesentliche Teile des Netzes wurden bis 1940 von drei unterschiedlichen Gesellschaften erbaut. Seit 1953 wird sie von der New York City Transit Authority (NYCTA) betrieben. Nach Problemen in den 1970er- und 1980er-Jahren, als das Bild der Subway von Vandalismus, Kriminalität und zahlreichen Unfällen geprägt war, erlebt sie seit den 1990er-Jahren durch hohe Investitionen einen neuen Aufschwung. Mit mehr als 1,7 Milliarden Passagieren jährlich zählt sie zu den meistgenutzten U-Bahnen der Welt.
- Metro Moskau (Russland), 412 km: Die U-Bahn der russischen Hauptstadt ist mit 2,5 Milliarden Nutzern jährlich eine der meistfrequentierten Metros der Welt. Bekannt ist sie vor allem wegen der prächtigen Architektur ihrer Stationen, die als »unterirdische Paläste für das Volk« bezeichnet werden. Tatsächlich beeindrucken besonders die Bahnhöfe, die in den 1930er- und 1940er-Jahren von renommierten Architekten konzipiert wurden, mit Marmorverkleidungen, Stuckdecken und Kronleuchtern. Außergewöhnlich ist auch die Tiefe: Die Station Park Pobedy liegt ganze 84 m unter der Erde.

Top 10:
- Shanghai (China): 745 km
- Beijing (China): 727 km
- Guangzhou (China): 531 km
- Chengdu (China): 520 km
- Moskau (Russland): 412 km
- Shenzen (China): 411 km
- London (Großbritannien): 402 km
- New York (USA): 399 km
- Nanjing (China): 378 km
- Chongqing (China): 370 km

Die weltlängste Eisenbahnstrecke

Eisige Kälte, peitschende Winde, endlose Armeen weißgefleckter Birkenstämme, blecherne Ansagen in den Bahnhöfen des Nirgendwo – ein Nachtmahr? Nein, Faszination Transsib!

23 Minuten Halt in Balezino – das reicht, um einen geräucherten Fisch zu kaufen. Zum Verzehr nimmt man ihn mit ins Abteil. Gegen Protest der Sitznachbarn hilft nur eines: Teilen.

REISE-INFOS

- Zug: Rossiya
- Strecke: Moskau – Wladiwostok
- Länge und Spurweite: 9259 km, Russische Spur (1520 mm)
- Dauer: 150 h
- Höchstgeschwindigkeit: 140 km/h
- Preis: ab 150 €
- Info: am besten die Hilfe einer Agentur in Anspruch nehmen, z. B. www.ostwest.com

Wohl jeder Eisenbahnfan träumt davon, einmal auf der Transsib zu fahren, selbstverständlich auch wir. Früher war das eine entbehrungsreiche Unternehmung, doch heute muss man sich an ihre Waggons nicht mehr gewöhnen. Sie haben mitteleuropäischen Standard, sind sehr sauber, topmodern und mit allem Komfort ausgestattet, inklusive einer Dusche mit heißem Wasser in jedem Wagen. Geschlafen wird in angenehmen 4-Bett-Abteilen. Eine 1. Klasse und 2-Bett-Kabinen gibt es nicht. Allerdings besteht immer die Möglichkeit, gleich alle vier Betten eines Abteils zu bezahlen und es dann zu zweit zu belegen – die Preise sind überschaubar.

Gebaut wurde die Verbindung aus dem europäischen Russland ans Japanische Meer in den Jahren von 1891 bis 1916. Wie viel genau die Unternehmung letztlich gekostet hat, weiß niemand so genau, ebenso wenig, wie viele Leben: Reguläre russische Arbeiter, Zwangsverpflichtete und Strafgefangene starben an Krankheiten, Unfällen und Erschöpfung.

Übrigens: *Achten Sie bei der Querung des Ural auf den Obelisken bei Kilometer 1777; genau hier verlassen Sie Europa und betreten Asien.*

400 Bahnhöfe liegen an der Strecke, 16 breite Ströme vom Kaliber der Wolga, des Amur oder des Jenissei werden gequert, die Taiga im stetigen Rhythmus durchstampft, und eines Morgens erspähen wir sogar ein Stückchen vom Baikalsee. Das Auge wird mit erstaunlicher Vielfalt belohnt.

Wer unterwegs Wert auf etwas mehr Privatsphäre legt, sollte sich ein Mehrbettabteil im Schlafwagen buchen: Im Liegewagen kommen sich die Reisenden automatisch recht nahe.

Das Herz auch, denn dass wir uns während der sechs Tage bestens unterhielten, lag auch an unseren Mitpassagieren, die sich gern auf ein Kartenspiel zusammensetzten oder uns einluden, am mitgebrachten Essen teilzunehmen. Wir steuerten dann meist Teigtaschen, *wareniki* oder *pelmeni,* bei, die wir von den *babuschkas* bei einem der vielen Stopps am Bahnsteig erstanden hatten. In Wladiwostok angekommen, hatten wir viele neue Freunde. Und waren überglücklich über ein Abendessen zu zweit.

+RUSSLAND+

Transsibirien einmal anders

Noch Mal Wälder, einsame Bahnstationen, Permafrostboden, wilder Osten, diesmal aber in einer robusteren Variante. Selbst die allgegenwärtigen Babuschkas lassen sich kaum noch blicken.

REISE-INFOS
- Zug: BAM, Baikal-Amur-Magistrale
- Strecke: Taishet – Sowetskaja Gawan
- Länge und Spurweite: 4309 km, Russische Spur (1520 mm)
- Dauer: min. 4 Tage
- Preis: 115 € (3. Klasse), 300 € (1. Klasse)
- Info: www.tutu.travel

Transsib? Damit fahren doch alle! Wir hatten von Freunden gehört, dass das große Sibirienabenteuer nicht auf dieser bekannten und sehr komfortablen Strecke ans Japanische Meer zu finden sei, sondern auf der ab Taishet in etwa parallel, aber 400 km weiter im Norden verlaufenden Baikal-Amur-Magistrale. Vier bis fünf Tage durch die Wildnis Sibiriens, nördlich am Baikalsee entlang, die längsten Flüsse Russ-

Wer mehrere Tage auf der BAM unterwegs ist, weiß ein herzhaftes Frühstück zu schätzen, inklusive Wodka.

Über Stunden, Tage hinweg sehen wir aus dem Zugfenster ... Landschaft.

lands überquerend und durch die am dünnsten besiedelten Regionen. Eigentlich gäbe es dort nichts außer Bergbau, die Tundra und die großen Rentierherden der Evenken. Das hörte sich spannend an.

Wurde es auch, wenngleich die Erhabenheit der selbst im Frühsommer noch unter Schnee liegenden Landschaften vor dem Zugfenster bereits am zweiten Reisetag, wir fuhren auf Severobaikalsk und den Baikalsee zu, zu verblassen begann. Umso unterhaltsamer war die Gesellschaft der in stetem Strom Zu- und Einsteigenden, die ihren Proviant, mal ein Glas Kaviar und Fladenbrot, dann wieder eine Flasche Wodka, gern mit uns teilten und dafür Auskunft erheischten über so sensationelle Dinge wie die Berliner Mietpreise. Die meisten Passagiere reisten zu ihren Arbeitsstellen in entlegenen Bergbaugebieten. Zu diesem Zweck und für den Transport von kostbaren Erzen wurde die BAM von 1932 bis 1945 gebaut, damals vor allem unter menschenverachtendem Einsatz von Zwangsarbeitern. Richtig erfolgreich wurde sie nie. Bis heute versucht Russland, die wenig befahrene Strecke aufzuwerten. Wir Passagiere in der dritten Klasse (eine erste gibt es auch, aber da waren wir allein) freuen uns über den Platz.

Übrigens: *Bei Kilometer 1800, also etwa beim Bahnhof Chani in Jakutien, verlässt der Zug Europa und befährt von da den Fernen Osten.*

Als wir nach vier Tagen und neun Stunden in Sowetskaja Gawan am Tatarensund einfahren, wissen wir, was es bedeutet, wenn von den unendlichen Weiten Sibiriens die Rede ist und von der herzlichen Gastfreundschaft der Russen, gleich welcher ethnischen Herkunft. Auch von ihrer Trinkfestigkeit haben uns einige Mitreisende überzeugt. Aber beim nächsten Mal werden wir zumindest nachts der ersten Klasse den Vorzug geben – dort gibt es bequeme Betten, in denen man ausreichend Schlaf findet. Zurück nehmen wir das Flugzeug, unseren Rücken zuliebe.

Die längsten Schienennetze der Welt

Bereits im Spätmittelalter verlegten die Menschen die ersten Schienen, um darauf in Wagen und Loren Waren zu transportieren. Vor allem im Bergbau wurden zunächst Holzschienen, ab der Mitte des 18. Jhs. auch Schienen aus gegossenem Eisen verwendet. Die Wagen wurden anfangs mit menschlicher Muskelkraft, später mithilfe von Pferden bewegt. Die erste öffentliche Pferdeeisenbahn fuhr ab 1801 in England. Im Zug der industriellen Revolution wurden die Pferdebahnen bald durch dampfkraftbetriebene Eisenbahnen abgelöst. 1825 wurde in England die erste Eisenbahn der Welt zwischen Stockton und Darlington eröffnet, die erste Eisenbahn in Deutschland verkehrte ab 1835 zwischen Nürnberg und Fürth. Der Boom war unaufhaltsam: In den USA, in Russland und in Europa entstanden weit verzweigte Eisenbahnnetze. Heute umfassen die Schienenwege der Erde eine Länge von rund 1,5 Millionen km.

Ein modernes Verkehrswesen ist ohne Schienenverkehr nicht vorstellbar.

Top 10: Die längsten Bahnlinien der Welt im Personenverkehr

- Moskau – Pjöngjang (Russland, Nordkorea 8,5 Tage): 10 267 km
- Moskau – Wladiwostok (Russland, 7 Tage): 9259 km
- Moskau – Beijing, über Harbin (Russland, China, 6 Tage): 8984 km
- Moskau – Beijing, über Ulaanbaatar (Russland, Mongolei, China, 5 Tage): 7826 km
- Kislowodsk – Tynda (Russland, 6 Tage): 7734 km
- Moskau – Nerjungri (Russland, 6 Tage): 6950 km
- Guangzhou – Lasa (China, 2 Tage): 4980 km
- Shanghai – Yining (China, 2 Tage): 4742 km
- Shenzhen – Ürümqi (China, 2 Tage): 4663 km
- Guangzhou – Ürümqi (China, 2 Tage): 4663 km

Top 10: Die größten Schienennetze der Welt (gerundet)

- USA: 294 000 km
- China: 131 000 km
- Russland: 87 000 km
- Kanada: 78 000 km
- Indien: 69 000 km
- Argentinien: 37 000 km
- Deutschland: 34 000 km
- Australien: 33 000 km
- Frankreich und Brasilien: je 30 000 km
- Japan: 27 000 km

Übrigens: *Würde man die Europäische Union als ein Land zählen, hätte dieses (nach den USA) das zweitlängste Schienennetz der Welt – in den 27 Ländern der EU liegen knapp 231 000 km Gleise.*

+ GROSSBRITANNIEN +

Die Legende: Schottland im Schlaf

Einschlafen in London, Aufwachen in schottischen Landschaftspanoramen von tiefgrüner Grandezza, dazu feine Bettwäsche, gut gemixte Drinks und ein königliches Frühstück – das hat was.

REISE-INFOS
- Zug: The Caledonian Sleeper
- Strecke: London – Glasgow – Fort William
- Länge und Spurweite: 675 km, Normalspur
- Dauer: 13 Stunden
- Preis: ab 55 €/Person (Schlafsessel), ab 465 € für 2 Personen (Caledonian Doubles mit Frühstück)
- Info: www.sleeper.scot

Es ist noch gar nicht so lange her, da nahmen die meisten nationalen Eisenbahngesellschaften ihre Nachtzüge aus dem Fahrplan. Auch dem Caledonian Sleeper, einer der beiden noch verbliebenen Über-Nacht-Verbindungen in Großbritannien, drohte das Aus. Zum Glück entschied sich ScotRail für das Gegenteil, einen luxuriösen Refresh. Seit Frühjahr 2020 fahren die runderneuerten Waggons nun zwi-

Der Caledonian Sleeper fährt durch eine der schönsten Schluchten Großbritanniens, Monessie Gorge.

Man kann den Ben Nevis, Schottlands höchster Erhebung, gemütlich hinaufwandern ... oder beim Ben Nevis Race mitmachen, bei dem jährlich Hunderte Teilnehmer den Berg hinauf- und hinunterrennen.

schen London und Fort William im westlichen Norden Schottlands. Sie bieten Doppelbettkabinen mit Dusche und WC, einen von dem schottischen Designer Ian Smith gestalteten Club Car mit feinem Essen und persönlichen Kabinenservice – der Erfolg des neuen Konzepts blieb nicht aus.

Übrigens: *Die Caledonian Doubles, wie die höchste Komfortklasse heißt, sind auf Monate hinaus ausgebucht.*

Start ist in London Euston gegen 21 Uhr, der Steward begleitet uns persönlich zur Kabine. Während der Zug Londons Vororte durchquert, genießen die Passagiere im Club Car das Dinner und gehen danach zu Bett. Eingelullt vom sanften Rattern des Zuges, erwachen wir morgens erfrischt und bekommen ein schottisches Frühstück serviert. Tiefgrüne Landschaften ziehen vorbei, Rotwild beäugt die Bahn, die sich auf dem letzten Teilstück um Bergkuppen und Seen herumwindet und Moore durchquert. Das Wetter, wie so oft typisch schottisch, gaukelt uns mit Nebelfetzen und tief hängenden Wolken Unheimliches vor. Dann reißt der Himmel auf, und wir sind am Ziel, Fort William. Es ist zehn Uhr morgens. Schottland, wir kommen!

Ausgebüchst

Kurz vor Fort William sehen Sie die wuchtige Gestalt des 1344 m hohen Ben Nevis, er ist Großbritanniens höchster Berg. Wie wäre es mit einer Wanderung? Auf dem »Pony Treck« sind 1300 Höhenmeter zu bewältigen (insgesamt 15 km).

+GROSSBRITANNIEN+

Praxis-Check: Schottland im Bummelzug

Ab Glasgow fährt die West Highland Line auf gleicher Strecke wie der Caledonian Sleeper, nur mit deutlich mehr Stopps, in gemächlicherem Tempo und unter anderem zum berühmten Harry-Potter-Viadukt.

REISE-INFOS

- **Zug: West Highland Line**
- **Strecke: Glasgow – Fort William – Mallaig**
- **Länge und Spurweite: 240 km, Normalspur**
- **Dauer: 5 h**
- **Preis: ab 45 €**
- **Info: www.scotrail.co.uk**

Rathad Iarainn nan Eilean, Eisenstraße zu den Inseln, heißt die West Highland Line auf Gälisch, und als solche schlängelt sie sich von Glasgow über Fort William, wo der Caledonian Sleeper endet, hinaus bis ins abgeschiedene Hafenstädtchen Mallaig. 24 Stationen liegen auf unserem Weg nach Nordwesten, oft nur wenige Kilometer voneinander entfernt. Manchmal haben wir richtig Lust, auszusteigen und uns diese Dörflein näher anzusehen. Tyndrum beispielsweise, dessen 157 Einwohner über zwei, nur 600 m voneinander entfernte Bahnhöfe verfügen – Upper Tyndrum für unseren Zug und Tyndrum Lower, um nach Oban zu fahren. Praktisch.

Kurze Zeit später, bei der Durchquerung des Rannoch-Moores, drosselt die Diesellok ihre ohnehin nicht allzu hohe Geschwindigkeit, tuckert mit 48 km/h durch ein Universum von Tümpeln, Torf und Heidekraut. Links und rechts der Schienen stiebt Rotwild davon. Sind wir hier im Film? Nein, das kommt noch: Hinter Fort William und kurz vor der Haltestelle Glenfinnan kommt wohl ein Anblick jedem, der Harry Potter auf seinem Weg vom Londoner Bahnhof King's Cross ins Zaubererinternat Hogwarts gefolgt ist, sehr vertraut vor: Über den 380 m langen und bis zu 30 m hohen Glenfinnan-Viadukt rattert regelmäßig der Hogwarts Express – natürlich nur auf der Leinwand.

Übrigens: *Rund 20 Minuten Fußweg sind es nur vom Bahnhof zu den mächtigen Pfeilern des Viadukts! Versuchen wir es mal mit einem »Aparecium!« – vielleicht wird der Hogwarts Express dann sichtbar?*

In Morar, letzter Halt vor Mallaig, sind wir versucht, eine Pause an den schneeweißen Stränden einzulegen, doch in Mallaig selbst, am Ende der (schottischen) Welt, wartet – auf die Ankunft des Zuges abgestimmt – schon die Fähre auf die Insel Skye.

Ausbüchsen

In Arisaig, der vorletzten Station vor Mallaig, könnte Sie der Blick auf die »small isles«, die kleinen Inseln Rum, Canna, Muck und Eigg, dazu veranlassen, die Reisepläne zu ändern und ein paar Tage auf den Hebriden zu wandern – aufmerksam beäugt von den Seeadlern, die am Himmel ihre Kreise drehen.

Glenfinnan hat nicht nur den berühmten Viadukt zu bieten, sondern auch den herrlichen Loch Shiel. An seinem Nordufer steht das Glenfinnan Monument. Es stellt einen Highlander dar, der über das Wasser blickt.

GROSSBRITANNIEN

In der ältesten U-Bahn der Welt

Sie ist die älteste, aber nicht mehr die längste U-Bahn der Welt: Die »Tube« wurde von den unterirdischen Verkehrssystemen in Shanghai und Peking überholt, was ihren Reiz nicht schmälert.

Das Logo der Underground, der Londoner U-Bahn, ist mittlerweile auch ein Markenzeichen für die Stadt selbst.

»Mind the gap!« Die Warnung vor der Spalte zwischen Zug und Bahnsteig hat noch immer ihre Berechtigung.

REISE-INFOS

- Zug: London Underground, »Tube«
- Strecke: 402 km
- Preis: ab 6,40 € (cash), 2,80 € (mit Oyster Card)
- Info: https://tfl.gov.uk/modes/tube/

Auf ihre 270 Stationen und elf Linien kann die britische Hauptstadt durchaus stolz sein, auch wenn nur 45 % der Strecken tatsächlich unterirdisch verlaufen. 3,7 Millionen Menschen nutzen die Tube täglich; sie steht damit unter den meistfrequentierten U-Bahnen immerhin an zwölfter Stelle.

Am 10. Januar 1863 fuhr der erste, von einer Dampflokomotive gezogene Zug der Metropolitan Railway von Paddington nach Farringdon; die Strecke wurde zum Kernstück des Inner Circle, einer Ringbahn um das eigentliche Stadtzentrum. Metropolitan Railway befuhr die Strecke im Uhrzeigersinn, District Railway in der Gegenrichtung. 1905 stellte die Metropolitan Railway ihre Züge auf elektrischen Betrieb um. Weltweit übernahmen U-Bahn-Systeme deren Namen, Metro. Im zweiten Weltkrieg dienten einige Stationen als Luftschutzbunker, im Bahnhof Downing Street kam Premier Churchill mit seinen Ministern zu Kabinettssitzungen zusammen.

Die Londoner U-Bahn inspirierte Schriftsteller wie Regisseure: Eine tragende Rolle spielt sie beispielsweise in Agatha Christies »Der Mann im braunen Anzug« (Opfer kommt auf den elektrifizierten Gleisen um). Barbara Vine versammelt in dem Psychothriller »König Salomons Teppich« eine Reihe von Charakteren, die mit der *tube* verbunden sind (U-Bahn-Surfer, Schriftsteller, der ein Buch über die Bahn schreibt, eine Frau mit *tube*-Phobie …). Literaturnobelpreisträger Seamus Heaney widmet ihr in »District and Circle« die wohl poetischsten Zeilen, die je über eine U-Bahn geschrieben wurden. Und natürlich erlebten auch James Bond (»Skyfall«) und Sherlock Holmes (»Sherlock«) Abenteuer in der ältesten U-Bahn der Welt.

Durchs Zugfenster

Wundern Sie sich nicht, wenn Ihnen in der Londoner U-Bahn seltsame Gestalten begegnen, die nur kurz durch die Station flitzen. Das Spiel heißt »The Tube Challenge«, und derjenige, der es in der kürzesten Zeit schafft, alle Stationen aufzusuchen (nicht unbedingt mit der Bahn fahrend), landet im Guinness Buch der Rekorde. Der Rekord von 2015 (15 h 45' 38") wurde bislang nicht unterboten.

GROSSBRITANNIEN / ISLE OF MAN

Über den Königreichen

Die historischen Wagen rollen gemächlich auf ihren Schienen in weiten Kurven über die kargen Schafweiden an den Flanken des höchsten Inselberges und halten punktgenau vor der Rezeption des Summit Hotels.

Seit über 125 Jahren trotz die Triebwagen dem rauen Wind, der meist über den Snaefell fegt.

Im Süden der Isle of Man liegen Port St Mary, Calf of Man und Port Erin.

REISE-INFOS

- **Zug:** Snaefell Mountain Railway
- **Strecke:** Laxey – Snaefell
- **Länge und Spurbreite:** 8,9 km, elektrifiziert, Kapspur (1067 mm)
- **Dauer:** 30 Min.
- **Preis:** 13 € (Hin- und Rückfahrt)
- **Info:** www.iombusandrail.im

Eine Bergfahrt erwartet man ja auf der sonst für Hügel und Schafweiden bekannten Isle of Man eher nicht, und dennoch: Der 621 m hohe Snaefell nördlich der Inselhauptstadt Douglas bietet genau das. Und dann auch noch in der für England ungewöhnlichen Kapspur. Seit 1895 erklimmt der Zug die Kuppe des »Schneebergs« und überwindet dabei Steigungen mit einem Gradienten bis zu 1:10.

Übrigens: *Vom Snaefell eröffnet sich ein Blick über sieben Königreiche: England, Irland, Wales, Schottland, Isle of Man ... und die Königreiche von Himmel und See.*

Seit dieser Zeit sitzen die Passagiere in den so ziemlich im Original erhaltenen Wagen auf harten, lackierten Holzbänken, in perfekter Erinnerung also an die Zeiten, als Queen Victoria noch das Sagen hatte. Die Züge waren in zurückhaltenden Farben gestrichen, vorn stand der Fahrer und klingelte die Schafe von den Schienen, während hinten der Bremser aufpasste und die Fahrkarten kontrollierte. Diese herrliche Reise in die Vergangenheit ist allerdings nur zwischen März und November möglich: Während der Winterstürme kommen die historischen Wagen und Oberleitungen wegen der Vereisungsgefahr ins Depot.

Steht der Sinn nach weiteren historischen Zügen? Die Tram von Douglas (https://manxelectricrailway.co.uk) rattert seit 1893 zum »Talbahnhof« Laxey und nutzt ohne Unterbrechung die originalen Wagen – die aber auf 914 mm Schmalspur laufen, sodass beide Linien miteinander nicht kompatibel sind.

⌐ Fell-System

Die Strecke auf den Berg ist nach dem Fell-System mit einer dritten, mittig verlaufenden Schiene versehen – in diesem Fall nicht für bessere Traktion bei der Bergfahrt, sondern als Bremshilfe bei den Abfahrten.

GROSSBRITANNIEN

Ins Walisische Herz

Die Fahrt vom englischen Shopshire in das Herzland von Wales entführt auf eine der klassischen Strecken des Eisenbahnlandes Großbritannien, vorbei an putzigen Bahnhöfen und über hohe Talviadukte.

REISE-INFOS
- Zug: Heart of Wales Line
- Strecke: Craven Arms – Swansea
- Länge und Spurbreite: 160 km, Normalspur
- Dauer: 2,5–4 h
- Preis: 30–55 €
- Info: https://tfwrail.wales

Rheilffordd Canol Cymru heißt auf Walisisch nichts anderes als »Eisenbahn von Zentralwales«. Und natürlich sind die Waliser stolz, dass ihre Sprache die älteste auf der Insel ist. Etwas enttäuscht sind wir dann vom eingesetzten Material. Die 1868 eröffnete Strecke könnte gut eine historische Zuggarnitur vertragen. Aber so sind es eben die Dieseltriebwagen der britischen *class 153* mit ihren genormten Schalensitzen, die von Station zu Station eilen. Bequem sitzen wir immerhin, und so können wir uns völlig auf die Landschaft konzentrieren. 30 Bahnhöfe werden wir passieren, an manchen werden wir aber nur halten, wenn jemand am Bahnsteig winkt oder ein Mitfahrer seinen Ausstiegswunsch signalisiert.

An der »Grenze« zu Wales empfängt uns als erstes Highlight der 1864 fertiggestellte Knuckles-Viadukt mit seinen 13 Bögen über flachen, sich im Tal duckenden Häuschen. Gewaltige Rundtürme sichern ihn nach beiden Seiten und machen ihn zu einer der malerischsten Großbrücken des Landes.

Der Cynghordy-Viadukt in der Mitte von Wales steht ihm bei den Abmessungen in nichts nach. 30 m hoch überbrückt er seit 1868 mit 18 Bögen in einer eleganten Kurve das Tal des Flusses Bran. Karge Berge und sanfte Hügel fliegen vorbei, gemütliche Dörfer mit Kirche, Pub und Kramladen bewachen viktorianische Bahnhöfe, Wälder wechseln sich mit Weideflächen, Gärten und Parks ab. Wir lieben die britische Kulturlandschaft.

Llangammarch Wells Railway Station – hier wird nur bei Bedarf gehalten.

▶ Ausgebüchst

In weiten Teilen folgt der 229 km lange Heart of Wales Line Trail der Streckenführung der Bahn, sodass man immer wieder die Fahrt unterbrechen und einen Abschnitt erwandern kann. Informationen findet man auf www.heart-of-wales.co.uk.

Die ehemalige Industriemetropole Swansea, Geburtsstadt des Dichters Dylan Thomas, ist heute eine Kulturstadt.
Sie hat sich einige Tudorhäuser in der High Street und eine Markthalle aus dem 13. Jh. bewahrt.

+GROSSBRITANNIEN+

Nordirlands Klippen

Für Michael Palin – ehemaliges Mitglied des Monty Python Flying Circus – ist die Fahrt entlang der Küste Nordirlands zwar kurz, aber dennoch eine der landschaftlich schönsten der Welt.

REISE-INFOS

- Zug: Londonderry Coleraine Line
- Strecke: Londonderry – Coleraine
- Länge und Spurbreite: 54 km, Irische Spur (1600 mm)
- Dauer: 40 Min.
- Preis: ab 12 €
- Info: https://www.translink.co.uk

Schön ist sie ja, die Fahrt, aber erst dann, wenn der Zug die Industriegebiete von Londonderry hinter sich gelassen hat und an der Mündungsbucht des Flusses Foyle – dem Lough Foyle (auf irisch Loch Feabhail) – entlangbraust. Die weiten Strände sind fast menschenleer, und wenn die Winde des Nordatlantik die Wolken weggeblasen haben, die Sonne am stahlblauen Himmel steht und die Wellen gleißen, dann verstehen wir, was Palin gemeint hat. Und wenn nicht? Nun, es hat auch etwas für sich, wenn sich Wetter zusammenbraut, der Sturm den Regen gegen die Zugfenster peitscht und über dem aufgewühlten Wasser wild gebogene Blitze quer durch das Panorama zucken. Dann ist die Fahrt sogar noch ein bisschen eindrucksvoller.

Als Zeichen des Friedens zwischen dem protestantischen und dem katholischen Teil (London-)Derrys verbindet die 2011 eröffnete Freedom Bridge die beiden bis in die jüngste Geschichte verfeindeten Stadtgebiete.

Sand und Meer und Sand und Meer ... und dazu ein paar grüne Hügel. Hat man Londonderry einmal hinter sich gelassen, geht der Blick auf der kurzen Fahrt in fast unendliche Weiten.

Übrigens: *Der Loch Feabhail ist der einzige Ort der Welt, wo Nord Süd und Süd Nord ist. Einfach weil die am Südende der Bucht lebenden Derries Nordiren sind, die Dörfer am Nordende der Bucht aber zu Donegal und zur Republik Irland gehören – und die ist »south of Northern Ireland - absolutely«.*

Der Bau der Strecke zwischen 1845 und 1853 war eine Meisterleistung, für die viel Land trockengelegt werden musste und Mineure bei Downhill Tunnel in den Fels sprengten. Die Hauptsprengung des mit 275 m längsten Tunnels mit mehreren 1000 Pfund Schießpulver sorgte schon im Vorfeld für Aufregung und geriet dann für 12 000 Besucher zum Volksfest, das abschließende Büfett im Tunnel sah 500 Gäste. Heute verkehren auf der Strecke Dieseltriebwagen der Baureihe Cxk (C4000) des spanischen Herstellers CAF mit einem Tempo von 145 km/h ... Angesichts der traumhaften Landschaft dürften die Züge gern auch langsamer fahren!

Durchs Zugfenster

Beste Aussichten auf Küstenfelsen und Meer garantiert ein Sitzplatz in der linken Reihe!

+ GROSSBRITANNIEN – ITALIEN +

Die Legende: Im Venice Simplon-Orient-Express

Er gilt als König der Züge, und das nicht nur, weil viele Könige mit ihm gereist sind. Seit der Orient-Express 1883 seine Jungfernfahrt unternahm, hat sich allerdings Vieles geändert.

REISE-INFOS
- **Zug:** Venice Simplon-Orient-Express
- **Strecke:** London – Venedig
- **Länge und Spurweite:** ca. 1500 km, Normalspur
- **Dauer:** 30 h 30
- **Preis:** ab 2760 €
- **Info:** www.belmond.com

Der Vorgängerzug des Venice Simplon startete als Simplon-Orient-Express nach dem Ersten Weltkrieg in Paris und erreichte bis 1962 über die Schweiz (Simplontunnel) Mailand, Venedig und Belgrad schließlich Istanbul. Agatha Christie siedelte ihren berühmten Kriminalroman »Mord im Orient Express« in einem dieser Züge (in Gegenrichtung) an und machte ihn damit unsterblich. Inzwischen verkehren verschiedene »Orient«-Nachfolger auf den unterschiedlichsten Strecken. Das Ziel Istanbul geriet zunehmend aus dem Fokus und wurde durch das bloße »Erlebnis Luxusbahnfahrt« ersetzt.

Bitte einsteigen! Der Simplon-Orient-Express auf Gleis 1 der Victoria Station.

Bitte nehmen Sie Platz! Im holzgetäfelten Speisewagen ist der Tisch bereits gedeckt.

Übrigens: *Bei der Jungfernfahrt wurden die Passagiere aufgefordert, wegen der unsicheren Verhältnisse auf dem Balkan zur eigenen Sicherheit eine Waffe mitzunehmen.*

Um einen Hauch jener »Dekadenz der 1920er-Jahre«, so ein Werbespruch des Belmond Venice Simplon-Orient-Express, zu erleben, besteigen wir in der Londoner Victoria Station zunächst einen Pullman Express, der uns durch den Kanaltunnel nach Frankreich bringt. In Coquelles wartet der Luxuszug und mit ihm blau livrierte Stewards, die die Passagiere zu den Kabinen geleiten. Für eine holzgetäfelte, mit Teppichen dekorierte Suite reichte das Budget nicht, aber auch in der einfacheren Version werden wir mit Sicherheit gut schlafen. Die historischen Waggons der Compagnie Internationale des Wagons-Lits aus den Jahren 1926 bis 1931 sind rundumerneuert und blank gewienert. Im Speisewagen umfängt uns elegante Art déco, nach dem 4-Gang-Menü das sanfte Rattern des Zuges. Am nächsten Morgen erwachen wir in Italien, freuen uns an den Panoramen von Alpen und Poebene, fahren in Venedig ein. Kein Überfall, kein Mord. Aber es hat Spaß gemacht.

Film-Tour

Allein der Krimi-Klassiker über mörderisches Treiben im Orient-Express von Agatha Christie erlebte vier Verfilmungen und versammelte eine illustre Gesellschaft von Judy Dench bis Johnny Depp. Eine tragende Rolle spielt der Zug auch in Terence Youngs »Liebesgrüße aus Moskau« mit Sean Connery (1963). Mit dabei, aber nicht als Orient-Express benannt, ist der Zug in Alfred Hitchcocks »Eine Dame verschwindet« (1938).

+FRANKREICH – ITALIEN+

Praxis-Check: Bitte Umsteigen!

Folgen wir der historischen Strecke, die ursprünglich in Paris ihren Ausgang nahm, bis Venedig. Die Fahrt im legendären Orient-Express lässt sich auch in normalen Zügen angenehm nachvollziehen.

Der Frecciarossa trägt seinen Namen zu Recht: Mit max. 300 km/h zielt er ins Herz der italienischen Metropolen.

Bei dieser Route ist nicht die Zugfahrt das Erlebnis. Aber am Ziel wartet Venedig!

REISE-INFOS

- **Züge:** Diverse
- **Strecke:** Paris – Genf – Mailand – Venedig
- **Länge und Spurweite:** ca. 1100 km, Normalspur
- **Dauer:** 12 h
- **Preis:** ab 65 €
- **Info:** www.bahn.de

Bis nach Venedig ist mindestens dreimaliges Umsteigen gefordert; würden wir in London starten wie die Legende, kämen zwei weitere Züge dazu und würden die Fahrtzeit nahezu verdoppeln. In der Gare de Lyon in Paris erwartet uns zwar kein Nostalgie-, dafür aber ein Hochgeschwindigkeitszug in Richtung Genf, der TGV Duplex Lyria. Für die knapp 500 km benötigt er weniger als vier Stunden, die wir uns im Großraumwagen mit der Lektüre von Paul Theroux' »Abenteuer Eisenbahn« vertreiben. Sein dem Orient-Express gewidmetes Kapitel spiegelt allerdings eine Atmosphäre, die im rasenden TGV nicht aufkommt.

Eher schon im Interregio nach Brig, den wir mittags nach kurzer Wartezeit in Genf besteigen, um die nächste Etappe in Richtung Italien zu unternehmen. Gemächlich folgt er dem Ufer des Genfer Sees mit herrlichen Ausblicken über Lausanne, Montreux und tief in die Alpen. Nach Süden schwenkend bummelt er bis in das bezaubernde Brig am Eingang des Simplontunnels, der einst dem Simplon-Orient-Express seinen Namen gab. Hier warten wir auf den Eurocity in Richtung Milano Centrale – auch das eine kurze, rund zweistündige Fahrt, auf der wir uns an eindrucksvollen Bergpanoramen freuen.

Für die letzte Etappe fährt eine Stunde später der »Rote Pfeil« Frecciarossa im Bahnhof von Mailand ein. Zweieinhalb Stunden wird Italiens Hochgeschwindigkeitsflitzer nach Venedig brauchen; im Bahnhof Santa Lucia wirkt er wie ein Raumschiff. Wir sind einen Tag mit unterschiedlichsten Zügen gereist und haben einen Bruchteil des Preises bezahlt, den der Orient-Express kostet. Allerdings gab es keine livrierten Stewards, keine Daunenbetten und keinen Schaumwein.

Ausgebüchst

Auf dieser Route bieten sich mehrere Zwischenstopps an, so am Genfer See, in Brig oder Mailand. Da die Züge häufig fahren, ist es kein Problem, einfach einen auszulassen. Die einzige Unannehmlichkeit dabei wäre eventuell ein zusätzliches Umsteigen – aber vielleicht bietet gerade das die Chance für einen zusätzlichen ungeplanten Zwischenstopp und noch mehr Erlebnisse.

Auf Heines Spuren

Eine Reise voller romantischer Symbole – hier ist versammelt, was Dichter bewegte: der Rhein, die Loreley, Höhenburgen, Fachwerk und Wein. Nur durchzubrausen wäre viel zu schade.

REISE-INFOS
- Zug: Mittelrheinbahn RB 26
- Strecke: Bingen – Koblenz
- Länge und Spurweite: ca. 67 km, Normalspur
- Dauer: 50 Min.
- Preis: ab 15 €
- Info: www.mittelrheinbahn.de

Seit 2002 zählt die Kulturlandschaft Oberes Mittelrheintal zum UNESCO-Weltkulturerbe, und durch dieses Erbe gleitet die Mittelrheinbahn nun von Ort zu Ort. 20 Haltestellen auf 67 km Strecke lassen zwischen den Stopps nicht viel Zeit, Fahrt aufzunehmen. Umso besser, dann haben wir Passagiere mehr Muße für die Panoramen vor dem Fenster.

Mit dem Wein geht es in Bingen gut los. Im Zentrum des Anbaugebiets Rheinhessen staffeln sich beiderseits des Flusses die akkurat gepflanzten Reben die Hänge hinauf. Oft sind es nur ein, zwei Häuserzeilen, die am Fuß der Weinberge Ortschaften bilden. Auf dem Rhein ziehen lange Schleppkähne bunte Container in Richtung Norden und vorbei an der Burg Pfalzgrafenstein, im 14. Jh. auf einer Rheininsel erbaut und heute Wahrzeichen des Örtchens Kaub gegenüber.

Da ein Teil der über 30 Höhenburgen dieses Abschnitts das linke Rheinufer bewacht, sind nicht alle von der Bahn aus zu sehen. Dafür erwartet uns bei der Anfahrt auf St. Goar ungefähr nach der Hälfte der Strecke das romantischste aller romantischen Ausrufezeichen: die Loreley. »Ich weiß nicht, was soll es bedeuten, dass ich so traurig bin«, kommt uns mit Heinrich Heine in den Sinn, wenngleich die Herbstsonne den Schieferfelsen in der Rheinkurve und die beiden Burgen Katz und Maus in sanftes, optimistisches Licht taucht. Vielleicht ist es die Erinnerung an die Schiffer, die der verführerischen Nymphe Loreley, so will es die Legende, an dieser Stelle verfielen und untergingen?

Viel zu schnell ist die Bahnfahrt in Koblenz vorbei. Man könnte rechtsrheinisch zurückfahren und dann das linke Rheinufer bewundern.

Ausgebüchst

Nach einer Übernachtung in Koblenz bringt uns der historische Schaufelraddampfer Goethe in einer sechsstündigen Flussfahrt zurück nach Bingen (Start 9 Uhr, www.k-d.com, 47 €).

Am Loreleyfelsen wird es eng auf dem Fluss.

Kurz vor der Loreley passiert der Zug den Ochsenturm in der Kleinstadt Oberwesel.

+DEUTSCHLAND+

Sommerfrische mit Laura

Auch wenn Strecke und Fahrtzeit nur kurz sind und der Fahrtwind den Passagieren keine Tränen in die Augen treibt – einmal mit der weltältesten Dampfstraßenbahn unterwegs zu sein, freut Groß und Klein.

REISE-INFOS
- **Zug: Chiemsee-Bahn**
- **Strecke: Prien Bahnhof – Prien Hafen**
- **Länge und Spurweite: 1,91 km, Meterspur**
- **Dauer: 8 Min.**
- **Preis: 3 € (2. Klasse), 4 € (1. Klasse)**
- **Info: www.chiemsee-schifffahrt.de**

Die Öffnung der Schlossinsel Herrenchiemsee 1886 nach dem Tod des bayerischen Königs Ludwig II. brachte einen wahren Ansturm von Besuchern aus München. Jeder wollte die Verrücktheiten des »Kini« sehen, und an Wochenenden vermengten sich Fußgänger, Kutschen und Frachtwagen zwischen Bahnhof und Hafen zu einem einzigen Chaos. Sofort

Mit dem Panorama der Kampenwand im Hintergrund lässt es sich herrlich auf dem Chiemsee segeln.

steuerte die Regierung gegen und ließ die offiziell als »Localbahn« klassifizierte Strecke planen. Bereits am 9. Juli 1887 schnaufte der erste Zug vom Bahnhof zur Schiffsanlegestelle, wo Raddampfer die Passagiere aufnahmen.

Übrigens: *In der Nebensaison, bei weniger Fahrten, wird eine Diesellok vorgespannt, da Laura dauerndes Anheizen und Abkühlen nicht mag.*

Laura, die Straßenbahnlokomotive in Kastenbauweise, fährt seit 1887 im Sommer unermüdlich hin und her (wenn sie auch ab und an einen neuen Kessel benötigt). Ob man nun die Chiemseebahn als Trambahn (weltälteste, durchgängig fahrende Dampftram) oder Lokalbahn definiert (nichts Besonderes, da gibt es ältere), ist nur für die Bücher wichtig, die Rekorde verzeichnen. Für uns zählt das Erlebnis, im Salonwagen der 1. Klasse in die Polster zu sinken,

Laura, die älteste Dampfstraßenbahn der Welt, verbindet seit 1887 den Bahnhof Prien mit der Schiffsanlegestelle Prien-Stock am Chiemsee.

die Beine in eleganter Bewegung übereinanderzuschlagen, die Enden des Schnauzers zur Perfektion zu zwirbeln, den geputzten Kneifer geradezurücken, aus gebührender Distanz auf die Welt da draußen zu blicken … und diesen Moment mit der Geliebten im Polster gegenüber und innigem Verständnis füreinander zu teilen.

Ausgebüchst

Den Besuch von Herrenchiemsee und der Fraueninsel planen Sie am besten so, dass Sie stilecht nicht nur unter Dampf zum Hafen gelangen, sondern dort auch die Planken der Ludwig Fessler betreten – des einzigen heute noch auf dem See verkehrenden Raddampfers (1927 erbaut).

Oben: Alpenglühen am Wendelstein.
Links: Wettersteinkircherl.
Rechts: Die Wendelsteinbahn an der sogenannten Hohen Mauer. Allein für diesen 127 m langen und 17 m hohen Damm kurz vor dem Bergbahnhof wurden 10 000 m³ Gestein verbaut.

DEUTSCHLAND

Per Zahnrad zum Gachen Blick

Für die Fahrt mit der ältesten noch betriebenen Zahnradbahn Bayerns sprechen zwei Gründe: die Faszination über diese technische Meisterleistung und das wirklich einmalige Bergpanorama vom Gipfel.

REISE-INFOS
- **Zug:** Wendelsteinbahn
- **Strecke:** Brannenburg – Bergbahnhof Wendelstein
- **Länge und Spurweite:** 7,66 km, Meterspur
- **Dauer:** 25 Min.
- **Preis:** 25 € (einfach), 39 € (Hin- und Rückfahrt)
- **Info:** www.wendelsteinbahn.de

Dass auf den markanten Gipfel des Wendelstein in den Bayerischen Voralpen eine Zahnradbahn hinaufführt, ist der Initiative und dem Geld des Industriellen Otto von Steinbeis (1839–1920) und der wohlwollenden Haltung des Prinzregenten Luitpold (1821–1912) zu verdanken. Von Steinbeis war ein enthusiastischer Befürworter jeder Art von Schmalspurbahnen und entwickelte 1908 Pläne, eine Zahnradbahn auf den 1 838 m hohen Bergklotz über Brannenburg zu bauen. Der Prinzregent erteilte ihm 1910 die Konzession. Gastarbeiter aus Bosnien und Italien hauten und sprengten sieben Tunnel, acht Galerien und zwölf Brücken in steilstem Gelände in den Fels. 1912 feierte von Steinbeis die Jungfernfahrt.

Seitdem erlebte die Wendelsteinbahn Höhen und Tiefen: Nach anfänglicher Begeisterung hielt sich der Zuspruch in Grenzen, sodass immer wieder darüber nachgedacht wurde, den nicht rentablen Betrieb einzustellen. Zu allem Überfluss macht ihr seit 1970 die Wendelstein-Seilbahn ab Bayrischzell Konkurrenz.

Übrigens: Der bautechnisch spektakulärste Teil folgt im etzten Abschnitt ab Kilometer 7,5. Tunnel und die 127 m lange Hohe Mauer forderten den Arbeitern höchste Leistung ab.

Unsterblich wurde die Bahn in Marcus H. Rosenmüllers Indie-Heimatfilm »Wer früher stirbt, ist länger tot«, in dem der kleine Sebastian in verschiedenen absurden Aktionen nach Vergebung einer vermeintlichen Todsünde sucht – unter anderem auf dem Wendelstein. »Wenn's uns do obihaut, samma olle hi«, sagt sein Freund Toni in der Wendelsteinbahn. Zu Recht!

Was ihre technischen wie landschaftlichen Reize nicht schmälert – das steile Gelände sorgt während der Fahrt für die tollsten Panoramen über Felsscharten und blühende Almwiesen.

Ausgebüchst
Unterhalb des Gipfels angekommen, sind es wenige Schritte zum Gachen Blick, einem Aussichtspunkt auf rund 200 Alpenriesen (»gach« bedeutet im Bairischen »jäh« oder »steil«)!

+DEUTSCHLAND+

Die Kanonenbahn

Eine Fahrt der Superlative: Deutschlands längster Eisenbahntunnel (bis 1988), erste Doppelstockbrücke und längster Hangviadukt. Dazu der Blick auf eine der schönsten Flusslandschaften Europas.

REISE-INFOS

- **Zug:** Moselstrecke
- **Strecke:** Koblenz – Trier
- **Länge und Spurweite:** 112 km, Normalspur
- **Dauer:** 1 h 24
- **Preis:** ab 25 €
- **Info:** www.bahn.de

Eigentlich war es ja ein kriegerischer Anlass, der 1879 zum Bau der Moselstrecke geführt hatte. Der Kaiser wollte eine Zugverbindung von Berlin bis ins lothringische Metz. Es gehörte ab 1871 zu seinem Reich und sollte zu seiner stärksten Festung ausgebaut werden, um den »Erbfeind« jenseits des Rheins gebührend abzuschrecken. Seit 1918 ist Lothringen

Oben: In Bullay führt eine Doppelstockbrücke über die Mosel – oben fahren die Züge, unten die Autos.
Links: Mitunter sind die Güterzüge fast so lang wie der Hangviadukt bei Pünderich.

wieder französisch, die im Volksmund »Kanonenbahn« genannte Strecke blieb dennoch bestehen.

Übrigens: *Der mit 4205 m bis 1988 längste Eisenbahntunnel Deutschlands trägt den Namen von Kaiser Wilhelm I. (und nicht den seines Enkels, Wilhelm II.).*

Die Fahrt entlang der Mosel ist eine Reise in ein romantisches Deutschland mit mittelalterlichen Dörfern, Fachwerkbahnhöfen, Weinbergen und Burgen im engen, sich wild windenden Moseltal. Aber auch eine Reise zu technischen Superlativen: 786 m misst der längste Hangviadukt Deutschlands bei Pünderich, der 1880 nach drei Jahren Bauzeit und Verbauung von 19 000 m³ Material befahren werden konnte. Seine Bruch- und Ziegelsteine bilden 92 Bögen, die jeweils eine Spannweite von 7,20 m und eine Pfeilerstärke von 1,30 m haben. Vom Viadukt hat man auch einen der besten Blicke auf die Weinberge und über das Tal. Hinter Pünderich verlassen die Schienen das Moseltal und stoßen erst nach 40 km bei Schweich für die letzten 10 km bis Trier wieder an den Fluss. Die Panoramapause ist gerade lang genug für ein Gläschen Müller-Thurgau – flüssiges Moseltal sozusagen.

⌐ Durchs Zugfenster

Im Moseltal sind auch noch andere Schienenfahrzeuge unterwegs. Wer genau schaut, sieht an den steilen Hängen der Weinberge immer wieder lange, eiserne, sich hinaufschlängelnde Röhren. Tatsächlich sind es die Führungen kleiner, zahnradbetriebener Einschienenbahnen (Monorackbahnen), mit denen die Winzer ihre Steillagen bewirtschaften.

Auf schmaler Spur durchs Erzgebirge

Erzgebirge? Wir verbinden es mit den drolligen Weihnachtsengeln, Blaskapellen in Bergmannskluft … und der unermüdlich schnaufenden Fichtelbergbahn.

REISE-INFOS
- **Zug:** Fichtelbergbahn
- **Strecke:** Cranzahl – Oberwiesenthal
- **Länge und Spurweite:** 17,35 km, Schmalspur (750 mm)
- **Höchstgeschwindigkeit:** 25 km/h
- **Dauer:** 1 h
- **Preis:** ab 3,40 €
- **Info:** www.fichtelbergbahn.de

Dampf und Ruß ausstoßend und vernehmlich keuchend windet sich die Fichtelbergbahn über geschickt geführte Kurven immer höher an den Hängen des Erzgebirges hinauf. Anfangs im Talgrund dahinschnaufend, begann sie ab Vierenstraße den Anstieg durch den Wald, um hinter Niederschlag kurz in Pöhlbachtal abzutauchen. Dann eine weitere Steigung, ein Viadukt, und wir erreichen Oberwiesenthal.

Die heute »Fichtelbergbahn« genannte Erzgebirgslinie in den Kurort Oberwiesenthal ist fast 125 Jahre alt; Loks und Garnituren hingegen sind jüngeren Datums, die Tenderlokomotiven der Deutschen Reichsbahn, Dampfloks der Baureihe 99.77–79, stammen aus der Mitte der 1950er-Jahre.

Ihre Anfänge in den 1890er-Jahren sahen die Fichtelbergbahn in zweifacher Funktion: für den Kohletransport und die Beförderung von Ausflüglern. Am 19. Juli 1897 feierte man die Eröffnung. Obwohl Sommer- wie Wintergäste die Bahn ausgiebig nutzten, wurde ihr Betrieb nie lukrativ. Die beiden Weltkriege taten ein Übriges: 1945 wurde die Fichtelbergbahn eingestellt.

Übrigens: *Die Fahrt durch Wälder und Flusstäler ist zu jeder Jahreszeit eindrucksvoll. Wir schätzen sie besonders im Winter, wenn die Landschaft weiß überpudert wie aus dem Märchen wirkt.*

Karriere Nummer Zwei startete in der DDR mit dem Uranabbau im Erzgebirge; ab 1947 bis Mitte der 1950er-Jahre transportierten die Züge Erz, dann dienten sie als Verkehrsmittel im Nahverkehr. Und um ein Haar wären sie der Wende zum Opfer gefallen.

Zur Freude aller Eisenbahnfreunde ist das nicht passiert: Die dritte Karriere der Fichtelbergbahn startete Ende der 1990er-Jahre, als die heutige Sächsische Dampfeisenbahngesellschaft (SDG) die Strecke von der Deutschen Bahn übernahm und Gleise und Fahrzeuge modernisierte. Heute empfängt uns Dampfeisenbahn-Passagiere in Oberwiesenthal eine erzgebirgische Kapelle mit Blasmusik. Zünftig in Bergmannskluft, versteht sich.

Das schmeckt
Süßguscheln, aufgepasst! Kein Kaffee ohne »Kalten Hund«. Die süße Spezialität von Oberwiesenthal (Kekse, Schokolade, Kekse, Schoko …) schmeckt nach mehr!

Oben: Schnaufend schiebt sich die Lok hinauf nach Oberwiesenthal, in die höchstgelegene Stadt Deutschlands.
Unten: Schnee und Eis formen auf dem Fichtelberg bizarre Schneewächter.

+ DEUTSCHLAND +

Rügens Rasender Roland

Was Graf Roland mit Rügen zu tun hat? Eigentlich gibt es keine Verbindung zwischen Ariostos »Orlando fursioso«, dem Rasenden Roland, und der Dampfbäderbahn. Klingt aber gut.

REISE-INFOS
- Zug: Rasender Roland
- Strecke: Putbus – Göhren
- Länge und Spurweite: 24 km, Schmalspur (750 mm)
- Höchstgeschwindigkeit: 30 km/h
- Dauer: 1 h 15
- Preis: 12 € (Einzelfahrt), 25 € (Tageskarte)
- Info: http://ruegensche-baederbahn.de

Reichsgraf Wilhelm Carl Gustav Malte ließ als erste Teilstrecke der Rügenbahn die Verbindung von Binz zu seinem (1962 von den DDR-Behörden gesprengten) Schloss in Putbus bauen – und er gönnte sich einen eigenen Salonwagen. Um die Lage »seiner« Inselbauern zu verbessern, finanzierte er bis 1899 die Erweiterung des Netzes und wurde Hauptaktionär der entstandenen Rügenschen Kleinbahn (RüKB). Ihren ironisierenden Namen »Der Rasende Roland«

Für die Dampflok gibt es am Endpunkt in Göhren vor der Rückfahrt nach Putbus frisches Wasser, während für die Fahrgäste im Büfettwagen eine beachtliche Alkoholauswahl vorgehalten wird.

Im Ort Sellin mit seiner hübschen Seebrücke legt der Rasende Roland einen Zwischenstopp ein.

erhielt sie wohl in den 1950er-Jahren, als das Material des Schienennetzes immer maroder wurde und die Verlässlichkeit entsprechend abnahm.

Übrigens: *Der Zeit der Inflation nach dem Ersten Weltkrieg begegnete Rügens Bahnverwaltung mit der Ausgabe von Notgeld. Die Bauern mussten dafür Getreide abliefern und konnten dann mit dem Geld Fahrkarten kaufen.*

Dennoch ist es eine schöne Leistung, dass die Schmalspurbahn – wenn auch von fast 100 km auf 24 km zurückgeschnitten – überlebt hat und der Regelverkehr auch heute noch unter Dampf fährt. Alle zwei Stunden gehen die Züge tagsüber in beide Richtungen ab, im Hochsommer sogar in stündlicher Frequenz und noch später am Abend. Auch wenn die Landschaft nicht gerade vorbeifliegt, wir sind ja im Urlaub und bringen die nötige Zeit mit. So zuckeln die historischen Waggons über die Schienen, durch die Wälder und vorbei an Gehöften und Ferienhäusern, und immer wieder warnt die Lok an den Übergängen und vor den Bahnhofeinfahrten mit lautem Pfiff.

Das schmeckt

Der mit allerlei nostalgischem Kleinkram ausgeschmückte historische Büfettwagen serviert neben Frühstück mit Kaviar auf Ei und Lachs auch sächsische Spezialitäten und – passend zur Ostsee – geräucherte Sprotten. Rufen Sie möglichst rechtzeitig an und reservieren Sie einen Sitzplatz.

+DEUTSCHLAND+

Schweben, schweben, nur nicht hängen

Die auf den Kopf gestellte Eisenbahn Wuppertals war eine technische Meisterleistung. Die offiziell »Einschienige Hängebahn System Eugen Langen« genannte Stadtbahn konnte 2020 ihren 120-jährigen Betrieb feiern.

Eine Fahrt nicht auf, sondern über der Wupper, die der Stadt Wuppertal ihren Namen gab.

Die Wuppertaler Schwebebahn führt auch in der Nähe der historischen Stadthalle vorbei.

REISE-INFOS

- Zug: Wuppertaler Schwebebahn
- Strecke: Vohwinkel Schwebebahn – Oberbarmen
- Länge: 13,3 km, zweigleisig
- Höchstgeschwindigkeit: 60 km/h
- Dauer: 28 Min.
- Preis: 2,90 € (Einzelfahrt), 7,20 € (Tageskarte)
- Info: www.schwebebahn.de

Der »stahlharte Drache«, wie die Dichterin Else Laske-Schüler die Bahn nannte, »schwebt« seit 1901 von Ost nach West über die Stadt. Tatsächlich schwebt hier gar nichts, die Bahn hängt. Sie besitzt Räder, und da diese bei Schwebebahnen auf nur einer Schiene laufen, haben sie im Gegensatz zum Laufradpaar gewöhnlicher Eisenbahnen zwei Spurkränze, um nicht von ihrer Einzelschiene zu rutschen. Der Nachteil der erheblichen Geräuschentwicklung dieses Systems spielte in den Anfangsjahren noch keine Rolle, heute muss ihm aber durch konstruktive Maßnahmen wirksam begegnet werden. Auch sonst wurde die Technik immer weiter verfeinert. Die heutigen Wagen sehen aus, wie eben heutige Zuggarnituren im öffentlichen Personennahverkehr aussehen: adrett, sauber und effizient.

Übrigens: Steht die Schwebebahn vor dem Aus? Mitte 2020 wurde der Betrieb für mindestens ein Jahr drastisch reduziert und auf die Wochenenden beschränkt, weil der Hersteller der Wagen angeblich weder die Lieferung neuer Garnituren noch Reparaturen garantieren konnte.

Als 1901 die Streckenführung bestimmt war, stand die Betreibergesellschaft vor einem Dilemma. Den größten Teil der Strecke folgt die Hochbahn der Wupper, doch die letzten knapp 3 km verläuft die Trasse in 8 m Höhe zwischen Häusern – ideal für Einblicke in das Brauchtum ihrer Bewohner. Um dies auszuschließen, forderten sie vom Betreiber für alle Häuser die Kostenübernahme für die Anbringung von Gardinen. Es wurde ihnen zugestanden. Und so heißt der Teilabschnitt heute noch »Gardinenstangenstrecke«.

Ausgebüchst

Achten Sie auf Ankündigungen von Sonderfahrten. Mit Glück können Sie in einem der beiden Kaiserwagen mitfahren. Die Baureihe aus dem Jahr 1900 erhielt ihren Namen, weil Wilhelm II. mit Gattin Auguste Viktoria in einem der Wagen mitfuhr. Ohne Federung geht es in ihnen quietschend und rumpelnd durch die Stadt.

Oben: In der römisch-katholischen Basilika Mariazell wird ein hölzernes Mariengnadenbild verehrt.
Unten: Zu bestimmten Terminen wird ein Panoramawagen an die »Himmelstreppe« angehängt.

ÖSTERREICH

Mit der Himmelstreppe zum Wallfahrtsort

Mariazell war im 19. Jh. einer der wichtigsten Wallfahrtsorte Österreich-Ungarns. Grund genug, ihn 1907 per Bahn mit St. Pölten bei Wien zu verbinden. Und diese Bahn fährt immer noch.

REISE-INFOS

- Zug: **Mariazellerbahn**
- Strecke: **St. Pölten – Mariazell**
- Länge und Spurweite: **91,3 km, Bosnische Spur (760 mm)**
- Dauer: **2 h 20**
- Preis: **ab 18,70 €**
- Info: **www.mariazellerbahn.at**

Um Missverständnissen vorzubeugen: Die »Himmelstreppe« müssen die Passagiere der Mariazellerbahn keineswegs zu Fuß hinaufsteigen. »Himmelstreppe« ist der Name der modernen Niederflurtriebwagen, die mehrmals täglich auf Österreichs längster Schmalspurbahn Pilger, Bahn- und Landschaftsenthusiasten von St. Pölten in den Marienwallfahrtsort bringen. Und diese Fahrt ist wirklich aufregend!

Übrigens: *Zu bestimmten Terminen an den Wochenenden verstärkt ein Erste-Klasse-Panoramawagen die Garnitur. So sind die Ausblicke noch eindrucksvoller!*

Bei ihrer Eröffnung 1907 zogen natürlich Dampflokomotiven die Waggons; heute surren die Schweizer Gelenktriebwagen elektrisch betrieben durchs Pielachtal bis zum Bahnhof Laubenbachmühle, wo nach etwas mehr als einer Stunde Fahrzeit der spannende Teil der Strecke beginnt: Über lang gezogene Kehren, Viadukte und durch Tunnel klettert der Zug innerhalb von knapp 20 km 350 Höhenmeter bis zum höchsten Punkt, dem 890 m hohen Gösingtunnel. Wir sitzen bequem in unserer Himmelstreppe, ein bisschen schwindelig wird es einem aber schon angesichts all der ausgesetzten Passagen. Nach dem Scheitelpunkt geht's dann ähnlich weiter, bergab ins liebliche Erlauftal und auf die zweite spektakuläre Passage zu: Hinter Wienerbruck-Josefsberg zwängt sich die Bahn durch mehrere Tunnel entlang der Erlaufschlucht. Ob sie den Namen »Zinken« wegen der gezackt erodierten Felsen trägt, bringen wir nicht in Erfahrung. Aber sie wirkt sehr dramatisch.

Dann erreicht die Bahn Mariazell, und wir stehen vor der Qual der Wahl: Zuerst der Wallfahrtskirche einen Besuch abstatten und für die überstandene Fahrt danken oder eine weitere Bahnfahrt anschließen – diesmal mit der Museumstramway?

Ausgebüchst

Nur im Sommer dampft die Museumstramway mit historischen Straßenbahnwagen auf Normalspur von Mariazell an den Erlaufsee. Betrieben wird die Bahn von vielen Ehrenamtlichen, die sogar die 2,6 km lange Schienenstrecke selbst verlegt haben (http://museumstramway.at).

⁺ÖSTERREICH₊

Bergfahrt an die Adria

Der direkten Verbindung von Wien nach Triest, der Südbahn, stand der Semmering im Weg. Die für die Planung zuständige Genietruppe des k.-u.-k. Militärs hielt anfangs eine Streckenführung über den Pass für unmöglich.

REISE-INFOS

- Zug: Semmeringbahn
- Strecke: (Wiener Neustadt Hbf –) Gloggnitz – Mürzzuschlag
- Länge und Spurweite: 42 km, Normalspur
- Dauer: knapp 1 h
- Preis: 20,90 € (ab Wiener Neustadt), 9,20 € (mit Umstieg in Payerbach-Reichenau)
- Info: www.bahn.at

Die Semmeringbahn wird von einem Wanderweg begleitet, der auch am Viadukt Kalte Rinne vorbeiführt.

Und doch wurde diese Route schneller als gedacht realisiert. Zudem gab das Projekt die Initialzündung für Neuerungen in der Lokomotivtechnik. Während der Fahrt auf dem Teilstück der österreichischen Südbahn zwischen Gloggnitz und Mürzzuschlag beschäftigt uns aber zunächst einmal die Landschaft vor dem Zugfenster: Heftig steil und wild kurvend geht es hier bergauf.

1851 forderte ein Ingenieurwettbewerb Europas technische Elite dazu auf, Vorschläge für den Bau innovativer Lokomotiven zu entwickeln, die die beträchtlichen Steigungen der in Bau befindlichen Semmeringbahn bewältigen könnten. Dieser kurze Abschnitt gab der technischen Entwicklung neuer Triebwägen Auftrieb. Uns regt er aber auch aus anderen Gründen zum Staunen an: Nicht nur die Steigungen, auch die Streckenführung ist ungewöhnlich. Carl Ritter von Ghega legte sie wo möglich in Einklang mit der Natur an. Technik und Landschaften sollten sich harmonisch zusammenfügen, und dieser Anspruch wird in jedem Viadukt, in jedem Tunnel, in jeder Kehre auch heute noch deutlich. Den genialen Bau der Semmeringbahn in der Zeit der ersten Eisenbahnjahre würdigte die UNESCO 1998 mit einem Weltkulturerbetitel.

Übrigens: *Die Semmeringbahn begleitet ab Breitenstein ein Wanderweg, der in 10 km (ca. 3 Stunden) nach Semmering führt. Unterwegs passiert er mehrere Viadukte, darunter auch die berühmte Kalte Rinne.*

1848 begannen die Bauarbeiten zwischen den 21 km Luftlinie auseinander liegenden Orten Gloggnitz und Mürzzuschlag gleichzeitig von beiden Seiten. Mit der Streckenführung betraten die Ingenieure in Bezug auf den Steigungsgrad, die Gleisradien und die erforderliche Vermessungstechnik Neuland. Nur die Hälfte der 42 km langen Strecke hat relativ gerade Verläufe, alles sonst ist Kurve mit einem Bogenradius hinunter bis 190 m, die Steigung variiert zwischen 20 und 2,8 %, 14 Tunnel werden durchfahren, und mehr als 100 Brücken und Viadukte überspannen Täler und folgen Abhängen. Entsprechend dramatisch ist dann auch der Blick aus dem Zugfenster.

Ausgebüchst

Wenn Sie mit Regionalzügen in Gloggnitz losfahren, ist Umsteigen erforderlich. Die bequemste Fahrt über den Semmering ermöglichen Fernverkehrszüge, die ab Bahnhof Wiener Neustadt in Richtung Marburg, Laibach oder Agram starten. Und sie sind genauso »langsam« wie Regionalzüge, denn mehr geben Kurven und Steigung einfach nicht her.

Ein Teil ist schon raus, ein Teil noch gar nicht drin ... hier durchquert die Semmeringbahn den Polleros-Tunnel.

ÖSTERREICH

Im Mini-Orient-Express über den Arlberg

Seit ihrer Eröffnung 1884 wurde die Arlbergbahn mehrmals modernisiert. Aber immer noch steht die damalige technische Meisterleistung im Vordergrund des Bahnerlebnisses.

REISE-INFOS
- **Zug: Arlbergbahn**
- **Strecke: Bludenz – Innsbruck**
- **Länge und Spurweite: 136,7 km, Normalspur**
- **Dauer: 1 h 40**
- **Preis: 30 €**
- **Info: www.arlbergbahn.at**

Wie ein relativ kurzer Streckenabschnitt verkehrstechnische Bedeutung erlangen kann, zeigt das Beispiel Semmeringbahn. Auch dass die technische Entwicklung in der zweiten Hälfte des 19. Jhs. reif war, bislang unmöglich geglaubte Steigungen zu bewältigen, machte die Strecke über den Semmering vor. Die Initialzündung zur schon lange diskutierten Arlbergbahn aber brachte der Deutsch-Französische Krieg 1870/71 mit seinem Handelsembargo. Vorarlberg war plötzlich auf drei Seiten von Ausfuhrverboten betroffen. Und auf der vierten stand der Arlberg dem Warentransport im Weg.

Übrigens: *Was sich hier an Wanderwegen und Pistenkilometern summiert, ist jenem kühnen Entschluss zu danken, die Arlbergbahn zu bauen. Nicht nur Waren,*

Links: Seit 1735 beschützt der heilige Nepomuk von seinem Brunnen aus die Stadt Bludenz.
Rechts: Das Goldene Dachl und das Museum Maximilianeum in Innsbruck.

Bei Schloss Wiesberg führt die Arlbergbahn über die 87 m hohe Trisannabrücke.

auch Feriengäste fanden damit ihren Weg in die abgelegenen Täler und prägten mit der erforderlichen Infrastruktur wie Hotels und Liften die Landschaft nachhaltig.

Warum wir uns im Zug von Bludenz nach Innsbruck ein bisschen fühlen wie im Orient-Express? Die ersten Überlegungen für eine Bahn über den Arlberg-Pass stammten von britischen Ingenieuren, die 1845 in den Alpen tatsächlich nach einem günstigen Übergang für die geplante Verbindung von London mit Kairo suchten. Dass die Briten hier wenig Aussicht auf Erfolg sahen, verstehen wir unmittelbar nach dem Start in Bludenz. Energisch arbeitet sich die Bahn auf den ersten 25 km über 730 m Höhenunterschied den Arlberg hinauf bis Langen. Sie glaubten einfach nicht, dass dieser Berg zu bezwingen war.

Die Österreicher aber schon. 1880 gab der Handelsminister den Bau in Auftrag. »Am 10. Mai 1880 brannten nachts Freudenfeuer auf den Bergen Tirols und Vorarlbergs«, berichten die Chroniken, und schon zwei Jahre später war der Arlbergtunnel fertig.

In den taucht der Zug nun ein, rauscht 10 648 m durch die Dunkelheit und kommt in St. Anton am Arlberg wieder ans Tageslicht. Die Ostrampe 730 m hinunter nach Landeck ist nicht ganz so steil wie der Anstieg und begeistert uns mit weiten Panoramen auf die Lechtaler Alpen.

⌐ Ausgebüchst

In der Vorweihnachtszeit machen Furcht erregende Krampusse die Region um St. Anton am Arlberg unsicher. Beim Krampalar-Lauf stürmen sie durchs Dorf, jagen Frauen und Mädchen und schrecken auch nicht davor zurück, Zuschauern Prügel anzudrohen. Der uralte Brauch dient der Austreibung der Wintergeister.

SCHWEIZ

In Fels und Eis

Klangvolle Ortsnamen, Erinnerungen an goldene Reisejahre der Reichen und Schönen, 91 Tunnel, 291 Brücken, Panoramafenster, Schweizer Schneegipfel – ein Traum!

Im Engadin führt die Reise mit der Rhätischen Bahn auch über den kühnen Landwasserviadukt bei Filisur.

Schier grenzenlose Aussichten auf die idyllische Landschaft bietet der Panoramawagen des Glacier Express.

REISE-INFOS
- **Zug: Glacier Express**
- **Strecke: Zermatt – St. Moritz**
- **Länge und Spurweite: 291 km, Meterspur**
- **Dauer: 8 h 30**
- **Preis: 140 € (2. Klasse), 250 € (1. Klasse)**
- **Info: www.glacierexpress.ch**

1930 hörten 70 geladene Gäste in Zermatt den Startschuss für die erste Fahrt der Schmalspurbahn. Elf Stunden später waren sie in St. Moritz angekommen. Wegen der Streckenführung über den Furka-Scheiteltunnel (2162 m üNN) konnte der Verkehr witterungsbedingt nur in den vier Sommermonaten stattfinden. Das änderte sich erst 1981, als der 15,38 km lange Furka-Basistunnel (1538 m üNN) fertig war. Allerdings war damit der Namenspate des Glacier Express, der Rhone-Gletscher (Glacier du Rhône) vom Zugfenster aus nicht mehr zu erblicken.

Übrigens: Ist die 1. Klasse nicht gut genug? Der Wagen der »Excellence Class« wird zwischen März und Oktober angehängt und bietet an Zweiertischen Platz für 20 mit vorzüglichem Essen und angepasstem Getränkeangebot umsorgte Gäste – für schlappe 630 €.

Doch was geblieben ist von der Aussicht aus dem »langsamsten Schnellzug der Welt«, wie der Express liebevoll genannt wird, das reicht vollauf. Bergwiesen mit gemächlichem Fleckvieh, steile Felswände, die blaugrauen Gipfel, tiefe Schluchten wie jene des Rheins und wild schäumende Bäche sind Sommerszenarien rund um das markante Matterhorn. Im Winter macht die in Kälte erstarrte Landschaft mit kuriosen Schneegebilden und Eiszapfen Lust auf den Skiurlaub am Zielort St. Moritz. Womit wir bei den Reichen und Schönen angekommen wären.

⌐ Ausgebüchst
Der Verein Dampfbahn Furka-Bergstrecke (www.dfb.ch) hat sich der ursprünglichen Streckenführung des Glacier Express angenommen und baut am Ende jeden Winters die Schutzverschalungen an den Tunneleingängen ab, wartet die Brücken und befährt die 18 km lange Strecke zwischen Realp und Oberwald dampflokgezogen mit gebührenden Fotoaufenthalten in 2 h 15 (Do.–So., mit Rückfahrt 140–230 €). Die Loks sind – wie die bis 1981 verwendeten des Glacier Express – sowohl für Adhäsions- als auch für Zahnstangenbetrieb ausgerüstet (Steigungen bis 11,8%).

+SCHWEIZ+

Zum höchsten Bahnhof Europas

Was treibt Menschen dazu, Bahnen auf Berge zu bauen? Eine Frage, die sich auch angesichts der eigenwilligen Streckenführung der Jungfraubahn stellt. Bei der Einweihung im Jahr 1912 galt sie als Sensation.

REISE-INFOS
- **Zug: Jungfraubahn**
- **Strecke: Kleine Scheidegg – Jungfraujoch**
- **Länge und Spurweite: 9,34 km, Meterspur**
- **Dauer: 30 Min.**
- **Preis: 180 € (Hin- u. Rückfahrt ab Lauterbrunnen)**
- **Info: www.jungfrau.ch**

Mönch, Eiger, Jungfrau – diese drei Gipfel der Berner Alpen nährten schon immer die Fantasie von Dichtern, Bergsteigern … und Ingenieuren. Verschiedenste Vorschläge zur verkehrstechnischen Erschließung insbesondere des Jungfraugipfels (4158 m) wurden Mitte des 19. Jhs. diskutiert und dem Schweizer Bundesrat vorgeschlagen. Die zündende Idee hatte dann allerdings ein Wanderer: Der Industriemagnat Adolf Guyer-Zeller reichte 1893 das Konzept einer Zahnradbahn in Verlängerung der bereits bestehenden Wengeralpbahn zur Kleinen Scheidegg ein. 1894 erhielt er die Konzession. Erst 1912 konnte die gesamte Strecke befahren werden.

Übrigens: *Die historische Jungfraubahn ab der Passhöhe Kleine Scheidegg (2061 m) ist nur mit der Wengeralpbahn (ebenfalls Zahnrad, aber Schmalspur) ab Lauterbrunnen oder Grindelwald erreichbar. Die Gesamtfahrtzeit (eine Richtung) beträgt 1h 40.*

Wir fanden die Vorstellung, 7 km der 9,5 km langen Strecke der Jungfraubahn in einem Tunnel zu befahren, nicht gerade reizvoll. Eben dies aber war Guyer-Zellers geniale Lösung. Die Passagiere reisten nach den ersten 2,5 km im Fels und konnten an vier Haltestellen die Bergwelt aus unterschiedlichen Blickwinkeln bewundern. Diese Haltestellen gibt es bis auf eine – Eigergletscher – nicht mehr. Dafür aber geschickt platzierte »Fenster«, die fantastische Ausblicke möglich machen. Bei der Fahrt durch die Eiger Nordwand bleibt uns angesichts des Abgrunds schier das Herz stehen.

Oben lassen uns eiskalte Luft und Bergstationsrummel erschauern, doch der unglaubliche Blick lässt alles vergessen: Bis in den Schwarzwald reicht er an klaren Tagen, aber uns genügt auch schon dieses fantastische Gipfelmeer, schneebepudert und majestätisch. Wir unternehmen eine kurze Wanderung, dann ist auch schon das bei der Ticketbestellung festgelegte Zeitlimit vorbei, und es geht auf gleichem Wege zurück ins Tal.

Film-Tour
Eine große Rolle kommt Eiger und Jungfrau, eine kleine der Jungfraubahn zu im Bergsteigerdrama »Nordwand«, 2008 verfilmt von Philipp Stölzl mit Benno Führmann und Ulrich Tukur.

Oben: Die Jungfrau ist der höchste Berg der Dreiergruppe und der dritthöchste Berg der Berner Alpen.
Unten: Die einzig verbliebene von ursprünglich vier Zwischenstationen ist die Haltestelle »Eigergletscher«.

Geht's noch steiler? Nein!

Die steilste Zahnradbahn der Welt fährt seit 1889 Touristen hinauf zur Gipfelstation des Pilatus auf 2073 m üNN. Den Thrill mit 48 % Steigung soll dem Methusalem mal jemand nachmachen!

REISE-INFOS

- **Zug:** Pilatusbahn
- **Strecke:** Alpnachstad – Pilatus Kulm
- **Länge und Spurweite:** 4,27 km, Schmalspur (800 mm)
- **Höhenunterschied:** 1635 m
- **Dauer:** Bergfahrt 30 Min., Talfahrt 40 Min.
- **Preis:** 65 € (Hin- u. Rückfahrt)
- **Info:** www.pilatus.ch

Da bei einer so heftigen Steigung der Strecke die Gefahr besteht, dass die herkömmlichen Zahnstangen (wie die vom System Abt) dem von oben eingreifenden Zahnrad nicht mehr genug Halt geben und dieses »aufklettert« (herausrutscht), musste man sich etwas einfallen lassen. Die Lösung fand der Schweizer Eduard Locher: Er entwickelte eine fischgrätenförmige Zahnstange, in die links und rechts je ein horizontal drehendes Zahnrad seitlich eingreift,

In der Pilatusbahn können die Reisenden dem Lokführer bei der Arbeit über die Schulter schauen.

Die rote Pilatusbahn vor dem Grün der Wiesen und dem Bergpanorama – da kommen Urlaubsgefühle auf.

so den Wagen zusätzlich in der Spur hält und auch die Gefahr des Aufkletterns ausschließt. Dieses System wurde weltweit nur ein einziges Mal eingesetzt.

Übrigens: *Bis heute hat sich am Prinzip der Pilatusbahn nichts geändert. Die Zahnstange ist geblieben, und die Räder haben ihren Spurkranz nach wie vor außen. Nur die Elektrifizierung 1937 hat einen großen Schub gebracht; man konnte nun schneller mehr Menschen auf den Berg schaufeln.*

Bergbahnen waren bereits im 19. Jh. Geldmaschinen für die Betreiber, und die Gemeinde von Luzern war einer neuen Attraktion ebenfalls nicht abgeneigt. Schließlich kamen Touristen schon in großer Zahl, und am aussichtsreichen Pilatusgipfel stand bereits seit 1860 das Hotel Bellevue, dessen illustre Gäste sich noch mit Pferden hinaufbringen ließen. Die Rechnung ging nicht nur auf, sie wurde weit übertroffen: Auf 15 000 Fahrgäste ausgelegt, brachte die Bahn bereits im ersten Jahr 37 000 Besucher auf den Berg. Und das bei einem Fahrpreis in Höhe des Wochenlohns eines Arbeiters.

Das Münchhausenprinzip

Der Bau der Bahn war eine Herausforderung, da die Zahnstange auch wegen des steilen Geländes ein besonders stabiles Fundament benötigte. So musste die Trasse in den steilsten Abschnitten mit Granit untermauert werden. Abschnittsweise arbeitete man sich von unten hoch und nutzte von Anfang an für den Transport des Materials die Bahn selbst, sodass sie sich sozusagen an ihrem eigenen Schopf in die Höhe zog.

+SPANIEN+

Entlang des Camino del Norte an der Biskaya

Diese Strecke vom Baskenland nach Galizien ist etwas für Genießer. Aufgeteilt auf zwei Schmalspur-Züge ist sie in einem Tag zu bewältigen, aber das wäre viel zu schade!

REISE-INFOS

- **Zug:** Feve (Ferrocarriles de Vía Estrecha)
- **Strecke:** Santander – Ferrol
- **Länge und Spurweite:** 510 km, Meterspur
- **Dauer:** 12 h 30 (reine Fahrtzeit)
- **Preis:** ab 34 €
- **Info:** www.renfe.com

Der Tipp kam von Freunden: Die Schmalspurstrecke entlang der spanischen Atlantikküste nach Westen lässt sich nicht nur als Nördlicher Jakobsweg erpilgern, sondern auch als wunderbar entspanntes Bahnerlebnis bereisen. »Ihr steigt aus, wo es euch gefällt, sucht euch eine nette Pension, ein gutes Restaurant, und am nächsten Tag geht's weiter.« Man könnte die 500 km auf eine ganze Woche ausdehnen. Aber schon auf drei Tage aufgeteilt erschließt die Reise die Schönheit dieser Küste mit ihren mittelgroßen Städtchen, kleinen Strandbuchten und feiner Fischküche. Da hält kein Zugrestaurant mit, nicht einmal das im Orient-Express!

Übrigens: *Das staatliche Bahnunternehmen Renfe bietet verschiedene Monats- oder Regionalpässe an, mit denen Reisende eine begrenzte Zahl von Zügen (meist acht) innerhalb eines bestimmten Zeitraums nutzen können. So fährt man meist günstiger als mit Einzeltickets.*

Einstieg in Santander: Der weiß-blau-gelbe Doppeltriebwagen ist ein Pendlerzug par excellence. Er hält wie eine S-Bahn teils im 2-Minuten-Rhythmus, Schulkinder, Angestellte, Hafenarbeiter, auch einige Jakobspilger steigen ein und aus, und vor dem Zugfenster ziehen abwechselnd Mini-Orte und die Küste vorbei. Nach zwei Stunden bekommen wir Hunger und Lust aufs Meer – Ribadesella ist dafür ideal. Eine Pension ist schnell gefunden, und abends gibt's fangfrischen Steinbutt, *rodaballo*.

Am nächsten Tag tuckern wir nach Oviedo, wo schon der Anschlusszug nach Ferrol bereitsteht. Nach sechs Stunden ist es genug, und in Loiba lockt

In der kantabrischen Hauptstadt Santander kann man vor der Abfahrt ein paar schöne Tage verbringen.

schließlich die »schönste Bank der Welt« *(el mejor banco del mundo)*, ein himmlischer Aussichtspunkt über der Küste. Eine weitere Pension, ein weiteres Abendessen (heute Muscheln!), dann nehmen wir am dritten Tag die letzten eineinhalb Stunden nach Ferrol in Angriff. Eine Bahnfahrt, an die wir uns noch lange erinnern werden.

⌐ Das schmeckt

Die Gegend rund um Ribadesella ist für ihren exzellenten Cidre bekannt. Wir können ein fröhliches Lied davon singen!

Oben: Der Nahverkehrstriebzug der Feve wartet im Bahnhof von Santander auf neue Passagiere.

Unten: Hat sie den Ehrentitel »Schönste Bank der Welt« nicht verdient?

Die Legende: Der Andalusier

Die Waggons der Lx-Serie (»voiture-lits de grand luxe«) dienten in den 1920er- und 1930er-Jahren in der absoluten Oberklasse des Reisens; auf neuestem technischem Stand verbinden sie heute auf einer 7-Tage-Exkursion die Städte Andalusiens.

REISE-INFOS

- **Zug:** El Tren Al Andalus
- **Strecke:** Sevilla – Cádiz – Granada – Córdoba – Sevilla
- **Länge und Spurweite:** 1050 km, Iberische Breitspur (1668 mm)
- **Dauer:** 7 Tage (mit Besichtigungen)
- **Preis:** ab 3900 €/Person (Zweier-Abteil)
- **Info:** Charterfahrt, buchbar u. a. über Ameropa (www.ameropa.de)

Freuen Sie sich auf puren Luxus in Waggons, die u. a. bereits die Windsors als Gäste beherbergt haben (wenngleich die Inneneinrichtung nicht mehr original ist). Die britische Königsfamilie enterte in Calais den damaligen Train Bleu zur Fahrt in die Sommerfrische an der Côte d'Azur. Natürlich haben sich die Wagen seitdem verändert, sie besitzen z. B. neue, auf hohe Geschwindigkeiten ausgelegte Fahrgestelle, Klimatisierung und sind mit WLAN und Ladestationen fürs Mobiltelefon in der Moderne angekommen.

Von außen sieht man es dem Al Andalus Expreso nicht unbedingt an, doch innen erwartet die Reisenden der pure Luxus. Gestärkte Tischdecken und Menükärtchen sind nur ein kleiner Teil davon.

Vom alten arabischen Viertel El Albaicín hat man einen wunderbaren Blick auf Granadas Alhambra.

Übrigens: *Der Anadalusier befährt auch die Strecke Sevilla – Lissabon – Porto; dies ist ohne Umspurung möglich, da sich Spanien und Portugal auf die Iberische Breitspur geeinigt haben, die durch Mittelung der Werte der portugiesischen (1665 mm) und spanischen Breitspur (1672 mm) entstand.*

Der Al Andalus führt sieben Schlafwagen und vier Salonwagen, wobei die Bezeichnung »Schlafwagen« ein arges Understatement ist. Auch wenn dessen Suiten nur 8 oder 10 m² messen, die Ausstattung mit dicken Polstergarnituren und Holzintarsien ruft Erinnerungen an die Belle Époque wach, an »Mord im Orient Express« (in dem tatsächlich auch einer der Waggons eine tragende Rolle spielte), an elegante Gräfinnen und noch elegantere Lebemänner.

Wir jedenfalls wollten erst mal unser Abteil gar nicht mehr verlassen, nachdem uns Steward Emile hineingeleitet und alles erklärt hatte. Dann verzichteten wir aber doch auf die umfängliche Nutzung des 24-Stunden-Kellner-Services und brezelten uns fürs Dinner im Speisewagen auf – *noblesse oblige*. Natürlich lohnt es sich: Aperitif mit Pianomusik im Barwagen, dann an den festlich eingedeckten Tisch fürs 3-Gänge-Menü, und schließlich serviert Emile einen Absacker mit Blick auf das nächtliche Andalusien.

Ausgebüchst

Ausbüchsen werden wir auf dieser Reise natürlich nicht, aber an den kundig geführten Ausflügen zu maurischen Palästen, mittelalterlichen Städtchen und Sherry-Kellereien nehmen wir gern teil.

Praxis-Check: Von Sevilla nach Córdoba

Zugegeben, der Al Andalus ist sehr attraktiv. Aber auch die durchaus komfortablen Regionalverbindungen haben ihren Reiz. Ein Selbstversuch auf gleicher Strecke mit sicherlich ein gutes Stück authentischeren Erlebnissen.

REISE-INFOS

Züge: Diverse
Strecke: Córdoba – Sevilla – Jerez de la Frontera – Cádiz – (Ronda) – Granada
Länge und Spurweite: ca. 600 km, Iberische Breitspur (1668 mm)
Dauer: 17 h (reine Fahrtzeit)
Preis: ab 110 €
Info: www.renfe.com

Im Al Andalus dauert diese Tour sieben Reisetage, und auch wir werden nicht viel schneller sein, denn wir möchten etwas sehen von Landschaften und Kulturerbestätten auf dem Weg. Wir starten im maurisch geprägten Córdoba, und zwar mit Hochgeschwindigkeit: 45 Minuten braucht der AVE für die 140 km nach Sevilla; Dörfer und Landschaft rauschen vorbei. Am Nachmittag bleibt Zeit für die temperamentvolle Stadt und ihre Sehenswürdigkeiten.

Für die nächste Etappe nehmen wir uns etwas mehr Zeit: Im langsameren MD wenden wir uns nach Südwesten und Cadíz. Es ist fast die gleiche Entfernung, aber wir brauchen doppelt so lange. Dafür sehen wir die fruchtbare Küstenebene, staunen über das hübsche Jerez de la Frontera und landen schließlich am Atlantik in der angeblich ältesten Stadt Europas – mit perfektem andalusischem Flair.

Am nächsten Morgen geht's zurück bis Jerez und hier, hier funktioniert die Bahn nicht wie gedacht. Zur nächsten Station, der Stierkampfstadt Ronda, fahren nur Busse. Knapp drei sehr serpentinenreiche Stunden sind es bis Ronda, wo wir übernachten. Auch wenn Stierkampf nicht unser Ding ist, die Altstadt bezaubert!

Übrigens: *Dieser Streckenabschnitt ist landschaftlich sehr interessant: Er führt entlang des Naturparks Los Alcornocales und teils auf der Route der »Weißen Dörfer«.*

Zurück in den Zug und nach Granada, zum herbeigesehnten Höhepunkt der Tour! MD und der Flitzer Avant bewältigen die knapp 200 km in guten zweieinhalb Stunden (mit Umsteigen in Antequera). In Granada widmen wir uns ausgiebig maurischen Palästen und *huevos moles,* einer verführerischen Süßigkeit aus dem Nonnenkloster. Dann könnten wir wie der Al Andalus nach Sevilla zurückkehren – oder einfach weiterfahren mit den topmodernen und bequemen spanischen Zügen.

Das schmeckt

In Jerez de la Frontera, so sagt man, wurde der Sherry erfunden! Grund genug für einen Zwischenstopp mit Verkostung! Züge fahren alle zwei Stunden.

Oben: Vor der Sherry-Verkostung sollte man sich unbedingt Jerez de la Frontera ansehen.
Unten: Die Konstruktion des Metropol Parasol Building (Sevilla) erinnert an ehemalige Markthallen.

SPANIEN – PORTUGAL

Nachtzug nach Lissabon

St. Petersburg und Lissabon verbanden Nord- und Sud-Express nur knapp 30 Jahre, von 1887 bis 1918. Heute ist von dieser legendären Linie nur noch der Nachtzug von Hendaye nach Lissabon übrig. Nostalgie? Von wegen!

REISE-INFOS
- Zug: Trenhotel Surexpreso
- Strecke: Hendaye – Lissabon
- Länge und Spurweite: ca. 1065 km, Iberische Breitspur (1668 mm)
- Dauer: 14 h
- Preis: ab 50 €, 500 € (Cama Gran Clase für Zwei)
- Info: www.renfe.com

Auf dem französischen Streckenabschnitt von Paris bis zur spanischen Grenze galt die Verbindung um 1900 mit einer Durchschnittsgeschwindigkeit von 90 km/h gar als die schnellste Europas – heute bringt der blitzschnelle TGV Passagiere zum Grenzbahnhof Hendaye, wo der Trenhotel, der Hotelzug, wartet. Das Umsteigen in die cremefarbene Talgo-Garnitur bringt zweierlei mit sich: ein weniger futuristisches Design und Entschleunigung. Er ist komfortabel, und das 2-Personen-Schlafabteil mit Dusche und WC natürlich purer Luxus. Kurz vor 19 Uhr zieht die Lokomotive an, und wir gleiten – der Zug ist erstaunlich leise – in die Nacht. Bei allem Komfort: Einen Speisewagen suchen wir vergeblich. Er ist offenbar Sparmaßnahmen zum Opfer gefallen – so begnügen wir uns mit mitgebrachten Sandwiches und einer Flasche Bordeaux.

Übrigens: *So ruhig wie gedacht ist die Fahrt nicht, der Zug hält an 15 Haltestellen. Die im Abteil bereitgelegten Ohrstöpsel sind durchaus hilfreich.*

Frühstück am Morgen danach: Pasteis de nata, die portugiesischen mit Pudding gefüllten Blätterteigtörtchen, und ein starker Kaffee.

Für die Gare do Oriente in Lissabon ließ sich Architekt Calatrava von gotischen Elementen inspirieren.

Der Zauber, der über diesem Nachtzug liegt, ist wohl in seiner Vergangenheit begründet, als er als Verbindungsglied diente zwischen St. Petersburg und Lissabon, ja noch weiter, denn in der portugiesischen Hauptstadt warteten Hochseedampfer mit Ziel Südamerika. Auch ein Hauch Orient umspielt ihn, gab es doch zeitweise einen Abzweig nach Algeciras und damit zur Fähre nach Marokko.

Zu Beginn des 21. Jhs. erlebte der Nachtzug eine im Zeitalter der Flugzeuge ungewöhnliche Renaissance, die einem Roman von Peter Bieri zu verdanken war: »Nachtzug nach Lissabon« nannte der Schweizer Schriftsteller mit dem Pseudonym Pascal Mercier 2004 seine literarische Selbsterkundung, die mit der Fahrt in eben diesem Zug beginnt. Viele taten es ihm nach.

Wir sind über der Lektüre eingeschlafen und erwachen am Morgen in Lissabons Bahnhof Oriente. Santiago Calatrava hat ihn entworfen: eine Kathedrale der Eisenbahn.

Ausgesetzt

Derzeit ist der Trenhotel Surexpreso ausgesetzt, wird aber im Zuge der europäischen Nachtzug-Renaissance sicher wieder seinen Dienst antreten! Die Alternative wäre fünfmaliges Umsteigen.

+PORTUGAL+

Wein, Fluss & Eisenbahn

Das Douro-Tal mit seinen steilen Weinterrassen und den historischen Quintas zählt zum UNESCO-Weltkulturerbe. Durch dieses landschaftliche Juwel führt, immer am Fluss entlang, die Douro-Linie.

REISE-INFOS
- Zug: Linha do Douro
- Strecke: Porto – Pocinho
- Länge und Spurweite:, ca. 163 km, Iberische Breitspur (1668 mm)
- Dauer: 3 h 40
- Preis: 14 €
- Info: www.cp.pt

Die Reise mit dem Zug beginnt um 8.20 Uhr in Portos wunderschönem Bahnhof São Bento. Noch einen schnellen Blick auf die Halle mit ihren blau-weißen Azulejo-Fliesenbildern, die um die Eisenbahn und den Wein kreisen. Schade, dass wir nicht länger schauen können, doch der InterRegional fährt schon ein. Platz gibt's genug in den Großraumwagen, einige Fenster sind halb geöffnet, es kann losgehen.

An den steilen Hängen des Douro-Tals gedeihen die Trauben für Portwein und exzellente Tafelweine.

Die Mauren waren es, die die Technik zur Herstellung der glasierten Kacheln nach Portugal brachten.

Am Anfang war der Wein: Die Weinbauern im Douro-Tal verschifften ihn zunächst auf Booten nach Porto, wo er zu dem legendären Portwein verschnitten und gelagert wurde. 1873 begann mit dem Bau der Eisenbahn ein neues, schnelleres Zeitalter für den Warentransport, und 1887 erreichten die Schienen die spanische Grenze. Mehr als 130 Jahre später haben LKW den Güterverkehr übernommen; die Douro-Linie dient heute im Grund nur noch dem Tourismus und endet deshalb dort, wo das Douro-Tal sich zur spanischen Meseta weitet, in Pocinho.

Übrigens: *Die besten Plätze sind rechts, auf der Flussseite! Und bei der Fahrt zurück natürlich links.*

Der Douro – und mit ihm die Bahn – durchquert Portos Vororte und landwirtschaftlich genutztes Land. Spannend wird es ab Peso da Régua, wo sich die Talwände verengen, das Bähnchen am Fluss entlangrattert und sich die Weinhänge steil links und rechts auftürmen. Ab und an linst eine weiße Quinta, ein historisches Gutshaus, aus dem Grün, Flussschiffe gleiten vorbei. In Pinhão steigen die meisten Fahrgäste aus, wegen seines hübschen Bahnhofs.

Wir bleiben sitzen, denn nun wird die Szenerie noch dramatischer, die Hänge noch steiler, Greifvögel kreisen über dem Fluss. Die Bahn überquert den Staudamm Foz Tua – kühn und zugleich ästhetisch erdacht vom Stararchitekten Souto Moura – und erreicht schließlich die Endstation, Pocinho. Da ist wenig, was uns hält, aber der Zug macht sich nach einer halben Stunde auf den Rückweg. Bis Pinhão, denn da lockt nicht nur der Bahnhof mit Azulejo-Bildern, sondern auch ein Feinkostladen.

Das schmeckt

Bei Talho Qualifer in Pinhão werden Würste, Schinken und Käse frisch aufgeschnitten und zu köstlichen Sandwiches gepackt (R. António Manuel Saraiva 45, Pinhão).

+PORTUGAL+

Mit der Elektrischen zum Strand

Inflationär ist der Palastbestand Sintras, Sommerfrische der portugiesischen Könige – auf jedem Hügel steht ein Schloss. Da tut dann ein wenig Abkühlung an der Praia das Maças ganz gut.

Die Fahrgäste des »elétrico« warten schon, gleich kann es losgehen.

So schön die Fahrt mit dem »elétrico« auch ist – die meisten Passagiere lockt einfach nur das Meer!

REISE-INFOS

- Zug: Elétrico de Sintra
- Strecke: Sintra – Praia das Maças
- Länge und Spurweite: 13 km, Schmalspur (900 mm)
- Betriebszeit: April–Sept., 10–17 Uhr
- Dauer: 45 Min.
- Preis: 3 €
- Info: https://visitsintra.travel

Eigentlich ist der *elétrico*, die historische Tram mit ihrem kompakten, für enge Stadtkurven konzipierten Fahrgestell, für längere Fahrten eher ungeeignet und holpert ratternd und bockend auf der schmalen Schiene aus Sintra heraus. Kinder lieben aber das aufmüpfige Fahrverhalten des schmuck in Rot und Crème lackierten Triebwagens.

Im Jahr 1904 konnte die Companhia Cintra ao Oceano (Sintra-Ozean-Gesellschaft), die eine Konzession für 99 Jahre erhalten hatte, die Strecke bis São Sebastião de Colares eröffnen, ein Jahr später fuhr ihre Tram dann bis an den »Apfelstrand«. Den kompletten Fuhrpark mit sieben elektrischen Triebwagen und sechs Anhängern hatte die J. G. Brill Company aus den USA geliefert. Bis in die 1970er-Jahre funktionierte die Verbindung mehr oder weniger prächtig, doch dann wurde die Sintralinie zugunsten des Busverkehrs eingestellt – 1975 war Schluss.

Mit der Explosion des Tourismus in Portugal besannen sich die Stadtoberen jedoch auf ihr kulturelles Erbe und belebten die Linie. Exakt 100 Jahre nach seiner Jungfernfahrt verband der *elétrico* Sintra wieder mit der Praia das Maças. Seitdem fahren nicht mehr blasse englische Damen, romantische Dichter (Lord Byron liebte Sintra) oder strenge Gouvernanten mit dem *elétrico*, sondern braun gebrannte Surfer mit ihren Boards und portugiesische Großfamilien. Auch wir sind eingestiegen – Sintra ist schön, aber das Meer noch viel reizvoller!

Aus dem Tramfenster

Die grünen Hügel Sintras sind eine Kulturlandschaft ersten Ranges und als Welterbe klassifiziert. König und Adel liebten die Stadt und ließen sich Paläste und Herrenhäuser, Quintas, errichten, stifteten prächtige Klöster und umgaben alles mit weitläufigen Parks. Mit den architektonischen Hinterlassenschaften der Mauren manifestiert sich auch die wechselvolle Geschichte des Landes. Es gibt also genug zu sehen, bevor man am Strand »die Seele baumeln lässt«. Und bei der Rückkehr fährt man dann direkt auf Sintras beeindruckendes Panorama zu.

Nachhaltig Bahnfahren

Die Fahrt mit der Standseilbahn Elevador do Bom Jesus erspart Pilgern und Besuchern die 581 Stufen hinauf zur barocken Wallfahrtskirche. Das Besondere: Betrieben wird die Drahtseilbahn mit Wasser!

REISE-INFOS

- Zug: Standseilbahn Elevador do Bom Jesus
- Strecke: Nogueiró e Tenões, Braga – Wallfahrtskirche do Bom Jesus
- Länge und Spurweite: 264 m, Normalspur
- Dauer: 2–4 Minuten
- Preis: ca. 1,50 €
- Info: https://bomjesus.pt

Bragas Wallfahrtskirche bzw. ihre barocke, von unzähligen Statuen gesäumte und als Kreuzweg konzipierte Treppenanlage zählt zum UNESCO-Weltkulturerbe. Die an ihrer Seite aufsteigende Standseilbahn hat die UNESCO nicht berücksichtigt – dabei ist sie die älteste noch funktionierende Wasserballastbahn der Welt und zudem ein Vorbild für nachhaltiges Wirtschaften.

Links: Die Wasserballastbahn mit den originalen Garnituren ist der schnellste Weg auf den Hügel ...
Unten: ... von dem man dann einen Ausblick über die Treppenanlage und die Stadt hat.

Beim Aufstieg über 600 Stufen kann man sich Zeit lassen, um die Treppe selbst und den Blick zu bewundern.

Wenig umweltbelastend war zwar auch das erste Transportsystem – Ochsen zogen die Wagen den 116 m hohen und sehr steilen Hügel zur Kirche hinauf. 1880 entwarf Raoul Mesnier du Ponsard dann unter Niklaus Riggenbachs Leitung die Pläne für eine Standseilbahn. 1882 ging sie als Wasserballastbahn in Betrieb.

Übrigens: *Der Schweizer Riggenbach zeichnete an vielen Orten Europas für steile Bahnen verantwortlich; auch Raoul Mesnier du Ponsard blieb nicht untätig und revolutionierte den Nahverkehr im hügeligen Lissabon.*

Wie funktioniert das? Zwei identische Waggons, ein jeder mit Wassertank, stehen auf Schienen und sind durch ein Zugseil verbunden. Wird der Tank des oben verharrenden Wagens mit Wasser gefüllt, steigt sein Gewicht, er senkt sich ab und zieht den Wagen der unteren Station nach oben, während er selbst im gleichen Maß auf den Schienen nach unten rollt. Unten wird dann sein voller Tank geleert, oben der leere des anderen Wagens befüllt, und das Spiel beginnt von vorn. Ablassen und Auftanken braucht seine Zeit, sodass die beiden Waggons nur etwa alle 20 Minuten fahren können. Schienen wie Garnitur stammen übrigens noch aus der Anfangszeit und wurden 1946 mit Teilen einer auf Madeira aufgelassenen Bergbahn modernisiert.

Ausgebüchst

Je nach Kondition empfehlen wir, in einer Richtung die Treppe zu nutzen, denn die Ausblicke und Perspektiven auf und von diesem barocken Gesamtkunstwerk sind wirklich einzigartig. So sehr, dass sie die ebenso ungewöhnliche Standseilbahn in den Schatten stellen. Siehe UNESCO!

Oben: Wohin nur ausweichen, wenn einem in den schmalen Gassen der Altstadt eine Tram begegnet?
Unten: Unter vollem Körpereinsatz steuert der Tramführer seine Bahn durch den Verkehr.

+ PORTUGAL +

Quietschend durch die Altstadt

»Visità panorámica« mit der Tram auf einer ganz normalen Stadtfahrt, das ist Lissabons nostalgisch-charmante Antwort auf Doppeldecker-Sightseeingbusse. Mit dem Tagesticket steigen wir aus und zu, wo wir wollen.

REISE-INFOS
- **Zug: Carros elétricos de Lisboa**
- **Strecke: Sechs Linien**
- **Länge und Spurweite: 31 km Streckennetz, Schmalspur (900 mm)**
- **Preis: 6,40 € (24-Stunden-Ticket)**
- **Info: www.carris.pt**

Erbärmlich quietschend und widerwillig müht sich die historische Tram um die Kurve und scheint fast aus den Schienen springen zu wollen. Mit der Hand könnten wir die Mauern der Häuser berühren. Ein Mütterchen mit schweren Einkaufstaschen macht der Tram unbeeindruckt Platz, die Katze auf dem Fensterbrett blinzelt uninteressiert. Und dann steht da mitten auf den Schienen plötzlich ein Auto – Warnblinker eingeschaltet.

Afonso, der Fahrer der Linie 12E, mit dem wir uns beim Einsteigen an der Praça da Figueira kurz unterhalten durften, regt sich über so was schon lange nicht mehr auf: Tagesgeschäft. Er zückt sein Handy, macht ein Foto, schreibt das Kennzeichen auf und klingelt ein paar Mal, bis die junge Fahrerin aufgeregt angelaufen kommt, einsteigt und entnervt das Weite sucht. 50 € wird sie das Knöllchen kosten, sagt Afonso. Entspannt geht es für ihn und uns weiter auf dem Rundkurs durch die engen Gassen des berühmtesten Viertels Lissabons, durch die maurische Alfama hoch zur Kathedrale und zur Festung Castelo de São Jorge mit dem fantastischen Blick auf Lissabons Viertel.

Übrigens: *Ab 1873 zogen Maultiere Personenwagen auf in Normalspur gelegten Schienen durch die Gassen. Da Lissabon für eine Elektrifizierung kein Geld zur Verfügung stand, gab die Stadt eine Konzession für 99 Jahre an ein Konsortium aus Diamantenhändlern. Für die Verwendung der Elétricos in den engen Kurven der Altstadt spurte dieses auf 900 mm um.*

Die 12E ist die klassische Linie durch die Altstadt, die viele Lissabonner gern benutzen, doch im Sommer haben sie dazu wenig Gelegenheit. Tagsüber stehen die Touristen (dem in jedem Reiseführer niedergeschriebenen »Geheimtipp« folgend) in dichten Trauben an den Haltstellen und sorgen mitunter für lange Wartezeiten. Urlauber mag das nur bedingt stören, die Einheimischen jedoch gehen in der Hochsaison häufig lieber zu Fuß.

⌐ Für frühe Vögel
Steigen Sie in die Linie 12E möglichst früh am Morgen ein, wenn die meisten Touristen noch frühstücken; dann ist es nicht so voll. ⌐

+FRANKREICH+

Mit 300 km/h ans Meer

Reisen wir mit dem schnellsten Zug der Welt von Paris ans Mittelmeer oder wählen wir den neuen Nachtexpress, den Frankreichs Verkehrsminister Mitte 2021 stolz dem staunenden Eisenbahnpublikum ankündigte?

REISE-INFOS
- Zug: **TGV InOui**
- Strecke: **Paris – Marseille**
- Länge und Spurweite: ca. 750 km, **Normalspur**
- Dauer: **3 h 18**
- Preis: **ab 50 €**
- Info: **https://de.oui.sncf**

Die Entscheidung fällt nicht leicht: Etwas mehr als drei Stunden Raserei gegen zwölfeinhalb Schlafwagenromantik. Wir wählen die schnelle Variante, denn einen TGV in voller und langer Fahrt hatten wir noch nicht erlebt. Beim Einsteigen überkommt uns das Gefühl, dass dieses Geschoss uns nicht auf Schienen nach Marseille, sondern durch eine Röhre

Notre-Dame de la Garde wacht schützend über der Stadt Marseille und den alten Hafen.

Das Bordbistro des TGV zeigt mit seinen runden Formen ein spacig-modernes Design, während die Großraumwagen eher klassisch anmuten. Aber es sitzt sich komfortabel, und das WLAN funktioniert auch – was will man mehr?

in die Umlaufbahn des Mars katapultieren wird. Der Schaffner beruhigt mit französischer Nonchalance.

Dieses Gefühl verfestigt sich, als der Zug nach Passieren des Großraums Paris Fahrt aufnimmt und die Landschaft vor dem Fenster zeitweise wie eine impressionistische, farbklecksbehaftete und nebelumhüllte Komposition erscheint. Wie schnell wir wohl sind? 260 km/h gibt der Geschwindigkeitsmesser an, es bleibt also noch Luft nach oben: 350 km/h wären vom Design der Strecke her möglich.

Übrigens: *Der TGV besitzt drei Klassen, zweite (zwei Sitze nebeneinander), erste (Zweiersitze und Soloplätze) und Pro, letztere mit eigenem Abteil und Zugang zur SNCF Grand Voyageur Lounge.*

Diese irrwitzige Geschwindigkeit und die dafür notwendige Trassenführung waren es auch, die bei der Planung der Strecke massive Proteste von Umweltschützern und Anliegern auslösten. Dennoch peitschte die französische Regierung das umgerechnet knapp 4 Milliarden Euro teure Projekt in Windeseile durch. 2001 fuhr der erste TGV von Paris nach Marseille.

Ein bisschen enttäuschend finden wir angesichts all des Komforts, den Sitze, Tischchen und WLAN bieten, den Service: Snacks und Getränke werden an einer simplen Bar verkauft; ein Speisewagen hängt nicht an. Der TGV ähnelt darin eher einem Flugzeug als der guten, alten Bahn. Dann stoppt er. Wie bitte, sind wir schon da? 🚆

+SPECIAL+

Der schnellste Zug der Welt

Frankreich verfügt mit dem TGV über das leistungsfähigste Hochgeschwindigkeitssystem auf der Welt – und zugleich über das schnellste. Die internationale Reputation, die der französische *Train à grande vitesse* (kurz TGV, auf Deutsch: »Zug mit hoher Geschwindigkeit«) genießt, ist enorm. Doch der Technologievorsprung kommt nicht von ungefähr: Bereits seit Mitte des 20. Jhs. wird in Frankreich intensiv an der Entwicklung spezieller Hochleistungszüge gearbeitet. Der erste aerodynamische Experimentalzug TGV 001 wurde 1972 in Betrieb genommen. Am 8. Dezember 1972 sorgte er mit einem Geschwindigkeitsrekord von 318 km/h für Aufsehen. Anfangs war der TGV mit einem Gasturbinenantrieb aus-

Links: Ein TGV im Gare du Nord Paris – von Paris nach Marseille benötigt er nur drei Stunden.

gestattet, die ab 1978 ausgelieferten Züge der Serie TGV-PSE wurden dann elektrisch angetrieben.

Nach Einweihung der ersten *Ligne à grande vitesse* (Hochgeschwindigkeitsstrecke) von Paris nach Lyon im Südosten des Landes (Paris–Sud-Est, PSE) am 22. September 1981 reduzierten sich die Reisezeiten massiv. Die Höchstgeschwindigkeit betrug damals bereits 260 km/h (heute 320 km/h). Seither entstanden mehrere Generationen und Varianten des TGV, etwa Atlantique, Réseau und Duplex für den Einsatz innerhalb Frankreichs, Eurostar für die Strecke Paris–Brüssel–London durch den Eurotunnel, Thalys für den Verkehr nach Belgien, Deutschland und in die Niederlande sowie Sonderanfertigungen für Spanien, Italien und Südkorea. Der Siegeszug des TGV ist nicht aufzuhalten.

Tempo 574,8 km/h

Am 3. April 2007 begann um 13.01 Uhr die Rekordfahrt des schnellsten Rad-Schiene-Fahrzeugs der Welt. Ein TGV V150 – die Abkürzung V150 steht für 150 m/s – startete auf der Strecke zwischen Straßburg und Paris. Der Zug mit zwei Triebköpfen und drei Doppelstock-Mittelwagen wog 234 t und verfügte über 25 000 PS. Nach zwölf Minuten Fahrzeit hatte der Zug mit exakt 574,79 km/h einen neuen Weltrekord aufgestellt. Der Aufwand, den die Herstellerfirma Alstom, der Netzbetreiber RFF und die französische Bahngesellschaft SNCF für diese Versuchsfahrt betrieben, war enorm: Rund 500 Mitarbeiter waren beteiligt, Gleise und Oberleitungen wurden speziell präpariert. Der neue Weltrekord kostete 30 Millionen Euro.

Rechts: Die Rekordfahrt des TGV V150 am 3. April 2007 zwischen Straßburg und Paris.

+FRANKREICH+

Pinienzapfen im Hinterland

Durch Tunnel und über Brücken und Viadukte klettert die Bahn auf 600 m üNN in das Hinterland der Côte d'Azur nach Digne-les-Bains, Kurort und Hauptstadt des Lavendels in reizvoller Berglandschaft.

REISE-INFOS

- **Zug:** Train des Pignes
- **Strecke: Nizza – Digne-les-Bains**
- **Länge und Spurweite: 151 km, Meterspur**
- **Dauer: 3 h 30**
- **Preis: 24,10 €**
- **Info: www.cpzou.fr**

In diesem Bummelzug treffen Einheimische, die vom Einkauf aus Nizza zurückkehren, auf Touristen, die ihren Badeurlaub für eine Wanderung im Hügelland des Départements Alpes-de-Haute-Provence unterbrechen. Hier unterhalten sich die Besitzer der Wochenendhäuser des kühleren Hinterlandes mit den Bauern, die Geschäfte in der Stadt zu erledigen hatten. Die einen steigen an regulären Stationen zu und aus, die anderen verschwinden an einer der Bedarfshaltestellen auf einem schmalen Pfad zwischen den Bäumen.

Wir sind erstaunt, wie kommunikativ die sonst eher zurückhaltenden Südfranzosen im Zug miteinander (und mit uns) umgehen. Kaum zugestiegen, hören wir vom Platznachbarn auch schon mehrere Geschichten darüber, wie diese Bahn zu ihrem Namen kam: Entweder haben die Heizer in den Anfangsjahren Pinienzapfen in die Kessel geschaufelt oder – Theorie 2 – die Nizzaer sind mit dem Zug in die Wälder gefahren, um Zapfen für den heimischen Herd zu klauben. Dritte Möglichkeit: Die Fahrgäste machten sich so über die niedrige Geschwindigkeit des Zuges lustig. Da könnte ja ein jeder nebenher laufen und Pinienzapfen sammeln! Zum Totlachen!

Der moderne Dieseltriebzug AMP 801 der Chemin de Fer de Provence (CP) legt im alten Bahnhof von Barrème einen kurzen Zwischenstopp ein.

Übrigens: *Zwischen Mai und Oktober kann man jeden Sonntag auf einem Teil der Strecke auch in einer historischen Wagengarnitur und einer Lok von 1925 unter Dampf fahren; Kostenpunkt 22 €, Abfahrt in Puget-Théniers um 10.55 Uhr, Ankunft in Annot 12.05 Uhr, Rückkehr in Puget-Théniers um 16.15 Uhr.*

Es wäre eine ganz normale Zugfahrt – wenn da nicht die beeindruckende Provence-Landschaft vor den Fenstern vorbeizöge, wenn nicht das Mittelmeer auch im Hinterland noch in der Luft läge und wenn der Himmel nicht dieses ganz bestimmte Blau hätte. Deshalb also: außergewöhnlich!

⌐ Ausgebüchst

Digne-les-Bains ist ein beliebter Ausgangspunkt für Wanderungen. Auf www.dignelesbains-tourisme.com gibt's Wandervorschläge, auch auf Deutsch. ⌐

Oben: Glück hat, wer den Lavendel in so gleichmäßig prachtvoller Blüte aufs Bild bannen kann.
Unten: Unterhalb eines kleines Dorfes gleitet der Train des Pignes durch die Provence.

FRANKREICH

Im Kohlezug aufs grüne Plateau

Wieder eine Bergbaubahn, wieder ein Superlativ. Die Franzosen bezeichnen diese Museumslinie im Département Isère unweit von Grenoble gern als schönste Bahnlinie der Alpen.

Der Lac de Monteynard zieht nicht nur Wanderer, sondern auch Wassersportler an.

REISE-INFOS

- Zug: Chemin de Fer de la Mure
- Strecke: La Mure – Quai Grands Balcons – Musée Mine Image – Point de vue Belvédère
- Länge und Spurweite: ca. 15 km, Meterspur
- Dauer: 40 Min.
- Preis: ab 23,50 €
- Info: lepetittraindelamure.com

Nach der Grand Tour mit österreichischen und Schweizer »panoramareichsten«, »steilsten«, »kühnsten« und so weiter … Bahnen sind wir auf diese wirklich gespannt. Ihre Besonderheit: Sie fährt auf das ungemein vielseitige Plateau de la Matheysine. Uns erwarten also nicht nur die Gipfel der Rhone-Alpen, sondern eine offene, weite Landschaft um den Stausee Lac de Monteynard.

Etwas mulmig ist uns schon, zählen wir doch zu den ersten Fahrgästen nach mehr als zehn Jahren Pause. 2010 hatte ein Felssturz die Bahnstrecke stark zerstört, und lange blieb es ungewiss, ob man sie je wieder rentabel öffnen könnte. Mit regionalen und EU-Geldern wurde die Linie reaktiviert, Loks und Waggons überholt. Dennoch waren drastische Einschnitte nötig. Von den ursprünglichen 30 km zwischen Grenoble und den Kohleabbaustätten um Saint-Georges-de-Commiers befahren die Elektroloks mit ihren historischen Garnituren heute nur noch die Hälfte der Strecke.

Übrigens: *Am Bergbau Interessierte besuchen das Musée Mine Image (www.mine-image.com), das der Zug ebenso anfährt wie diverse Aussichtspunkte, beispielsweise den Quai Grands Balcons.*

Gleich nach der Abfahrt im Bahnhof La Mure, 40 km südlich von Grenoble, klammern wir uns unwillkürlich an den Sitzen fest. Die Schienen verlaufen entlang hoher, steiler Felswände, als hätten Riesen sie dort festgenagelt. Kaum ist die erste (nicht schwindelfreie) Strecke absolviert, folgt ein ähnlich Unbehagen auslösender Viadukt über tiefblaues

Hier ist man besser schwindelfrei! Die Hängebrücken über den Drac und den Ebron gewähren freien Blick auf Schluchten und See.

Wasser. So kriechen wir 500 Höhenmeter bergauf und landen (endlich) auf dem Plateau, in einer ungewöhnlichen Landschaft, geprägt vom Bergbau und dem schillernd grünen Stausee Lac de Monteynard-Avignonet – schön und bizarr!

Ausgebüchst

Aussichtspunkte und Restaurant am Stausee sind funkelnagelneu, und die Region macht mit vielen Wanderwegen einen längeren Aufenthalt lohnend. Besonders spannend sind die beiden Hängebrücken über die Flüsse Drac und Ebron. Informationen gibt www.matheysine-tourisme.com.

+ FRANKREICH +

Ein Kanarienvogel auf Schienen

Der quietschgelbe »Canari« ist Europas höchste Meterspurbahn und ein Symbol des katalanischen Frankreich. Unter blauem Himmel ist die gemächliche Reise am schönsten im offenen Sommerwagen.

Zwei moderne Triebzüge überqueren den schwindelerregenden Pont de Cassagne über das Tal des Têt.

Links: In Villefranche de Conflent lohnt sich ein Bummel durch die engen Gassen der pitoresken Altstadt.
Rechts: Bei Font Romeu überquert der »Canari«, hier mit offenen Sommerwagen, den Pont de Via.

REISE-INFOS

- **Zug:** Le Train jaune de Cerdagne
- **Strecke:** Villefranche-de-Conflent – Latour-de-Carol
- **Länge und Spurweite:** 62,5 km, Meterspur
- **Dauer:** 2 h 30
- **Geschwindigkeit:** 30 km/h
- **Preis:** 22,50 €
- **Info:** www.pyrenees-cerdagne.com/en/le-train-jaune-english/the-schedules
- **Tipp:** Die Tickets lassen sich nicht reservieren, sondern werden nur an den Bahnhöfen verkauft; also rechtzeitig da sein!

Eisenbahnfans, aufgepasst: Dass der Spezialzug des »Transport express régional« (TER) auch in Bolquère hält, Frankreichs höchstem Bahnhof (1593 m üNN), ist ein Höhepunkt der Fahrt, ein weiterer der Pont de Cassagne, die 1909 für den Verkehr freigegebene und einzige im Lande verbliebene Eisenbahnhängebrücke. Und dann wäre da noch die Stromzuführung. Sie verläuft – für Überlandbahnen unüblich – als Seitenstromschiene auf Gleisniveau (weshalb der Zug auch den Spitznamen »Pyrenäenmetro« trägt).

Übrigens: Der Endpunkt der Fahrt, der Grenzbahnhof Latour-de-Carol, ist Treffpunkt dreier Spurweiten; der Meterspur des TER aus dem Festungsstädtchen Villefranche-de-Conflent, der Normalspurbahn der französischen Eisenbahngesellschaft SNCF, die auf ihrer Fahrt den für Adhäsionsbahnen höchsten Punkt (1567 m üNN) des europäischen Streckennetzes überwindet, und der Iberischen Spur des aus Barcelona kommenden Zuges.

Allen anderen sei die Fahrt mit dem gelb-rot lackierten Zug (die Farben der katalanischen Flagge) aber auch sehr ans Herz gelegt. An der spanischen Grenze inmitten der Pyrenäen fächert sich unter dem Sommerhimmel eine atemraubende Berglandschaft in Grün, Braun und Ocker auf und kontrastiert mit dem sonnendurchfluteten Himmel. Und der offene Sommerwagen vermittelt insbesondere auf den nur bahnbreiten Viadukten das Gefühl, durch die Landschaft zu fliegen. Bei den 19 Tunneldurchfahrten mag sich der eine oder andere dann aber doch in einen der geschlossenen Waggons wünschen.

Aus dem Zugfenster

Leiden Sie unter Höhenangst und neigen Sie zu Panikattacken, sollten Sie bei der Fahrt auf dem 234 m langen Pont de Cassagne über das Tal des Têt auf jeden Fall das tragische Eisenbahnunglück von 1909 aus ihrem Kopf verbannen. Der Zug, der damals zur Belastungsprobe die Brücke befuhr, geriet außer Kontrolle, entgleiste und riss neben fünf weiteren Männern auch den Brückenkonstrukteur Albert Gisclard in die Tiefe und den Tod. Am besten nicht aus dem Fenster schauen!

FRANKREICH / KORSIKA

Alpine Bahnfahrt im Mittelmeer

Auf abenteuerlicher Strecke entführt die Eisenbahn in die Welt der korsischen Berge, mit Felsen durchstechenden Tunnels, Schluchten querenden Brücken und mit Blick auf weidende Schafe in undurchdringlicher Macchia.

REISE-INFOS
- Zug: Ligne central
- Strecke: Bastia – Ajaccio
- Länge und Spurweite: 157 km, Meterspur
- Dauer: 3 h 30
- Preis: 21,60 €
- Info: https://cf-corse.corsica

Lang ist es her, dass die erste Begegnung mit dem eingesetzten Rollmaterial in Bastias Bahnhof jeden zusammenzucken ließ. »Verweigert es auf den Anstiegen im Landesinneren auch wirklich nicht die Arbeit? In welchem Zustand mögen nur die Bremsen sein?«, fragten sich viele Reisende damals. Heute befahren moderne Schienenbusse der Serie AMG800 die Strecke. Deren 1200 PS passieren ohne Probleme die 3 % Steigung und die 930 Höhenmeter.

Übrigens: Die Korsen nennen ihre Bahn U Trinighellu (»die Zitternde«) – nicht wegen angstvoller Passagiere, sondern weil die ausgefahrenen Gleise die Züge früher stark schlingern ließen. Etwas weniger liebevoll wirkt die Abkürzung TGV für »Train à Grand Vibration«. Heute ist der Gleiskörper aber weitestgehend saniert.

Auch Schafe sind heutzutage nicht mehr in den Wagen zugelassen, doch viele Jahre war die 1888 bis 1894 erbaute Trasse die einzige Transportmöglichkeit der Schäfer. So reisen wir also heute ungestört vom Blöken und überaus bequem in gepolsterten Schalensitzen und blicken aus riesigen Panoramafenstern in die Landschaft.

Die meisten der jungen Leute, die in Bastia eingestiegen sind, verlassen den Zug in Corte. Sie sind Studenten, die mal eben in der Stadt waren und nun zu ihrer Vorlesung müssen. Schade für sie, denn der landschaftlich beeindruckendste Abschnitt der Fahrt entfaltet seine Reize genau zwischen der Universitätsstadt und dem 40 km entfernten Bocognano. Die Schienen folgen dem Gravona-Tal, passieren tief eingeschnittene Schluchten mit verführerischen Badegumpen und die 70 m hohe Cascade du Voile de la Mariée, den »Brautschleier-Wasserfall«. Einfach aussteigen? Warum nicht!

Ausgebüchst

Rucksack auf? Bergstiefel an? Verpflegung dabei? Der 180 km lange und circa 12 500 Höhenmeter überwindende GR20 verläuft quer durch Korsika von Calenzana nach Conza und gehört zu den beliebtesten Weitwanderwegen Europas. Er kreuzt die Schienen bei Vizzavona – hier können also all jene aussteigen, die nur den Nord- oder den Südabschnitt des GR20 begehen wollen.

Oben: Während der Unabhängigkeit war Corte die Hauptstadt Korsikas.
Unten: Manche Bahnhöfe in den Bergen haben schon länger keine Fahrgäste mehr gesehen ...

SCHWEIZ – ITALIEN

Hundert Täler, eine Bahn

Zwischen dem mondänen Lago Maggiore und dem mittelalterlichen Domodossola verbergen sich malerische Täler mit reizvollen Wanderwegen und traditionsreichen Osterien. Und ein Zug fährt hindurch.

Die Römische Brücke bei Intragna ist eines gewiss nicht: eine Brücke aus der Römerzeit. Denn erbaut wurde sie erst 1578.

REISE-INFOS

- Zug: Centovallibahn (Ferrovia Vigezzina – Centovalli)
- Strecke: Locarno – Domodossola
- Länge und Spurweite: ca. 51 km, Meterspur
- Dauer: 2 h
- Preis: ab 25 €
- Info: www.vigezzinacentovalli.com

Die Centovallibahn verbindet die Schweiz mit Italien und die Gotthardbahn mit dem Simplon. In erster Linie aber fungiert sie als Pendlerbahn für diejenigen, die dies- und jenseits der Grenze arbeiten oder zur Schule gehen und in den abgelegenen Tälern leben. Und natürlich als Touristenattraktion.

Übrigens: *Der Name Centovallina gilt streng genommen nur für den Schweizer Teil der Bahnstrecke; der italienische verläuft durch das Valle Vigezzo, und die Eisenbahn heißt dort entsprechend Vigezzino. Wovon die Schweizer wiederum nichts wissen wollen.*

Wir haben uns vorgenommen, die kurze Strecke auf zwei Etappen aufzuteilen, um auch etwas von der Umgebung zu sehen. In den modernen Triebwagen finden wir mühelos einen Platz und verlassen Locarno an der Nordspitze des Lago Maggiore durch einen Tunnel. Die ersten Kilometer sind unspektakulär, doch bei Intragna verengt sich das Tal, das Centovalli beginnt und damit eine Serie sattgrüner

Unterhalb der Ortschaft Intragna überquert die Centovallibahn den kleinen Fluss Isorno.

Hügel, zwischen denen Dörfer mit rustikalen Steinhäusern hervorlugen. Links der Bahn sprudelt das Flüsschen Melezza, gleich hinter Intragna überwölbt vom Ponte Romano, der »Römischen Brücke«.

In Palagnedra steigen wir aus, denn dort lockt eine typisch Tessiner Osteria, verbunden mit einer kurzen Wanderung, wie der Sitznachbar in der Bahn verriet. Der nächste Zug kommt in einigen Stunden durch, wir haben also genug Zeit, die 45 Minuten zur L'Antica Osteria del Ghiridone hinaufzusteigen, den Blick auf den dunklen Lindwurm des Lago Palagnedra zu genießen und danach ein Kaninchen mit Polenta und ein Glas Wein.

Mit dem Abendzug der Centovallina wechseln wir nach Italien und ins Val Vigezzo, sind jetzt also in der Vigezzino unterwegs. Hügelland, Dörfer, viel Grün. Dann erreichen wir Domodossola.

⌐ Trau Dich!

»James Bond« Pierce Brosnan blickt noch einmal verwegen in die Kamera, dann stürzt er auch schon über die Staumauer des Verzasca-Damms in die Tiefe. »GoldenEye« hat diesen mit 220 m höchsten Bungee-Sprung der Welt berühmt gemacht. Trauen Sie sich, es ihm gleichzutun (Diga della Verzasca bei Locarno, www.trekking.ch)?

†ITALIEN / SIZILIEN₊

Reif für die Insel

Die Bahnreise durch Kalabrien und entlang der Nordküste Siziliens prägen zwei Besonderheiten: Vulkane und die Fahrt über die Meerenge von Messina mit der Eisenbahnfähre – eine der wenigen verbliebenen Trajektstrecken in Europa.

REISE-INFOS
- Zug: Trenitalia
- Strecke: Neapel – Palermo
- Länge und Spurweite: 657 km, Normalspur
- Dauer: 9 h 30
- Preis: ab 64 €
- Info: www.trenitalia.com
- Tipp: Die Züge führen keine Speisewagen.

Rund acht Züge verlassen Neapel jeden Tag Richtung Sizilien, umfahren den Vesuv auf östlicher Seite, passieren Salerno, gleiten durchs Hinterland und stoßen beim Golfo di Policastro ans Meer, dessen vielgestaltiger Felsküste mit verträumten Badebuchten sie nun – auch durch lange Tunnel – folgen. Bis Villa San Giovanni verläuft die Strecke nun mehr oder weniger entlang des Tyrrhenischen Meeres, dann schieben sich schließlich die entkuppelten Teile

Links: In Villa San Giovanni wird der Zug geteilt und auf die Fähre nach Sizilien geschoben.
Rechts: Die Goldene Madonna begrüßt die Reisenden bei der Einfahrt in den Fährhafen von Messina.

Das Meer glitzert so schön, man möchte schon fast aussteigen ... doch wir wollen ja nach Sizilien.

des Zuges – unaufgeregt, professionell – auf die Schienen der Fähre. Wichtig ist hier, den richtigen Kurswagen zu wählen! Im sizilianischen Messina fährt nur eine Hälfte weiter nach Palermo, die andere macht sich auf den Weg vorbei am Ätna nach Catania. Keine Sorge, einen Blick auf den gewaltigen, 3 350 m hohen Vulkankegel erhascht man auch aus den Fenstern des Palermozugs.

Übrigens: *Wer an den Ausblicken auf Küsten und Vulkane kein Interesse hat, nimmt ab Napoli den durchgehenden Nachtzug InterCityNotte mit »Kabine zur Alleinnutzung mit gemachtem Bett, eigenem WC, Handtüchern, Reiseset, Wasser 0,5 l und 125 ml, Begrüßungsdrink, Tageszeitung, Frühstück« für 120 €.*

Direkt am Meer verlaufen die Schienen nun entlang der endlosen Strände der sizilianischen Nordküste durch Fischerdörfer und berühmte Badeorte mitten hinein in das Sizilien der Normannen und Staufer. Am Horizont scheinen die Kegel der Äolischen Inseln auf – der Feuer speiende Stromboli, das wuchtige Salina, die Mini-Vulkane Alicudi und Filicudi. Nach so viel Natur begrüßt Palermo die Reisenden mit städtischem Kontrastprogramm.

Ausgebüchst

Eisenbahn-Glückseligkeit hin oder her, für die Rückreise gibt es eine reizvolle Alternative: Man fährt mit dem Zug nach Milazzo und von dort am frühen Nachmittag mit der »Laureana«, der altehrwürdigen Fähre der Siremar, über Nacht nach Neapel. Sie fährt dabei die Äolischen Inseln ab und passiert natürlich auch das Inselchen Stromboli, dessen Vulkankegel regelmäßig, ganz ziviliziert und weithin sichtbar Feuer spuckt.

Oben: Angenehm kühl ist es in den engen Gassen von Randazzo, trotz der Sommerhitze.

Unten: Die Circumetnea, im Bild der historische »Littorina«, führt auch durch schwarze Lavafelder.

ITALIEN / SIZILIEN

Tanz um den Vulkan

Morgens, wenn die Pendler aus den Dörfern nach Catania fahren, und in der abendlichen Stoßzeit kann es eng werden. Doch tagsüber herrscht im Zug auf seinem Rundkurs um den Ätna angenehme Ruhe.

REISE-INFOS
- **Zug:** Circumetnea
- **Strecke:** Catania – Riposto (– Catania)
- **Länge und Spurweite:** 113 km, Schmalspur (950 mm)
- **Dauer:** Tagesausflug
- **Höchstgeschwindigkeit:** 60 km/h
- **Preis:** 7,90 € (einfach), 13 € (Hin- und Rückfahrt)
- **Info:** www.circumetnea.it, www.trenitalia.com

Genau genommen ist der Rundkurs der Circumetnea um den Ätna kein Vollkreis, wie wir uns das vorgestellt hatten. Auch einen durchgehenden Zug gibt es nicht, weshalb wir in Randazzo umsteigen werden. Zunächst starten wir in Catania-Borgo mit dem Morgenzug um 8.05 Uhr, der, wie erwartet, ziemlich besetzt ist. Aber ein Plätzchen mit Aussicht findet sich, und wir genießen die Fahrt auf den Vulkan zu. In Randazzo an den Nordhängen des Ätna um 10.03 Uhr angekommen, haben wir zwei Stunden, um durch die Gassen zu stromern, vorbei an den so typischen Fassaden aus schwarzgrauem Lavagestein, das die Sizilianer in Wohnhäusern, Kirchen und Burgen verbauen. Um 12.10 Uhr geht es schließlich weiter nach Giarre-Riposto (Ankunft 13.23 Uhr) an der Hauptlinie Messina – Catania, mit regelmäßigen Verbindungen zurück in die Stadt (20 Min., 3,40 €). Allgegenwärtig ist der 3350 m hohe Kegel des Berges, dessen dichtgrüne Vegetation immer wieder von breiten Schneisen nackter Schwärze durchschnitten wird, erkaltete Lavaströme, die die Pflanzenwelt sich erst wieder zurückerobern muss.

Übrigens: *Im Hochsommer bietet die Betreibergesellschaft auch spezielle Touristenfahrten mit unterschiedlichen Themen an, darunter die Tour »Il Treno dei Castelli« zu den normannischen Bauwerken rund um den Vulkan und als kombinierte Zug-/Busfahrt »Il Treno dei Vini dell'Etna« zu mehreren Weingütern, die Verkostungen anbieten. Auf touristischen Sonderfahrten kommt auch der historische Triebwagen ALn 56.05, genannt Littorina, aus dem Jahr 1935 zum Einsatz.*

Vor Jahren, bei unserer ersten Fahrt mit der Circumetnea, haben wir uns gefragt, warum um Himmels willen man sich wohl an den Hängen eines aktiven Vulkans niederlassen sollte. Unser Freund Federico wusste die simple Antwort. Der Lavaboden sei extrem mineralreich und fruchtbar, sodass auf ihm Oliven, Mandeln, Pistazien, Zitrusfrüchte und natürlich Wein ausgezeichnet gedeihen. Dann holte Federico eine Flasche Wein und Becher aus dem Rucksack, und wir stießen auf Vulcanus an, der im Berg sein Feuer schürt.

Aus dem Zugfenster
Rund um Bronte sind die landschaftlichen Kontraste besonders scharf gezeichnet: Blühende Pistazienhaine wechseln ab mit den dunklen Rücken erkalteter Lava, ein Puzzle in Schwarz, Grün und Rot.

ITALIEN / SARDINIEN

Kleiner grüner Zug

Im Sommer windet sich der Trenino Verde mehrmals die Woche auf seiner schmalen Trasse vom Strandleben in Palau weg und tuckert durch die trockene, kakteenbestückte Landschaft der sardischen Bergwelt.

REISE-INFOS
- **Zug:** Trenino Verde
- **Strecke:** Palau – Tempio
- **Länge und Spurweite:** 59 km, Schmalspur (950 mm)
- **Dauer:** 3 h 30 (einfach)
- **Preis:** 15 € (einfach), 20 € (Hin- und Rückfahrt)
- **Info:** www.treninoverde.com

Besonders zügig geht es nicht voran mit der ratternden Diesellok, aber schließlich sind wir in Urlaub, haben ausreichend Zeit – und verfolgen mit der Fahrt zum Endbahnhof Tempio Pausania letztlich ja auch gar kein anderes Ziel, als nach Besichtigung der Bergstadt (und des aufgereihten Fuhrparks der Schmalspurbahn) wieder ans Meer zurückzukehren und uns in Palau mit seiner wunderschönen Kulisse

Im Sommer fahren auf Sardiniens Schmalspurbahnen Uraltzüge aus den 1950er- und 1960er-Jahren.

Nach der Fahrt zurück in Palau geht es auf direktem Weg zur Abkühlung an den Strand.

vorgelagerter Inseln ins Wasser zu werfen. Wie das eben mit einem reinen Touristenzug so ist.

Übrigens: *Die Eisenbahnstrecken der Insel haben sich nicht mehr gerechnet – die Sarden bevorzugen Auto und Bus –, und deshalb wurden sie nach und nach für den Regelverkehr geschlossen. Nur für Touristen wird heute in der Hochsaison ein Restverkehr aufrechterhalten.*

Von Meereshöhe führt die Trasse zum Bahnhof auf 546 m üNN, folgt mal an den Rand gedrängt fast schüchtern einer Straße, passiert Spaliere mit Kakteen, begleitet das Ufer des Lago di Liscia, wackelt und stößt durch Dörfer. Ab und an muss der Lokführer sogar anhalten, um Hühner von der Schiene zu jagen – aber wir haben ja alle Zeit der Welt!

Die Wagengarnituren stammen aus den 1950ern und haben ihre beste Zeit hinter sich. Traurige Nostalgie also, die der Bahnhof von Tempio mit von Rost zerfressenen Dampfloks nicht mildert. Letztere wurden übrigens abgeschafft, um Waldbrände, von denen die Insel so häufig heimgesucht wird, zu vermeiden. Das und vieles Interessante mehr lernen wir in Tempios Werkstattmuseum, das unbedingt besuchenswert ist – wie auch das Bahnhofsgebäude selbst: Den schmalen Wartesaal zieren große Ölgemälde von 1931 im Volkskunststil des Sarden Giuseppe Biasi.

Litera-Tour

Bereits der englische Schriftsteller D. H. Lawrence hatte von der Schmalspurbahn Sardiniens in höchsten Tönen geschwärmt und festgehalten, dass er sie nutze, wann immer es möglich sei. »Das Meer und Sardinien« (Diogenes Verlag 2007) ist eine ziemlich lästerliche Liebeserklärung an die Insel.

SLOWENIEN

Durch die Karstwälder

Es führen gewiss schnellere Wege von Sloweniens Hauptstadt Ljubljana ans Meer. Aber keiner ist so entspannt und vielseitig wie die Fahrt mit der Bahn durch den slowenischen Karst.

REISE-INFOS
- Zug: Slovenske železnice
- Strecke: Ljubljana - Koper
- Länge und Spurweite: 153 km, Normalspur
- Dauer: 2 h 30
- Preis: 9,60 €
- Info: https://potniski.sz.si

Allein die 17 Haltestellen auf 153 km garantieren Abwechslung – immerhin im Schnitt alle neun Kilometer eine. Die Passagiere, die zu- und aussteigen, sind meist Schulkinder oder ältere Herrschaften. Örtchen wie Planina oder Rakek machen sich mit spitzen Kirchtürmen und winzigen Bahnhöfen, teils noch aus der k.-u.-k. Ära, vor dem Zugfenster bemerkbar. Nach den Vororten Ljubljanas und sanft gewelltem Bauernland taucht die Regionalbahn bald ein in Karstwald – lichten Mischwald, in dessen Unterholz grün bemooste Kalksteinfelsen hervorblitzen. Dazwischen leuchten pinkfarbene Zyklamen, es duftet nach Himbeeren! Viele von Sloweniens 500 Braunbären leben hier, aber gesehen haben wir noch keinen.

Kurz nach Kozina beginnt der spektakuläre Teil: Die Hochebene des Karstes bricht nahezu senkrecht 400 m zum Meer hin ab, der Zug bewältigt das Gefälle, indem er eine schmale Schlinge nach Süden und zurück nach Norden schlägt und dabei immer tiefer in das Tal von Hrastovlje hinunterklettert. Schwindelerregende Perspektiven tun sich auf, in der Ferne blitzt immer wieder die Adria und mit ihr die Häfen von Triest und Koper zu uns hinauf. In dem Dorf Hrastovlje mit seiner Wehrkirche lohnt es sich auszusteigen. Das Gotteshaus ist mit gotischen Fresken eines Totentanzes geschmückt, der bunt und drall die ganze Längswand einnimmt. Nach Koper an die Adria fahren von hier auch Busse – wir warten lieber auf den nächsten Zug und kehren so lange in der Gostilna Švab ein, auf Karstschinken und selbst gebackenes Brot. Da pfeift er auch schon, der nächste Bummelzug nach Koper.

⌐ Ausgebüchst
Steigen Sie in Divača aus und wandern 3 km zu den Höhlen von Škocjan, die zum UNESCO-Weltnaturerbe zählen. Die spannende Besichtigungstour führt eineinhalb Stunden durch unterirdische Canyons und über einen rauschenden Wildfluss (www.park-skocjanske-jame.si).

Unbedingt einen Fensterplatz sichern ...

Karg ist die Umgebung, aber üppig der Schmuck im Inneren der Dreifaltigkeits-Kirche von Hrastovlje.

+SLOWENIEN+

Von den Alpen bis (fast) an die Adria

Grund für den Bau der Wocheinerbahn war der neu eröffnete Suezkanal. Die Triestiner Händler witterten neue Märkte und forderten Bahnanschluss an Wien. Wir wittern Alpenluft!

REISE-INFOS
- Zug: »Wocheinerbahn«, Slovenske železnice
- Strecke: Jesenice – Nova Gorica / Gorizia
- Länge und Spurweite: 89 km, Normalspur
- Dauer: 2 h
- Preis: 7 €
- Info: https://potniski.sz.si

Es gibt mit Sicherheit schönere Orte, um eine nostalgische Bahnfahrt zu beginnen, als Jesenice am Südfuß der Karawanken. Aber genau hier, in der ehemaligen slowenischen Bergbaustadt, startete die k.-u.-k. Administration auf Anweisung Kaiser Franz Josephs I. ihr Projekt »Neue Alpenbahnen« mit der Strecke von Jesenice durch die slowenischen Alpen nach Triest an die Adria. 1906 war schließlich – nach großen technischen Problemen – Görtz (heute Nova Gorica/Gorizia) erreicht.

So wie damals reisen wir heute natürlich nicht, selbst nicht in der 1. Klasse. Eingesetzt wurden Aussichtswagen der Canadian Pacific Railways mit allem Komfort: Lederfauteuils, Bibliothek, Aussichtsplattform, dazu ein Fremdenführer und ein Stenograf, wenn einem der Geheimen Räte oder dessen Gattin etwas Wichtiges in den Sinn kam. Unser Zug hat auch keine Aussichtsplattform, dafür aber große

Links: Die Graffiti-Regionalbahn kontrastiert mit der k.-u.-k. Architekturseligkeit des Bahnhofs Nova Gorica.
Rechts: Hellgrün, Dunkelgrün, Türkisgrün ... das Paradies liegt am Wildfluss Soča.

Die Salcanobrücke kurz vor Nova Gorica ist die größte gemauerte Eisenbahn-Bogenbrücke der Welt

Fenster, durch die wir in die dunkel bewaldete, alpine Welt um die Seen von Bled und Bohinj eintauchen. Schließlich fährt der Zug in den längsten Tunnel Sloweniens ein, 6327 m Schwärze.

Übrigens: *In den Sommermonaten fährt ab und an eine Museumsbahn mit Dampflokomotive 25-026 des Wiener Herstellers Florisdorf diese Strecke. Wenn Bleds Bürgermeister Janez Fajfar Zeit hat, bereitet er Zug und Fahrgästen am Bleder Bahnhof in historischem Kostüm einen zünftigen Empfang.*

Am anderen Ende des Tunnels trauen wir unseren Augen nicht – wie sind wir in diese fast mediterran scheinende Landschaft geraten? Most na Sočai heißen Ort und Station am türkisgrünen Wildfluss Soča, unter uns tummeln sich Kajakfahrer, als wir ihn überqueren. Die Bahn zieht weiter westwärts auf Nova Gorica zu und überquert kurz vor der zwischen Slowenien und Italien zweigeteilten Stadt die größte gemauerte Eisenbahn-Bogenbrücke der Welt, die Salcanobrücke. Nova Goricas Bahnhof begrüßt uns zum Abschluss mit k.-u.-k. Architekturseligkeit. Dann suchen wir ein Hotel.

Aus dem Zugfenster

Entlang der Strecke von Bled nach Bohinjska Bistrica erspähen wir ihn immer wieder auf der rechten Zugseite: Sloweniens höchsten Berg Triglav mit seiner dreigeteilten Spitze aus grauem Fels.

+BOSNIEN-HERZEGOWINA+

Am Ufer der Neretva

Die spektakuläre Bahn folgt dem Fluss Neretva in die bosnische Hauptstadt Sarajevo. Sie gilt zugleich als Symbol des Wiederaufbaus nach den verheerenden Balkankriegen der 1990er-Jahre.

Die Zerstörung der Brücke von Mostar und ihr Wiederaufbau bewegten die Welt.

Links: Der Zug von Mostar nach Sarajevo ist schnell – allerdings nicht, weil er Zuckerbrause getankt hätte …
Rechts: In Sarajevos In-Viertel Baščaršija finden sich zahlreiche osmanisch geprägte Lokale.

REISE-INFOS

- **Strecke: Mostar – Sarajevo**
- **Länge und Spurweite: 120 km, Normalspur**
- **Dauer: 2 h**
- **Preis: 6 €**
- **Info: www.zfbh.ba**

Unsere Fahrt mit dieser legendären Bahn beginnt mit dem Besuch von Mostars berühmter Steinbrücke. Am 9. November 1993 war der aus dem 16. Jh. stammende Übergang über die hier tief eingeschnittene Neretva unter kroatischem Artilleriebeschuss eingestürzt – ein Aufschrei ging um die Welt. 2004 hatten die Bosnier ihre Brücke wieder aufgebaut, sie wurde zum Friedenssymbol nach den Balkankriegen.

Entsprechend ehrfürchtig stehen wir davor und beobachten die jungen Männer, die sich von ihrem Scheitelpunkt 20 m tief in den Fluss stürzen. Doch die Zeit drängt. Am Bahnhof wartet der Zug nach Sarajevo. Es ist ein … Talgo! Keine uralte Diesellok mit 1940er-Jahre-Garnitur, sondern ein hochmoderner Flitzer. Die zwei Stunden bis Sarajevo werden wie im Flug vergehen. Wir haben Sitze rechts ergattert, mit unverstelltem Blick auf den Fluss.

Übrigens: *2005 erklärte die UNESCO Mostars Brücke zum Welterbe, nicht nur wegen des historischen Werts. Sie verbindet den islamisch geprägten Teil der Stadt mit dem christlichen und ist so ein Symbol der Versöhnung.*

Schon nach einer halben Stunde Fahrt rücken die Berge, die uns bislang als entfernte Silhouetten begleiteten, eng zusammen, lassen gerade Raum für Fluss, Straße und Schienen. Die weichen gelegentlich auf Rampen und Viadukte aus und gewinnen an Höhe. Smaragdgrün rauscht neben und unter uns die Neretva durch das Dinarische Gebirge, dichte Wälder bedecken die Hänge. Die Strecke erscheint anspruchsvoll, aber der Talgo bewältigt sie mühelos und sicher besser als seine dampfbetriebenen Vorgänger, die ab 1891 die Route befuhren, damals noch auf Bosnischer Spur. Viel zu schnell ist die Fahrt vorbei.

Das schmeckt

Damir, der in Sarajevo Soziologie studiert, haben wir im Zug kennengelernt. Wir treffen ihn abends in Sarajevos In-Viertel Baščaršija. Dort essen wir die besten Cevapčiči, scharf gewürzte Hackfleischwürstchen, unseres Lebens.

MONTENEGRO – SERBIEN

In den Schluchten des Balkan

In jungen Jahren lasen wir begeistert Karl May. Die Fahrt durch diese von dem großen Fantasten sehr genau beschriebene Region auf den Spuren des »Schut« musste also unbedingt sein. Und lohnte sich sehr!

REISE-INFOS
- Zug: **Tara Express**
- Strecke: **Bar – Belgrad**
- Länge und Spurweite: **475 km, Normalspur**
- Dauer: **12 h**
- Preis: **24 €, 65 € (Zwei-Bett-Abteil im Schlafwagen)**
- Info: **www.seat61.com/belgrade-to-bar-railway.htm**

Wir starten im montenegrinischen Bar mit dem Tageszug Tara, der um 9 Uhr den Bahnhof des Adriastädtchens verlässt, und sichern uns Plätze auf der linken Seite. Hier soll die Szenerie besonders dramatisch sein.

Übrigens: *Die lange Fahrtzeit könnten Reisende bequem in den komfortablen und preiswerten Nachtzügen verkürzen – aber sie brächten sich um die Szenerie vor dem Zugfenster, und die ist besonders im ersten Drittel von außerordentlicher Wildheit und Schönheit.*

Nach dem Stopp in Podgorica, Montenegros Hauptstadt, geht's richtig in die Berge, am Rand des Nationalparks Biogradska Gora entlang, durch die Hochdinariden mit ihren steilen Felszacken und dunklen Schluchten, in denen Wildwasser rauscht. Die Ahs und Ohs nehmen kein Ende, und um Kolašin, einen der höchstgelegenen Orte der Route, liegt sogar etwas Schnee.

Bis zum Scheitelpunkt der Strecke gewinnt der Tara Express in knapp 340 km mehr als 1 000 m Höhe. Addiert man die bautechnischen Hilfsmittel auf der gesamten Strecke, ergeben sich 254 Tunnel und 435 Brücken. Seit Ende des 19. Jhs. diskutierten die jeweils auf dem Balkan herrschenden Mächte den Eisenbahnanschluss von Belgrad an einen Adriahafen. Gebaut wurde die Strecke erst in der Ära der Sozialistischen Volksrepublik Jugoslawien ab 1951, der erste Zug fuhr dann 1976.

Der Rest der Fahrt ist dann zugegebenermaßen nicht mehr so aufregend, aber interessant. Der Zug überquert zwei Grenzen (Bosnien und Herzegowina, Serbien), durchstreift die fruchtbaren Ebenen Serbiens und fährt pünktlich um 20 Uhr in Belgrads modernen Bahnhof Topčider ein. Karl Mays Helden, das merken wir erst jetzt, haben wir überhaupt nicht vermisst.

Aus dem Zugfenster
Vor Erreichen von Podgorica gehen alle Blicke nach rechts zu den schilfbestandenen Ufern des Skutari-Sees, eines Vogelparadieses par excellence. Wir sichten Krauskopfpelikane!

Oben: Im Dinarischen Gebirge überquert der Tara Express den 198 m hohen Mala-Rijeka-Viadukt.

Unten: Mit der Bahn unterwegs durch die Schluchten des Balkan – hier an der Moraca entlang.

RUMÄNIEN

Im Land der Vampire

Hermannstadt ist eines der touristischen Topziele Rumäniens und besticht mit adretten Häusern, entspannter Atmosphäre und viel Geschichte. Auch die Fahrt dorthin ist landschaftlich reizvoll.

REISE-INFOS

- **Strecke:** Brașov (Kronstadt) – Sibiu (Hermannstadt)
- **Länge und Spurweite:** 115 km, Normalspur
- **Dauer:** 2,5–4 h
- **Preis:** 4,30–8,90 €
- **Info:** www.cfrcalatori.ro

Keine Lüge: Die Lügenbrücke war die erste gusseiserne Brücke Rumäniens.

Schon vor Abfahrt des modernen Fernverkehrszugs Richtung Sibiu gibt es einiges zu sehen. Der Hotelportier hat uns eine kleine Liste zusammengestellt, mit dem Castelul Bran an erster Stelle. Es war Stammsitz von Vlad III. Drăculea, der im 15. Jh. schlimme Gräuel begangen haben soll. Per Taxi absolvieren wir also den Pflichtbesuch in Draculas Schloss 30 km außerhalb.

Übrigens: *Die sagenumwobene Region Transsilvanien im Herzen Rumäniens besitzt eine lange deutsche Tradition, deren Ursprung im 12. Jh. wurzelt, als der ungarisch-kroatische König Géza II. Deutsche aus dem Rhein-Mosel-Gebiet anwarb. Sie siedelten sich an und bildeten mit Siebenbürgen ein Bollwerk gegen die fortwährenden Überfälle der Völker aus dem Osten.*

Am Fahrkartenschalter des nur sehr beschränkt attraktiven Bahnhofs aus der Hochzeit sozialistischer Baukunst machen wir uns mit Gesten verständlich – Sibiu, 1. Klasse, 2 Personen. Klappt auch ganz gut, und wir sind froh, dass der Zug schon am Bahnsteig wartet und wir in unseren Abteilwagen steigen können. Die Fahrt macht klar, woher der Wohlstand der Siebenbürger stammte: Der Zug durchquert weites, flaches Land, fruchtbare Äcker mit wogendem Getreide bis zum Horizont, tiefgrüne Wiesen mit den weißen Sprenkeln weidender Schafe. Weit und breit keine Spur von Vampiren – nicht einmal Knoblauch zur Abwehr hängt im Abteil.

Dann erreichen wir Sibiu, unseren nächsten Übernachtungsort. Was uns dort am besten gefallen hat? Die Brücke der Lügen natürlich; schließlich sind wir von der Presse!

⌐ Ausgebüchst

In Sibiu (Hermannstadt) beginnen die erhaltenen 58 km der 1910 eröffneten Harbachtalbahn (760 mm/ Bosnische Spur); die Schienen durch das Hârtibaciu-Tal nach Agnita (Agnetheln) und das historische Rollmaterial werden derzeit ehrenamtlich und mit viel internationaler Unterstützung auf Vordermann gebracht. 2021 oder 2022 sollen dann die Ausflugsfahrten richtig losgehen, Infos auf https://sibiuagnitarailway.com. ⌐

Oben: Die Schafherden sind aus Siebenbürgen nicht wegzudenken.

Unten: Auf diesem Schloss wohnte er also, Graf Dracula, der Urvater aller Vampirgeschichten.

Bulgariens Gebirge

An den Gebirgen Rila, Rodopi und Pirin vorbei führt diese Tour durch die Thermenregion Bulgariens nach Bansko, dem populärsten Wintersportort des Landes – eine spannende Fahrt durch das Herz Bulgariens.

Nahe Velingrad schlängelt sich die schmalspurige Rhodopenbahn durch die Hügellandschaft.

REISE-INFOS

- Zug: Rhodopenbahn/Linija Nr. 16
- Strecke: Septemvri – Bansko – Dobrinište
- Länge und Spurweite: 125 km,
- Bosnische Spur (760 mm)
- Dauer: 5 h
- Preis: 6,60 € (einfach), 11,90 € (Hin- u. Rückfahrt)
- Info: www.bdz.bg

Die Bosnische Spur ermöglicht Kurven mit Schienenradien bis hinunter auf 60 m. Und das ist auch bitter nötig bei der zwischen 1922 und 1945 gebauten Trasse. Wild mäandern die Schienen durch die Schluchten des Balkan, kreuzen durch dichte Wälder und folgen Wildbächen, die zu gewalttätigen Flüssen anschwellen können. Viele in die Felsen gesprengte Passagen und drei enge Kreiskehren mit Tunneln zeugen von den Herausforderungen. Die Schmalspurbahn ist nicht in erster Linie Touristenattraktion, sondern eine notwendige Ergänzung des bulgarischen Streckennetzes. Auf dem mittleren Abschnitt zwischen Velingrad und Jakoruda zeigt sie auf 45 km die ganze landschaftliche Dramatik eines in die Berge gehauenen und gesprengten Schienenwegs.

Übrigens: *Im Sommer reisen die Plovdiver mit der Bahn nach Velingrad und Varvara, um in den Thermen zu kuren. Im Winter ist sie die beste Verkehrsverbindung für Skitouristen, die auf dem internationalen Flughafen von Plovdiv landen und in Bansko auf die Piste gehen wollen.*

Das Rollmaterial Bulgariens ist (nicht nur) auf den Nebenstrecken … nun ja – etwas veraltet und nicht immer in bestem Schuss. Das bekommen auch die Passagiere der heftig ruckelnden Rhodopenbahn zu spüren. Doch die Ausblicke auf die sattgrüne Berglandschaft entschädigen allemal für die Unbequemlichkeit. Wer den Zug an dem einen oder anderen Stopp verlässt, kann interessante Abstecher zu orthodoxen Klöstern unternehmen oder in herrlicher Natur stundenlang wandern. Der nächste Zug der Linija Nr. 16 kommt bestimmt!

Ausgebüchst

Den Scheitelpunkt der Strecke bildet der höchstgelegene Bahnhof Osteuropas im Dorf Avramovo. Der kleine Ort liegt auf 1267 m üNN. Nur 17 km weiter ist Jakoruda der perfekte Ausgangspunkt für Wanderungen auf den höchsten Berg des Balkans, den Musala im Rila-Nationalpark (2925 m üNN). Und weil die Sicht auf drei Gebirge ja vielleicht nicht reicht: Bei klarem Wetter blickt man vom Gipfelmonument bis zum Witoscha-Gebirge über der Hauptstadt Sofia.

Er ist schon »ausgebüchst« und unterwegs, den Musala fest im Blick. Achtung: Hier können Wanderern nicht nur Luchse und Ziegen begegnen, auch Wildschweine und Bären leben im Rila-Gebirge.

+Afrika+
auf Schienen

Bahnfahren in Afrika – das ist großes Abenteuer: Die Züge durchqueren schier undurchdringliche Dschungel, steile Gebirgszüge mit tief eingeschnittenen Schluchten und grenzenlose Wüstenebenen. Sie transportieren Güter, Vieh und Menschen und sind fast immer überladen. Ein Gutteil des Schienennetzes stammt noch aus der Kolonialzeit. Im Westen – in Marokko, Tunesien, Senegal, Benin – bauten die Franzosen; im Osten – Kenia, Tansania, Ruanda und Sambia – Deutsche und Engländer. Wichtige Strecken wurden später von den Nationalstaaten zwar überholt (viele mit finanzieller und technischer Unterstützung Chinas), doch gestalten mangelnder Unterhalt und Materialermüdung jede Fahrt unberechenbar. Sieht der Fahrplan zwölf Stunden vor, kann es durchaus passieren, dass die Reise am Ende doppelt so lange dauert. Letzteres gilt natürlich nicht bei Hochgeschwindigkeits- und Luxuszügen à la Orient-Express in wirtschaftlich hochentwickelten Ländern wie Südafrika, Nigeria oder den Staaten des Nahen Ostens. Doch selbst da stehen wenigen modernen Strecken zahllose lokale Verbindungen biblischen Alters gegenüber. Und eben die haben ihren besonderen Reiz! Nur hier kommen Bahnreisende in Kontakt mit dem Alltag – mit all seinem Charme und seinen Tücken.

Marrakesh Express

Eine Bahnfahrt vom Atlantik in die Wüste, von den Hochhaustürmen Casablancas in die archaische Welt der Lehmpaläste, Schlangenbeschwörer und Wunderheiler.

REISE-INFOS

- **Zug:** Atlantiklinie
- **Strecke:** Casablanca – Marrakesch
- **Länge und Spurweite:** 250 km, Normalspur
- **Dauer:** 2 h 40
- **Preis:** 12 € in der 2., 15 € in der 1. Klasse
- **Info:** www.oncf.ma

In der ersten Klasse wurde es ihm schnell zu langweilig, erzählte Graham Nash von der Folk-Rockband Crosby, Stills and Nash über seine Bahnfahrt 1966 nach Marrakesch. Er zog deshalb um, zu den einfachen Leuten mit ihren »*ducks, and pigs, and chickens*«, wie er später sang. Wir haben deshalb lieber gleich die zweite Klasse gebucht.

Marokko zeigt sich modern mit der neuen Empfangshalle des Bahnhofs Casa Voyageurs in Marrakesch.

Auf der Djemaa el Fna in Marrakesch trifft man auf Geschichtenerzähler, Schlangenbeschwörer und »Apotheker«.

Ein bisschen beengt sind die Bänke hier, aber so kommen wir schneller ins Gespräch mit den Mitreisenden. Im Schneckentempo tuckert der Zug aus dem Bahnhof Casa Voyageurs mit seiner futuristischen Empfangshalle und durchfährt die trostlosen Trabantenstädte der 3,5-Millionen-Metropole. Doch kaum hat er die letzten Hochhäuser passiert, öffnet sich das Land, und ein afrikanischer Himmel gruppiert winzige Lehmgehöfte, silbrige Olivenbäume, Hirten mit Ziegenherden und neugierig winkende Kinder zu biblischen Szenen. Im Nachbarabteil verkauft jemand frisch aufgebrühten Minztee, den er in hohem Bogen in die Teegläser gießt.

Kleinvieh wird heute nicht mehr befördert, doch wenn der Alte mit dem kunstvoll gewickelten Turban auf der Sitzbank gegenüber ein Huhn aus seinem Korb zöge – wundern würde es nicht. Seine verschleierte Frau trägt Henna-Tattoos an Händen und im Gesicht. Was sie wohl von den gestylten *mesdemoiselles* im Nachbarabteil halten, die pausenlos auf ihren *portables* tippen? Woher und wohin fragt uns der Alte, empfiehlt uns Allahs Schutz und bestellt Minztee. Nach zwei, drei Gläsern sind wir beste Freunde. »Mes amis,« ruft er, »voilà!« Vor uns leuchten die roten Mauern von Marrakesch auf, eine Fata Morgana vor dem schneebedeckten Riegel des Hohen Atlas. Allah meinte es gut mit uns.

⌐ Musik-Tour

»Wouldn't you know we're riding on the Marrakesh Express …«, besangen Crosby, Stills and Nash 1969 die Bahnfahrt, die Graham Nash zum Song »Marrakesh Express« inspirierte. Der perfekte Soundtrack!

Ritt auf der Eidechse

Im nostalgischen Salonwagen des Bey von Tunis geht es durch Wüste, Tunnel und eine Schlucht – ein touristisches Abenteuer in Tunesiens kargem Südwesten.

REISE-INFOS

- **Zug:** Le Lézard Rouge
- **Strecke:** Metlaoui – Seldja-Schlucht – Metlaoui
- **Highlights:** der plüschige Salonwagen des Bey von Tunis von 1910 und die Seldja-Schlucht
- **Länge und Spurweite:** 43 km, Meterspur
- **Dauer:** 1 h 45
- **Preis:** 11 €
- **Info:** www.lezard-rouge.com

Der Lézard Rouge schnauft vernehmlich. Auf seinem Weg von Metlaoui in die Berge, die wie eine Mondlandschaft am Horizont aufscheinen, klingt die Diesellok, als läge sie in den letzten Zügen. Ein Grund ist das Alter der Gleise, ein weiterer die Zuggarnitur. Das Gleisbett wurde um 1909 in Meterspur verlegt, um Bodenschätze – Erze und Phosphat – aus den Bergen zur Verarbeitung nach Metlaoui und in die umliegenden Orte zu schaffen. Seinen persönlichen Wagen ließ sich der Bey von Tunis ein Jahr später mit roten Plüschpolstern als Salon prunkvoll ausstatten und »reiste« damit von seinem Palast in Tunis' Vorort Bardo nach La Marsa oder Tunis – gemütliche Fahrten von höchstens zwei Dutzend Kilometern Länge. Schienen und Zug sind also nicht mehr die frischesten.

Übrigens: Zurzeit verkehrt der Zug in einer Garnitur mit dem Salonwagen des Beys, einem Barwagen und vier weiteren, deutlich einfacheren Waggons, die alle unterschiedlich ausgestattet sind.

Von Schaffnern umsorgt, bei Minztee und Snacks mag man sich fühlen wie dereinst der Bey von Tunis.

In engen Kurven windet sich die historische Wagenschlange des Lézard Rouge durch die Seldja-Schlucht.

In Tunesiens Südwesten hat der Zug des Bey knapp 100 Jahre später unter dem Namen Lézard Rouge (»Rote Eidechse«) eine neue Bestimmung gefunden: Sein Ziel sind nicht die Abbruchhalden der Bergwerke, sondern die tief in die Hänge geschnittene, wilde Seldja-Schlucht, deren Wände so nahe zusammenrücken, dass oft nicht einmal Platz ist, das Bähnchen zu verlassen. Dort, wo's für einen Fotostopp geht, warnt der Schaffner vor Schlangen. Kein Witz! Es gibt Minztee und Snacks, die Passagiere verrenken sich zu instagramtauglichen Posen oder sammeln bunt gemaserte Steine. Schließlich tritt der Zug holpernd und ratternd die Rückfahrt an. Im historischen Kolonialbahnhof von Metlaoui fragt sich mancher: Reiste der Bey wirklich so rumpelig? Die majestätische Landschaft jedoch, die ist wirklich eines Fürsten würdig!

Film-Tour

Die weitere Umgebung der Seldja-Schlucht diente als Drehort mehrerer Episoden vom »Krieg der Sterne«. Unweit der 70 km entfernten Oase Nefta stehen noch die Überreste der Weltraumstadt Mos Espa im Wüstensand.

Nilreise

Seit Tausenden von Jahren ist das Niltal die Lebensader Ägyptens. Die Pharaonen schmückten es mit Tempeln und Palästen, die bei der Fahrt am Nil entlang die Geschichte lebendig werden lassen. Spannend wird es allerdings erst ab Luxor. Deshalb stellt sich die Frage: Lieber nachts oder tagsüber reisen?

In der Nähe von Luxor liegt die größte Tempelanlage Ägyptens, die Tempel von Karnak.

Zwischen Luxor und Assuan fahren die Züge fast immer direkt am Fluss entlang.

REISE-INFOS

- **Zug:** VIP Express oder Watania Sleeping Train
- **Strecke:** Kairo – Luxor – Assuan
- **Länge und Spurweite:** ca. 900 km, Normalspur
- **Dauer:** ca. 15 h im VIP Express (tagsüber), 14 h im Sleeper (Watania Sleeping Trains)
- **Zuggarnituren:** Die Wagen des VIP Express stammen aus chinesischer Produktion; Watania Sleeping Trains sind umgestaltete DDR-Schlafwagen der 1980er-Jahre
- **Preis:** 18 € in der ersten, 11 € in der zweiten Klasse, in der 2-Bett-Kabine 65 €
- **Info:** www.enr.gov.eg, Schlafwagenreservierung über Ernst Sleeping Trains Reservation Office (www.wataniasleepingtrains.com)

Passagiere drängen zu ihren Zügen, Lastenträger bahnen sich den Weg in Richtung Bahnsteige, Rufe, Schreie, die schrillen *jujus* der Frauen vermengen sich mit knarzenden Lautsprecherdurchsagen … An Kairos Hauptbahnhof Ramses II herrschen Hektik und Aufregung. Am Gleis 3, geplanter Bahnsteig für den Watania-Nachtexpress nach Luxor und Wadi Halfa um 19.45 Uhr, bricht Chaos aus, als der »normale« Nachtzug einfährt, die Holzklasse also. Angesichts der Szenen, die sich bei Einsteigen und Platzeroberung abspielen, sind wir froh, dass wir uns für die komfortablere Alternative entschieden haben, den Watania Sleeping Train.

Der Bau der Linie entlang des Nils begann bereits 1870. Sie sollte Kairo mit Kapstadt verbinden, endete aber schließlich bereits in Assuan. Das Gros der Garnituren ist nicht klimatisiert und führt nur zweite und dritte Klasse. Wohlhabende Ägypter nutzen deshalb die Schlafwagenverbindung bzw. einen der morgens abfahrenden VIP Express-Züge mit klimatisierten Erste-Klasse-Waggons. Sie mögen nicht so atmosphärisch sein, aber wenn 14 Stunden beengtes Sitzen oder Stehen die Alternative sind …

Den schönsten Teil der Strecke, das Teilstück von Luxor nach Assuan, erreicht der *Sleeper* am frühen Morgen gegen sechs. Ab Luxor fährt er nun fast durchgängig am Nil entlang. Während der Steward das Frühstück serviert, fliegen Palmen, tiefgrüne Felder und Dörfer vorbei, Kamele treiben Brunnen an, ganz hinten vor dem Glitzerband des Flusses vermeint man, die Säulen des Tempels von Kom Ombo zu erkennen. Gegen 9.30 Uhr ist die Ankunft in Assuan terminiert – es kann aber auch später werden. Wenn beispielsweise ein Esel Rast auf den Schienen macht.

⌐ Ausgebüchst

In Luxor mit seinen Tempelanlagen und dem Tal der Könige lohnt auf jeden Fall ein Zwischenstopp. Weiterfahrt am nächsten Tag mit dem Sleeper oder dem VIP Express (hier die rechte Sitzreihe wählen mit Blick auf den Fluss).

Aus der Wüste zum Atlantik

Die Erzbahn von Zouérat nach Nouâdhibou, aus der Wüste an den Atlantik, ist eigentlich nicht für den Personenverkehr gedacht. Trotzdem fahren viele mit.

REISE-INFOS

- **Zug:** Le train – 200 offene Güterwaggons, 1 Waggon für Passagiere
- **Strecke:** Zouérat – Choûm – Nouâdhibou
- **Länge und Spurweite:** ca. 700 km, Normalspur
- **Dauer:** ca. 16–20 h
- **Preis:** gratis
- **Info:** www.snim.com/index.php/operations/train.html

Für Sahraoui und Mauren, die in diesem entlegenen Winkel Mauretaniens an der Grenze zur Westsahara leben, bildet der Zug die einzige Verbindung zur Welt jenseits der Wüste. Die meisten arbeiten in den Minen, deren Erze täglich drei Züge in das 700 km entfernte Nouâdhibou transportieren – auf bis zu 200 Waggons. Ein Wagen ist für Passagiere vorgesehen. Doch die meisten Männer ziehen der Fahrt in dem vollgestopften Waggon den zugigen »Ritt« auf

Diese junge Mauretanierin reist dann doch lieber im Waggon als obenauf.

Sand und Wüste und Sand und Wüste und Sand und Wüste ... so weit das Auge reicht, stundenlang.

dem geladenen Erz vor. Auch Ziegen, Hühner und Gepäck reisen *open air,* manchmal sogar Kamele.

Übrigens: *Mit ca. 2,5 km Länge zählt die mauretanische Erzbahn zu den längsten planmäßig verkehrenden Zügen der Welt und mit bis zu 24 000 t Ladung auch zu den schwersten. Drei bis vier Dieselloks ziehen den beladenen Zug mit max. 50 km/h in Richtung Küste.*

Das allerdings ist nicht ungefährlich. Gegen den permanent aufgewehten Eisenstaub helfen Planen und der *chech,* der Turban, nur notdürftig. Wer im Schlaf vom Zug fällt, ist in der Weite der Sahara rettungslos verloren. Auch Banditenüberfälle soll es geben. Den

noch: Selten wird Solidarität so über ethnische wie sprachliche Grenzen gelebt wie auf *Le train,* dem Zug. Die Menschen helfen sich aus mit Essen und Wasser und passen aufeinander auf.

Wüste zieht vorbei, als steinige Einöde, sinnliches Dünenmeer, mit zähen Grasbüscheln bewachsen. Nach Stunden Starren ins Nichts drängen sich da plötzlich Kamele um einen Brunnen, Männer in blauen Gewändern tränken sie. Weitere Stunden vergehen, und die Bahn stoppt in Choûm, einem Ort aus Lehmhäusern und Wellblech im Nirgendwo. Und gerade, als alles egal ist, glitzert der Atlantik am Horizont. *Le train* wird entladen und macht sich auf den Weg zurück.

+SPECIAL+

Die längsten Züge der Welt

Wie lange dauert es, bis ein 2,5 km langer Zug wie Mauretaniens *Le train* an einem vorbeigezogen ist? Beim Durchschnittstempo des *train* von 50 km/h ziemlich genau drei Minuten – das ist ganz schön lange. Doch das ist noch gar nichts gegen die längste Vorbeifahrt der Welt – sie dauerte acht Minuten! Die australische Minengesellschaft BHP schickte am 21. Juni 2001 einen 7 352 m langen, von acht Diesellokomotiven angetriebenen und einem einzigen Fahrer gelenkten Konvoi mit 682 Waggons auf die 275 km lange Strecke von Newman nach Port Headland in Westaustralien. Der mit Erz beladene Zug wog 99 734 Tonnen und fuhr durchschnittlich mit 55 km/h. Die Minengesellschaft beließ es bei diesem Experiment, betreibt aber auch sonst Zugtransporte von eindrucksvoller Länge.

Die Erzzüge des australischen Bergbaukonzerns BHP können bis zu 2,8 km lang sein.

Die längsten Frachtzüge der Welt

- Normalerweise stellt die australische BHP zum Erztransport Züge mit vier Lokomotiven (zwei vorn, zwei in der Mitte), 268 Waggons mit einem Gesamtgewicht von 67 200 t und einer Gesamtlänge von 2,8 km auf die Schiene.
- Eisenerz transportiert auch die Bahn aus dem südafrikanischen Minenort Sishen zur Verschiffung im 861 km entfernten Hafen von Saldanha Bay. Sie besteht normalerweise aus 342 Waggons und acht bis zwölf Lokomotiven mit einer Gesamtlast von 75 000 t und einer Länge von 3,72 km. 2018 erreichte ein Zug mit 375 Waggons die Rekordlänge von 4,1 km.
- Die brasilianische Carajàs Railway verwendet für ihre Erztransporte Züge mit bis zu 330 Waggons und einer Gesamtlänge von 3 km.

Der längste Personenzug der Welt

- Australiens Ghan, der auf seiner knapp 3 000 km langen Route den Kontinent von Adelaide nach Darwin durchquert, erreichte im Mai 2016 mit 44 Waggons und zwei Lokomotiven eine Gesamtlänge von 1096 m und – im Vergleich zu den Erzzügen – ein Fliegengewicht von nur 2156 t. Sechs Restaurantwagen, fünf Lounges und 1300 Betten sorgten für das Wohlbefinden der Passagiere. Zum Frühstück landeten mehr als 3 000 Eier in Kochtopf und Pfanne …. Eine Rekordfahrt, denn normalerweise führt der Ghan maximal 38 Waggons.

Übrigens: *Seit 2021 fährt auch in Deutschland ein XXL-ICE: Er ist 374 m lang und bietet in 13 Wagen insgesamt 918 Sitzplätze – immerhin.*

In Südafrika erreichen die Eisenerzzüge sogar eine Länge von bis zu 4 km – Weltrekord!

Mit dem Dschungelzug ins Hochland

Die Trasse von Douala durch den Dschungel nach Yaoundé im Hochland entstand in Teilen zwischen 1908 und 1912. Noch heute ist sie eine der wichtigsten Verbindungen des Landes.

REISE-INFOS

- Zug: Express 181 (Mittellandbahn)
- Strecke: Douala – Édéa – Éseka – Yaoundé
- Länge und Spurweite: ca. 262 km (ca. 700 Höhenmeter), Meterspur
- Dauer: ca. 4,5 h (plus durchschnittlich 2 h Verspätung)
- Preis: 5 € in der zweiten Klasse, 9 € in Premium
- Tipp: Unbedingt rechtzeitig buchen!
- Info: www.camrail.net

2014 begann mit der Anschaffung eines Intercity eine neue Ära für Kameruns Eisenbahn. Er verband Douala am Atlantik mit der Hauptstadt Yaoundé im Hochland, und zwar Nonstop und klimatisiert! Die Freude währte nicht lange: Nach einem Unfall 2016 mit 79 Toten wurde er von den Schienen genommen, die Passagiere kehrten zurück zum ältlichen Express.

Übrigens: *Die Verbindung entstand während der deutschen Kolonialherrschaft unter Einsatz zwangsverpflichteter Strafgefangener. Wie damals verläuft die*

Links: Von Douala geht es auf Meterspur zirka 700 Höhenmeter durch den Dschungel nach Yaoundé hinauf.
Rechts: Einen leicht brutalistischen Eindruck hinterlässt der Hauptbahnhof in Douala.

In Douala können sich die Reisenden vor der Abfahrt noch mit Proviant versorgen.

Strecke noch heute eingleisig und überquert den Sanaga nahe der alten Brücke von Edéa, bei ihrer Fertigstellung 1911 mit 160 m die längste Stahlbogenbrücke Afrikas. Entworfen wurde sie übrigens in … Oberhausen.

Das Gedränge am Bahnsteig ist beängstigend – dabei haben doch wohl alle reservierte Plätze? Nein, mindestens doppelt so viele Menschen, wie Sitze vorhanden sind, reisen mit und stapeln Gepäck, Kleinkinder und gern auch ein Huhn zwischen den Beinen der sitzenden Passagiere mit der Bitte, darauf aufzupassen, während sie sich in irgendeinen noch nicht besetzten Luftraum quetschen. Keine fünf Minuten an Bord, und die Grenzen zwischen erster und zweiter Klasse sind verwischt. Die Leute diskutieren miteinander, teilen Fladenbrot oder Bananen, und der Lärmpegel steigt stetig an. Nicht zuletzt dank der Jugendlichen, die um einen Ghettoblaster versammelt unentwegt rappen, was die heiseren Stimmen hergeben.

Draußen umrankt plötzlich dichter Dschungel den Zug, der schrill pfeifend versucht, ein auf den Schienen trottendes Schwein zu verscheuchen. So langsam wird klar, warum der Zug trotz einer Höchstgeschwindigkeit von 90 km/h stets mehr als vier Stunden Fahrtzeit für 307 Streckenkilometer braucht. Aber sie sind kurzweilig, so viel gibt es zu beobachten, zu quatschen und zu hören. Die Zeit ginge im Flug vorbei, wäre da nicht diese feuchttropische Hitze! Als der Zug schließlich auf 730 m Höhe in den Bahnhof von Yaoundé einfährt, ist es endlich merklich kühler!

ÄTHIOPIEN – DSCHIBUTI

Schleichfahrt

Die Gleise vom äthiopischen Addis Abeba nach Dschibuti am Indischen Ozean haben die Franzosen 1894–1917 gelegt. Obwohl die Meterspur völlig überaltert war, wurde sie noch bis in die 2010er-Jahre genutzt. Dann übernahm das Reich der Mitte.

REISE-INFOS
- **Zug:** Khat-Express (so die spöttische Bezeichnung)
- **Strecke:** Addis Abeba – Dire Dawa – Dschibuti
- **Länge und Spurweite:** ca. 730 km, Normalspur
- **Höhenunterschied:** 2293 m
- **Geschwindigkeit:** projektiert 120 km/h, tatsächlich maximal 50 km/h
- **Dauer:** 13–20 h, je nach Verspätung
- **Preis:** 30 €, am Vortag kaufen!
- **Info:** www.edr.gov.et

Die von China 2016 fertiggestellte und 2018 in Betrieb genommene Bahnlinie mit Zügen chinesischer Baureihen und neuen Bahnhöfen gilt als ein Leuchtturmprojekt. Über die erste elektrifizierte, internationale Linie des Kontinents läuft heute ein Teil der Warenströme von der Hafenstadt Dschibuti in die Hauptstadt Äthiopiens, die Großraumwagen der Personenzüge sind sauber und bequem. Uns reizt die Strecke vom Hochland hinunter ans Meer, tief hinein ins Rift Valley und in schwindeligen 60 m Höhe über den Canyon des Flusses Awash.

Die bisherige Strecke Addis Abeba – Dschibuti war derart marode, dass sie eingestellt werden musste.

2018 wurde eine neue Bahnlinie eröffnet, auf der es aber auch höchstens mit Tempo 50 vorangeht.

Übrigens: *Da der Zug die Grenze zwischen Äthiopien und Dschibuti passiert, müssen Reisende das Dschibuti-Visum bei Fahrtantritt vorzeigen; auch gründliche Gepäckkontrollen finden statt. Dafür sollte man mindestens eine Std. vor Abfahrt am Zug sein!*

Aber erst mal heißt es, die außerhalb von Addis Abeba liegende Furi-Lebu-Station zu finden: Eine vernünftige Anbindung der neuen Bahnhöfe an die Innenstädte fehlt, die Taxifahrer machen ein gutes Geschäft daraus. Endlich sitzen wir im Zug, und nun beginnt eine endlos scheinende Zuckelfahrt mit maximal 50 km/h. Der Grund für die Verzögerungen ist das Vieh der Nomaden, das sich an und auf den Gleisen aufhält. Gelegentlich gewinnen wir den Eindruck, hier könnte Absicht im Spiel sein. Denn wenn der Zug ein Tier überfährt, holen die stolzen Hirten mit zähem Palaver eine hohe Entschädigung heraus. Und das dauert natürlich …

Ab Dire Dawa, Äthiopiens zweitgrößter Stadt, wird der Zug richtig voll. Die Zugestiegenen quetschen sich einfach zwischen die bereits Sitzenden. Zumindest kommt so schnell der Kontakt zu den sonst eher distanzierten Äthiopiern zustande – besonders wenn man sich am gemeinschaftlichen Khat-Kauen der männlichen Passagiere beteiligt.

Im Schutz der Nacht tuckert der Zug schließlich in Dschibuti ein. Und wie sollte es anders sein, auch Dschibutis funkelnagelneuer Bahnhof Nagad liegt, nun ja, nicht sonderlich stadtnah.

OSTAFRIKA

Die Legende: Afrikas Stolz

5800 km, 15 Tage, fünf Länder und jeden Tag ein Gourmet-Menü. Ist das eine Ansage? Route und Service des Luxuszuges Pride of Africa geizen nicht mit Superlativen. Bitte einsteigen!

REISE-INFOS

- **Zug:** Pride of Africa
- **Strecke:** Daressalam – Kapstadt
- **Länge und Spurweite:** 5800 km, Kapspur
- **Geschwindigkeit:** 20–50 km/h
- **Dauer:** 15 Tage (mit zahlreichen Exkursionen)
- **Preis:** 11 000–15 000 €
- **Info:** www.rovos.com

Holzgetäfelte Kabinen, eigene Dusche und WC, bequeme Polster, Tischchen, Blick durch das Zugfenster über die Savannen Ostafrikas, bei Pretoria mit Dampflok – eine perfekt nostalgische Reise in die 1920er. Seit dem Start in Tansanias Hauptstadt Daressalam entspricht der Luxuszug den kühnsten Vorstellungen, vom persönlichen 24-Stunden-Butler, der jeden Wunsch von den Augen abliest, über feines

Links: Nicht alle Fahrgäste des Pride of Africa reisen mit leichtem Gepäck …
Unten: Der edel ausgestattete Barwagen am Ende des Zuges lädt zu einem Sundowner ein.

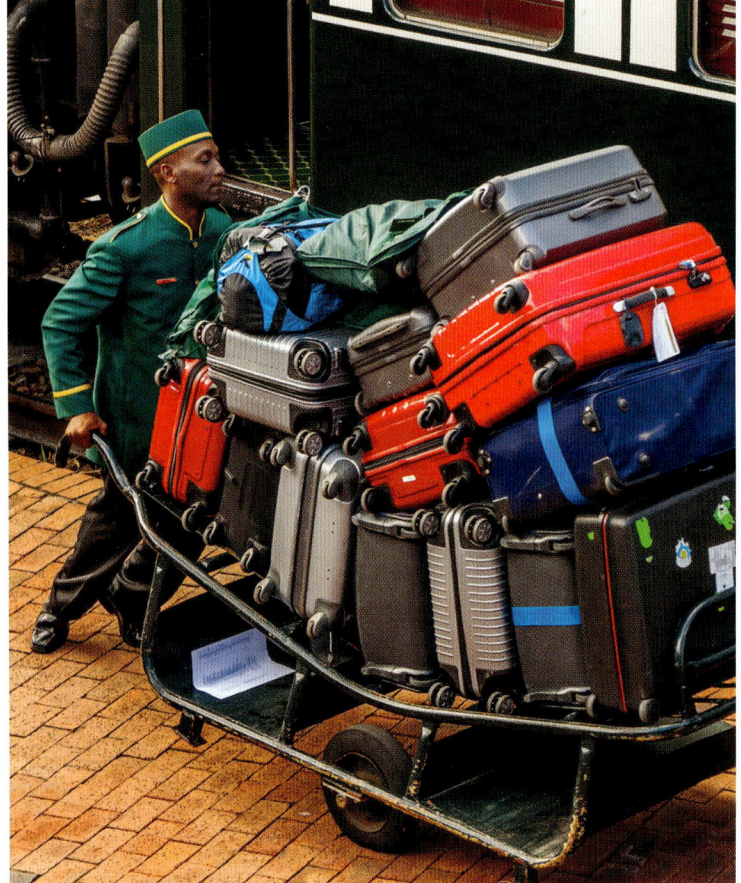

Während der 15-tägigen Zugfahrt hat man genügend Muße für das ein oder andere Foto aus dem Zugfenster.

Essen bis zu den Ausflügen zu den Naturschönheiten entlang der Route. Safaris in die Nationalparks, das Panorama der Viktoriafälle oder der Besuch des Big Hole, Kimberleys gigantischer Diamantenmine, lockern die Bahnreise stilvoll auf. Eben sind die Ladies und Gentlemen von einer Safari in die tansanische Selous Game Reserve zurückgekehrt und berichten aufgeregt von dem Wild, dem sie begegnet sind. Sogar eine Löwin mit Jungen war darunter.

Währenddessen haben dienstbare Geister die Tische im Speisewagen edel eingedeckt; ebenso anspruchsvoll ist der Dresscode: Freizeitkleidung wird nur tagsüber toleriert, zum Essen sollte es Abendrobe sein. Beim Sundowner im Barwaggon recken sich Giraffenhälse als Schattenrisse vor den Sonnenuntergang, bevor die afrikanische Nacht alles verschluckt. Nur noch die Stimmen der Wildnis bilden dann den Hintergrundchor zum zarten Klirren des Kristalls. Plötzlich erklingt ein donnerndes Grollen: Der König der Tiere ist unterwegs.

1993 startete Rovos Rail erstmals die lange Reise von Kapstadt nach Daressalam und tut dies zur Freude seiner jeweils 72 privilegierten Passagiere bis heute mehrmals im Jahr. Die Zeitreise in die Goldenen Zwanziger ist nahezu perfekt. Nur besonders empfindliche Gemüter stört des Nachts das Rattern des Zuges auf den uralten Schienen. Aber dafür liegen diskret Ohrstöpsel bereit.

SAMBIA – TANSANIA

Praxis-Check: Im Rhythmus des Bongo Flava

Der Pride of Africa befährt auf dem ersten bzw. in Gegenrichtung letzten Drittel seiner Reise die Schienen des mindestens ebenso legendären Mukuba Express. Nur dass hier nicht der Luxus, sondern der Alltag den Takt vorgibt.

In der Region Mbeya ist dank des teils tropischen, teils mediterranen Klimas alles grün.

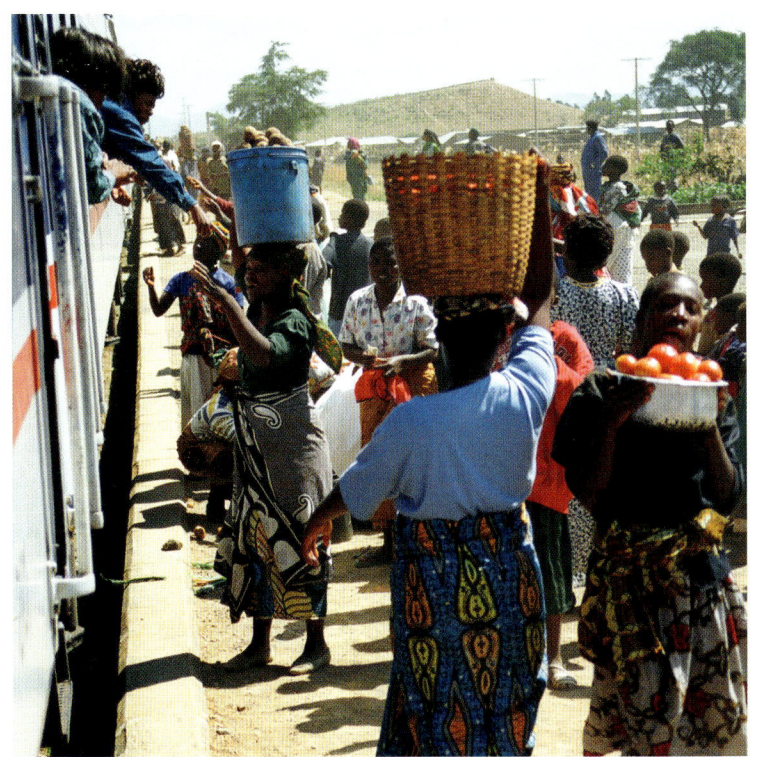 

»Service am Platz« – hier gibt es alles zu kaufen, was der Reisende brauchen könnte.

REISE-INFOS

- **Zug:** Mukuba Express (im Volksmund Tazara)/ Kilimanjaro Ordinary
- **Strecke:** Daressalam – Kapiri Mposhi
- **Länge und Spurweite:** 1860 km, Normalspur
- **Dauer:** Express 44 h, Kilimanjaro 48 h
- **Preis:** 18 € (First Class Sleeper)
- **Info:** www.tazarasite.com

Am Bahnsteig in Daressalaam zeigt sich, dass es eine gute Idee war, den Erste-Klasse-Schlafwagen zu buchen: Das Gedränge um billigere Plätze ist unbeschreiblich, der Zug der Tanzania Zambia Railway Authority (Tazara) wird regelrecht geentert. Endlich macht er sich auf in die wüstenhaften Weiten der tansanischen Hochebene, bevor er über Brücken und Tunnel in die Tiefen des Rift Valley hinunterklettert. Der chinesische Erste-Klasse-Schlafwagen des 2016 in Dienst gestellten Mukuba Express ist ruhig, sauber und bequem. Nur sind Touristen hier meist unter sich. Einen Waggon weiter, an der Zugbar, herrscht umso ausgelassenere Stimmung: Tansanias beliebtester Musikstil Bongo Flava hämmert unwiderstehlich aus den Boxen, und die Reisenden tanzen. Gleich beim ersten Bier trifft man neue Freunde, und die Tanzschritte, die sind schnell gelernt.

Übrigens: Zwei Wochen Vorlaufzeit sind nötig, um einen Platz in den Zügen zu ergattern. Tickets gibt es sowohl in Daressalam (Tansania) wie in Kapiri Mposhi (Sambia) nur am Schalter.

Berauschende Landschaftspanoramen driften vorbei, an den Bahnhöfen bieten bunt gekleidete Frauen Bananen, Fleischspießchen oder Fladenbrot an, die sie in großen Schüsseln auf dem Kopf balancieren. Vor allem die in Fett ausgebackenen Küchlein aus Maismehl bleiben noch lange unvergessen. Zwei Nächte und zwei halbe Tage ist der Zug unterwegs, mal langsam, mal etwas schneller. Als er in Kapiri Mposhi einfährt, kommt Wehmut auf.

Aus dem Zugfenster

Die Selous Game Reserve zählt zum UNESCO-Weltnaturerbe. Hier gibt es große Populationen von Elefanten, Giraffen und Spitzmaulnashörnern. Ab Bahnhof Ifakara ist es höchste Zeit, die Ferngläser zu zücken!

Auf Kolonialspur zum Tanganjikasee

Neben der Strecke Daressalam – Kapiri Mposhi gilt die Tanganjikabahn von Daressalam nach Kigoma am Tanganjikasee als wichtigste Zugverbindung des Landes. Gebaut wurde sie während der 26-jährigen deutschen Kolonialherrschaft.

Passagiere erstürmen den im Bahnhof Kigoma bereitgestellten Schmalspurzug.

Der Tanganjikasee ist 673 km lang, 72 km breit und (nach dem Victoriasee) der zweitgrößte See Afrikas.

REISE-INFOS

- Zug: **Central Line**
- Strecke: **Daressalam – Kigoma**
- Länge und Spurweite: **1252 km, Meterspur**
- Dauer: **ca. 40 h**
- Preis: **30 € (First Class Schlafwagen)**
- Info: **www.trc.co.tz**

»Safari« bedeutet auf Swahili »Reise«, und auf so eine Safari (ganz ohne das typische Gehabe) entführt die tansanische Central Line Reisende von Daressalam quer durchs Land nach Osten, in die Hafenstadt Kigoma am Tanganjika-See.

Übrigens: *1905 begann der Bau der »Tanganjikabahn«, finanziert mit 21 Millionen Mark durch das Deutsche Reich. Sie sollte das fruchtbare Landesinnere Deutsch-Ostafrikas für Siedler erschließen und erreichte 1914 Kigoma.*

Wie vor 100 Jahren ist die Bahnreise für niemanden Selbstzweck – außer für die wenigen Touristen im Erste-Klasse-Schlafwagen. Fast alle Passagiere in der dicht besetzten zweiten und dritten Klasse sind in Geschäften unterwegs. Sie transportieren beispielsweise am Zielort benötigte Waren wie Plastikschüsseln aus asiatischer Billigproduktion. Energisch balancieren die Frauen sie in riesigen Netzen auf ihren Köpfen in den überfüllten Zug. An jeder Station kommt neue Ware dazu: Da hat einer einen Riesensack Mais dabei, den er in Dodoma gewinnbringend verscherbeln wird. Eine Frau deckt sich durchs Zugfenster mit Holzlöffeln ein, die in Kigoma das Doppelte einbringen. Sobald der Zug in Sicht kommt, eröffnen quasi aus dem Nichts mobile Garküchen, an denen resolute Damen *mishkaki*, Fleischspießchen, grillen. Jeder der über 50 Bahnhöfe präsentiert einen grellbunten, lärmenden, faszinierenden Mikrokosmos Tansanias.

Bei der Ankunft am Tanganjikasee hat der Zug acht Stunden Verspätung eingefahren. Eigentlich sollte es von hier aus per Fähre nach Sambia weitergehen, doch die MS Liemba, 1915 als »Graf Goetzen« in Dienst genommen, ist nirgends zu sehen. Das ehemalige deutsche Kanonenboot hat nach über 100 Jahren Dienst den Geist aufgegeben … aber eine Möglichkeit zur Weiterfahrt wird sich in jedem Fall finden, wer eine Safari macht, hat meist auch eine kreative Lösung parat.

Durch Nationalparks nach Mombasa

Seit Jahren engagiert sich China im Ausbau der afrikanischen Verkehrsinfrastruktur. So kam es, dass schnittige Konkurrenz im Mai 2017 die alte Uganda-Bahn, von Gegnern »Lunatic Express« genannt, zwischen Nairobi und Mombasa verdrängte.

Auf langen Viadukten »fliegt« der moderne Madaraka Express in Richtung Mombasa.

»Look, elephants!« – im Tsavo-Nationalpark lebt die größte Elefantenpopulation Kenias.

REISE-INFOS

- **Zug: Madaraka Express**
- **Strecke: Nairobi – Mombasa**
- **Länge und Spurweite: 472 km, Normalspur**
- **Höchstgeschwindigkeit: 120 km/h**
- **Dauer: 6 h im »County«, 5 h im »Express« (keine Zwischenstopps)**
- **Preis: 8 € (Standard), 22 € (First)**
- **Info: www.krc.co.ke**

Wahrscheinlich war die 18-Stunden-Fahrt auf der Ende des 19. Jhs. als Meterspur entstandenen Verbindung mit der Uganda-Bahn gemächlicher, aber bei Weitem nicht so komfortabel. Der 2017 in Dienst gestellte Madaraka Express ist picobello sauber, die Sitze auch in den Standard-Großraumwagen bequem gepolstert, und die Klimaanlage funktioniert. Zweier- und Dreier-Sitzreihen sind sich zugewandt, *»look at me, I look at you-setup«* nennen das die Kenianer, was Kontakten Tür und Tor öffnet. Und während wir uns mit Mister Mutua gegenüber angeregt unterhalten, ziehen draußen nicht nur Schirmakazien vorbei: *»Look, elephants!«,* macht der Gesprächspartner uns zwischendurch auf eine Herde Dickhäuter in der Savanne des Tsavo-Nationalparks aufmerksam.

Vier Jahre dauerten die Bauarbeiten für die Strecke, die zum großen Teil der Uganda-Bahn folgt. Auch die neue Trasse ist nur eingleisig und nicht elektrifiziert, und wie bei chinesischen Bahnen üblich liegen die Bahnhöfe, »Terminus« genannt, weitab der Stadt. Lokomotiven wie Waggons stammen ebenfalls aus China, das den Bau fast vollständig finanzierte. Gerüchte, dass bei Vergabe und Bauausführung Korruption im Spiel war, sind nie verstummt.

Um 15 Uhr ist der Expresszug in Nairobi gestartet, kurz nach 8 Uhr trifft er 1795 Höhenmeter tiefer in Mombasa am Indischen Ozean ein. Der nette Mister Mutua hilft, den Taxitransfer ins Stadtzentrum zu organisieren. Ohne ihn hätte man sicher das Doppelte gezahlt.

⌐ Durchs Zugfenster

Gleich nach dem Start in Nairobi im Nairobi-Nationalpark und dann auf halber Strecke durch Tsavo East und Tsavo West zeigen sich große Wildherden an der Strecke.

SÜDAFRIKA

Die Legende: Blau, blau, blau sind alle seine Farben

Wie aus einem Zubringerzug eine Legende erwächst: Der ein- bis zweimal die Woche verkehrende Blue Train zwischen Kapstadt und Johannesburg bzw. Pretoria hat in seiner knapp 100-jährigen Geschichte einen erstaunlichen Imagewandel vollzogen.

REISE-INFOS
- **Zug:** Blue Train
- **Strecke:** Kapstadt – Johannesburg / Pretoria
- **Länge und Spurweite:** 1600 km, Kapspur
- **Höchstgeschwindigkeit:** 90 km/h
- **Dauer:** 40 h
- **Preis:** ab 1300 €, Speisen, Getränke und Ausflüge inklusive
- **Info:** www.bluetrain.co.za

1923 pendelten die damals noch holzgetäfelten Vorgänger des Blue Train unter den Namen Union Limited und Union Express zwischen Kapstadt und Johannesburg. Bald wurde der Union Express entsprechend dem gestiegenen Komfortbedürfnis der Passagiere umgestaltet: 1933 erhielt er einen Speisewagen, 1939 eine Klimaanlage. Seit 1937 fahren blau lackierte Waggons, die schnell zum Markenzeichen wurden – ebenso wie der wachsende Luxus an Bord.

Diese blauen Waggons, die auf dem Bahnsteig von Kapstadt hochglanzpoliert strahlen (natürlich eine Garnitur jüngeren Datums, zuletzt wurde 1997 aufgefrischt) sind unser Zuhause für die folgenden zwei Nächte. Ehrfurchtsvoll betreten wir den Zug und werden von einem jovialen Butler empfangen. Alles scheint perfekt: Das gemütliche Zweibettabteil, der *Club Car* (Montechristo-Zigarren inklusive), der elegante Speisewagen und der Höhepunkt, der *Observation Car,* durch dessen Glaskuppel Stunden später der Nachthimmel über der Karoo-Halbwüste Tausende von Sternschnuppen schicken wird.

Übrigens: *Die Entstehung der Kapspur liegt im Dunkeln; gesichert ist nur, dass bereits 1806 in Russland die Spurweite 1067 mm verwendet wurde. Heute gibt es weltweit rund 110 000 Gleiskilometer, vornehmlich in Südafrika, Japan und Australien.*

Tagsüber ziehen Orte und Landschaften vorbei. Wir fahren durch die Cape Winelands, vorbei an kapholländischen Gutshäusern inmitten tiefgrüner Weingärten. Dann erklettert der Blue Train durch Tunnel und Berge die Halbwüste Karoo, wo Strauße mit ihm um die Wette laufen, passiert winzige Farmerstädtchen, die aus kaum mehr als Kirche, Rathaus und *winkel* (der örtliche Laden) bestehen. Abends genießen die Passagiere ein feines 4-Gänge-Menü mit südafrikanischer Weinbegleitung, bevor sie sich in die Kabinen zurückziehen.

Zum Abschluss der Reise steht in Kimberley ein Ausflug zum Big Hole und dem Diamantenmuseum auf dem Programm. Wir werden noch lange vom Blue Train träumen, und vor allem vom legendär schönen Himmel über der Karoo.

Oben: Das Big Hole trägt seinen Namen zu Recht – es hat einen Durchmesser von immerhin 460 m!

Unten: Luxus pur bietet der Blue Train mit seinen komfortablen Zweibettabteilen.

+SÜDAFRIKA+

Praxis-Check: Johannesburg to Cape Town

Ist der Blue Train alternativlos? Nicht in Südafrika. Wer komfortabel reisen und dafür nicht ein Vermögen ausgeben möchte, findet mit Shosholoza Meyl und Premier Classe deutlich preiswertere, nicht so snobistische Konkurrenten.

REISE-INFOS

- **Zug: Shosholoza Meyl (dreimal/Woche), Premier Classe (einmal/Woche)**
- **Strecke: Johannesburg – Kapstadt**
- **Länge und Spurweite: 1530 km, Kapspur**
- **Dauer: 26 h**
- **Preis: 40 € (Shosholoza Meyl), ab 180 € (Premier Classe), Speisen und Getränke inklusive**
- **Info: www.southafricanrailways.co.za**

Die Reise beginnt in Jo'burg, wo die bunten Waggons des Shosholoza Meyl ihre Passagiere am Bahnsteig erwarten. Lila, Blau und Gelb, diese fröhliche Farbgebung setzt sich in den gut gepflegten Zwei- und Vierbettkabinen der Schlafwagen und im Speisewagen fort, wo das Personal südafrikanisches Dinner, aber auch britischen High Tee reicht. Die Passagiere der *Sleeper*-Waggons gehören eindeutig der wohlhabenderen Mittelschicht an und sind eben-

Zwergflamingos sind eine gefährdete Spezies. Sie leben nur an wenigen Salzseen in Ost- und Südafrika.

An den Zwischenstopps, hier in Matjiesfontein, hält der Shosholoza Meyl nur kurz.

so multikulturell und offen wie ihr Heimatland. Schnell kommt man abends bei einem Glas Stella Lager ins Gespräch, während der Zug Kilometer für Kilometer auf Kimberley zurattert.

Übrigens: *Im Premier Classe, der nur einmal pro Woche verkehrt, ist der Komfort noch höher, aber wie im Shosholoza stehen den Passagieren nur Gemeinschaftstoilette und -dusche zur Verfügung.*

Zum Aussteigen und für Ausflüge wie bei der Fahrt mit dem Blue Train reicht die Zeit an den Zwischenstopps nicht: Wer Kimberleys monströses Diamantenloch oder Matjiesfonteins nostalgische Altstadt besichtigen möchte, unterbricht die Fahrt und übernachtet. Bei der Weiterfahrt erfreut vor dem Fenster ein blassrosa Meer Tausender Zwergflamingos auf dem Kamfers Dam, und der Nachthimmel über der Karoo glitzert auch ohne luxuriösen *Observation Car*. Am folgenden Morgen haben die Elektroloks ordentlich zu tun bei der Fahrt über den spektakulären Pass Hex River. Nach der wüstenhaften Karoo wirkt das Grün der Winelands umso intensiver, und endlich kommt der lang ersehnte Tafelberg in Sicht. Eine angenehme Fahrt mit großen Landschaftsperspektiven zum kleinen Preis!

+SÜDAFRIKA+

Unter Dampf zum Bauernmarkt

Am Wochenende gehen die Kapstädter auf den Markt, und wenn sich das Shopping-Erlebnis auch noch mit einer nostalgischen Bahnfahrt verbinden lässt – umso besser!

Mächtig Dampf macht Jessica, die ihren historischen Zug an Sonntagen von Kapstadt nach Elgin zieht.

Auf dem Elgin Market kann man sich durch alle Spezialitäten Südafrikas probieren.

REISE-INFOS

- **Zug:** Ceres Rail
- **Strecke:** Kapstadt (Royal Yacht Club) – Elgin – Kapstadt, mit Aufenthalt in Elgin
- **Länge und Spurweite:** 80 km, Kapspur
- **Dauer:** 8 h
- **Preis:** 43 €
- **Info:** www.ceresrail.co.za, www.elginrailwaymarket.co.za

Jessica und Bailey warten stoisch dampfend am Bahnsteig. Die 1948 in Glasgow gebauten Dampflokomotiven (Typ 19D und 19B) ziehen jeden Sonntagmorgen eine Garnitur aus vier nostalgischen Waggons mit 4- und 6-Personen-Abteilen von Kapstadt ins 80 km entfernte Elgin, wo der beliebte Sonntagsmarkt stattfindet. Die Passagiere versammeln sich in festlich-fröhlicher Erwartung der rund dreistündigen Bahnfahrt mit Kind und Kegel auf dem Bahnsteig und bewundern die vorgespannten schnaufenden Schönheiten, bevor sie ihre Plätze einnehmen. Auch die Waggons sind durch die Bank Veteranen: Sie stammen vom Vorläufer des Blue Train, dem Union Limited.

Ein schriller Pfiff – und los geht's durch die Vororte Kapstadts in Richtung Südosten. Die Hottentots Holland Mountains und damit die spektakulärste Passage der Strecke rücken immer näher, und die Passagiere werden immer fröhlicher – Bier und Champagner fließen in Strömen. Dann quälen sich Jessica und Bailey bergauf bis auf knapp 1000 Meter Höhe, von wo der Blick über die False Bay bis zum südlichsten Punkt Afrikas reicht. Kurz noch einen Tunnel passiert, und das Elgin Valley ist erreicht.

Übrigens: *Vom Frischobst über selbst geschöpfte Schokolade bis zum kunstvollen bestickten Tischset breitet der Railway Market die typischen Produkte von Landwirtschaft und Kunsthandwerk der Region aus. Da kann kaum jemand widerstehen!*

Am Railway Market, einer zum Markt umgebauten Lagerhalle, schwärmen die Passagiere aus. Eine Band spielt, die Stimmung ist heiter und gelassen, wie es sich für einen Sonntagsausflug gehört. Drei Stunden später sitzen alle wieder im Zug und schaukeln zufrieden zurück, gezogen von Jessica, Dominique oder Red Devil.

+SÜDAFRIKA+

Der wilde, wilde Süden

Sie ist orangefarben und bimmelt ununterbrochen:
Die Heritage Tram umrundet das Big Hole in Kimberley. Es ist
eine unterhaltsame Tour mit durchaus ernstem Hintergrund.
Denn die Tram folgt den Spuren der ersten Diamantenschürfer.

REISE-INFOS
- **Tram:** Vintage Tram
- **Strecke:** Rathaus – Big Hole – Kimberley Museum – Rathaus
- **Länge und Spurweite:** 1,4 km, Kapspur
- **Dauer:** 20 Min.
- **Preis:** 1,50 €
- **Info:** www.kimberley.co.za/places/kimberley/free/the-vintage-tram/

Als 1871 auf dem Gelände der DeBeers Farm Diamanten gefunden wurden, löste dies einen Rush auf die spärlich besiedelte Region aus. Zwei Jahre später war Kimberley die zweitgrößte Stadt Südafrikas. In etwas mehr als 40 Jahren schaufelten Glücksritter und Diamantensucher ein 250 m tiefes Loch mit einem Durchmesser von 460 m in die Reichtum verheißende Erde, heute Big Hole genannt. Zum Teil gruben hier bis zu 50 000 Menschen gleichzeitig.

Links: Im Kimberley Mine Museum werden originale Gerätschaften aus dem Diamanten-Bergbau gezeigt.
Rechts: In Bars wie dieser verbrachten wohl viele Edelsteinsucher ihre freie Zeit.

Die offene Heritage Tram schaukelt einmal durch Kimberley und rund um das Big Hole.

Übrigens: *Unvorstellbare 2722 kg Diamanten (13,6 Millionen Karat) hat das Big Hole freigegeben!*

Eine erste Tram zwischen Kimberley und dem 4 km entfernten Beaconsfield, in dem viele Schürfer lebten, wurde bereits 1887 in Dienst genommen, damals noch gezogen von Pferden. Ihnen folgten erst Mulis und um 1900 schließlich ein Dampfantrieb. 1905 fand die Elektrifizierung mit Straßenbahnen der John Stephenson Company statt. Mit einem dieser Wagen gondeln die Besucher Kimberleys auch heute um das Big Hole. Der öffentliche Transport wurde zwar 1947 eingestellt, aber die Tram gelegentlich für private und touristische Zwecke genutzt, bis sie in den 1980er-Jahren ein Revival erlebte. Der Erlebniswert dieser Fahrt durch die Straßen Kimberleys ist nicht besonders hoch, aber es macht sich eine Art High-Noon-Stimmung breit, und die Tatsache, in einem bald 120 Jahre alten Straßenbahnwagen unterwegs zu sein, spricht für sich.

Abstecher ins Museum

Spannend und unterhaltsam ist die Ausstellung im Kimberley Mine Museum zur Geschichte und Technik des Diamantenabbaus in Südafrika (tgl. 8–17 Uhr, www.thebighole.co.za/).

+SIMBABWE+

Elefanten vorm Zugfenster

Rovos Rail schickt einige der legendärsten Luxuszüge auf afrikanische Schienen, unter anderem für die Fahrt von Pretoria nach Victoria Falls. Der spannendste Abschnitt der Tour lässt sich jedoch auch viel günstiger und authentischer unternehmen.

REISE-INFOS

- Zug: National Railways of Zimbabwe
- Strecke: Bulawayo – Victoria Falls
- Länge und Spurweite: 472 km, Kapspur
- Dauer: 12–13 h
- Preis: um 40 € (Sleeper, Erste-Klasse-Schlafwagen)
- Info: www.nrz.co.zw

Einsteigen, bitte! Zu viel Komfort darf man aber auch in der ersten Klasse nicht erwarten …

Vertrauenerweckend sieht der Zug mit seinen rostfarbenen Waggons im Bahnhof von Bulawayo nicht aus. Der Kauf eines Erste-Klasse-Tickets für den Schlafwagen hat sich angesichts der abgewirtschafteten Garnitur (britischen Ursprungs) aus dem Jahr 1958 definitiv gelohnt. Wer viel Glück hat, gerät an die neueren Waggons in Blau-Grau. Sie wurden in den 1980er-Jahren in Dienst genommen.

Die Luft vor und im Zug vibriert: Die *Seater,* also die Economy Class, sind sofort überfüllt, weshalb deren Passagiere alle Gänge besetzen, auch die der ersten Klasse. Aber sie rücken freundlich zur Seite, wenn wir unsere Coupés verlassen, und so kommen wir schnell ins Gespräch, halten kurz mal Kinder oder Kalebassen hoch, klettern über Gepäck und haben bald das Gefühl, Teil einer großen Familie zu sein. An den Haltestellen verkaufen mit bunten Perlen geschmückte Ndebele-Frauen *umqombothi,* eine Art Hirsebier, dem die Passagiere gern zusprechen – viele haben eigens Plastikbecher dabei, und mit dem Bier steigt die Stimmung in den Waggons.

Übrigens: *Die auf 114 km wie mit dem Lineal gezogenen Gleise zwischen Gwaai und Dete am Hwange-Nationalpark zählen zu den längsten schnurgeraden Bahnstrecken der Welt.*

Wie die luxuriöse Rovos Rail fährt der Zug nachts durch die Nationalparks. Wer im Morgengrauen aufsteht, wird Giraffen sehen, Impalas, vielleicht auch Elefanten. In der Ferne glitzert der Sambesi, und dann ist es so weit: Kurz vor dem Bahnhof Victoria Falls ist das Tosen der Viktoriafälle zu hören.

Oben: Der schlichte Bahnhof Victoria Falls macht meist einen recht verschlafenen Eindruck.

Unten: Wer Elefanten vom Zugfenster aus sehen will, muss früh aufstehen.

+ SIMBABWE +

Elefanten-Express

Wie kann man dieses Fahrzeug beschreiben? Ist es eine Tram? Ein Zug? Ein offenes Geländefahrzeug zur Wildbeobachtung? Fakt ist: Für die 70 km von Dete nach Ngamo Siding nutzt das Gefährt die Schienen durch den Hwange-Nationalpark.

REISE-INFOS

- **Zug: Elephant Express**
- **Zugmaterial: Schienenfahrzeug auf Toyota Coaster-Chassis mit Getriebe und Dieselmotor an jedem Ende**
- **Strecke: Dete – Ngamo Siding – Dete (An- und Abreise zu einer der drei Invelo-Lodges)**
- **Länge und Spurweite: 70 km, Kapspur**
- **Höchstgeschwindigkeit: 40 km/h**
- **Dauer: einfache Fahrt 2 h**
- **Info: www.imvelosafarilodges.com/assets/ elephant-express-fact-sheet.pdf**

Der Elephant Express ist kein öffentlicher Zug. Nur wer in einer der drei Lodges von Invelo im Hwange-Nationalpark nächtigt, kommt in den Genuss der Fahrt. Die Lodges sind jeweils eine kurze Fahrt von den beiden Bahnstationen entfernt und bieten ihren Gästen diesen originellen Transfer im offenen Schienenfahrzeug. Martinus Nel, der 2019 von einem Elefanten getötete Konstrukteur des Gefährts, hat es mit Teakholzbänken und einer chemischen Toilette ausgestattet, und natürlich sind immer ausreichend kühle Getränke an Bord. Hübscher wäre es noch, der Elephant Express würde von einer Dampflok gezogen, stattdessen machen seine beiden Toyota-Landcruiser-Dieselmotoren ganz schön Lärm.

Plötzlich ein Stopp, die Bremsen kreischen. Voraus auf den Schienen haben es sich Löwen gemütlich gemacht und zeigen wenig Lust, den Platz in der Sonne zu räumen. Wildhüter Sibs gibt sich redlich Mühe, am Ende kann er die Tiere nur mit einem Warnschuss verscheuchen. Ein paar Kilometer weiter erneut ein Halt. Diesmal hat Sibs im Buschwerk äsende Kudus gesichtet, zwei Kühe und ein Kälbchen, bewacht von einem Bullen mit mächtigem Gehörn. Was für ein friedliches Bild! Zwischendurch stoppt der Express an einer Ausweichstelle und lässt den regulären Zug passieren. Im Vergleich zu diesem kriecht der Elephant Express gemütlich seinem Ziel entgegen. Hier werden die Passagiere von Geländewagen abgeholt und zu den Lodges gefahren. Am nächsten Tag geht's auf gleichem Weg zurück.

Seinen Namen trägt das durch den Hwange-Nationalpark ratternde Gefährt zu Recht.

Oben: Ein origineller Do-it-yourself-Triebwagen stellt die Verbindung zu den Invelo-Lodges her.

Unten: Mitunter kann sich die Weiterfahrt auf unbestimmte Zeit verzögern ...

Oben: Durch die weite Kies- und Sandwüste rollt der Desert Express von Windhoek nach Swakopmund.

Unten: Die Wüste lebt – ein einmaliges Fotomotiv bietet diese markant gefärbte Oryx-Antilope.

NAMIBIA

Auf dem Baiweg vom Hochland an den Atlantik

Die Verbindung zwischen dem namibischen Hochland durch die Wüste Namib an den Atlantik, der Baiweg, bestand lange vor Ankunft der Weißen in Südwestafrika. Nun befährt ein Luxuszug die Route.

REISE-INFOS

- **Zug:** Desert Express
- **Strecke:** Windhoek – Swakopmund
- **Länge/Spur** 354 km, Kapspur
- **Dauer:** 22 h
- **Preis:** 250 €/Person im 2-Bett-Abteil
- **Info:** www.desert.express

Es ist ein weiter Weg von den Ochsenkarren, die sich noch Ende des 19. Jhs. auf den Baiweg-Routen durch die Wüste Namib quälten, zu einem der luxuriösesten Züge der Welt, dem im Land gebauten Desert Express der Eisenbahngesellschaft Transnamib. Von gemütlichen Fauteuils schweift der Blick über eine mit Kameldornbäumen gesprenkelte Steinwüste, in der kleine Gruppen von Springböcken am mageren Grün knabbern. Man mag sich die Entbehrungen der ersten Kolonisten nicht wirklich vorstellen, die sich auf ihrem Weg von und zu den Häfen von Swakopmund und Walvis Bay durch diese Landschaft kämpften.

Als sich die Sonne orangerot am Horizont verabschiedet, serviert der Steward den Sundowner. Kurz bevor das Tageslicht verlöscht, passiert der Zug eine dekorativ und wie bestellt im Nichts stehende Oryx-Antilope, und alle Fotoapparate klicken. Nach dem Dinner sind die Betten in den 24 Luxussuiten bereitet. Das gleichmäßige Schaukeln wiegt die Passagiere schnell in den Schlaf. Nur einige wenige geben sich dem Diamantenmeer am Himmel hin, über das in regelmäßigen Abständen die Schatten von Nachtvögeln flitzen.

Holzgetäfelte Waggons, Ledersessel, exzellente Küche und ebensolcher Service zeichnen den Desert Express aus – wenn er fährt. Denn immer wieder unterbrechen finanzielle Probleme des Betreibers die Verbindung. Auch am frühen Morgen hält der blausilbern und gelb glänzende Zug plötzlich, doch nicht aus Geld- oder Spritmangel. Die bislang aus Stein und Fels geformte Wüste hat sich in ein Sandmeer verwandelt, der Zug ist eingerahmt von meterhohen Dünen. Während die Passagiere sich den Schlaf aus den Augen reiben, klettert Steward Cedric einen dieser Sandberge hinauf und winkt. Wer ihm folgt, erlebt eine Fata Morgana: Am Fuß der Düne laufen die Wellen des Atlantiks aus.

Namib-Wüste auf eigene Faust

Kein Luxus und keine Betten – dafür verstellbare Sitze im Großraumwagen und eine sehr kalt geschaltete Klimaanlage: Der reguläre StarLine, der viermal pro Woche ab Windhoek bzw. Swakopmund verkehrt, benötigt eine Nacht und kostet nur einen Bruchteil (7 € in der ersten Klasse).

Asien auf Schienen

Bahnfahren auf dem flächenmäßig größten Erdteil ist ein Abenteuer. Überschreitet man dabei Grenzen, kann es zu einer Herausforderung werden. Nicht nur wegen der teils immensen Entfernungen – auch die Frage der Spurweite macht die Reise komplizierter. Unterschiedlich breite Gleise zwingen zum Umstieg auf andere Züge oder halten durch aufwendiges Rangieren auf: In Südostasien herrscht die Meterspur der Franzosen vor, in Nordasien die russische 1520-mm-Spur, in Vorderasien und Indien die in Schottland entwickelte 1676-mm-Spur (5½ Fuß) und im Iran die in Europa gebräuchliche Normalspur mit 1435 mm. Dazu gesellen sich Schmalspurbahnen verschiedenster Spurweiten … bahntechnisch interessierte Reisende erwartet also in Asien eine ganze Palette unterschiedlicher Strecken und Schienenfahrzeuge von teilweise biblischem Alter.

Viele Bahnlinien verlaufen auf uralten Handelswegen wie der Seidenstraße durch Zentralasien oder der Nakasendo-Poststraße durch Japan. Andere werden eigens für die immer schneller rasenden Hochgeschwindigkeitszüge verlegt. Und einige der legendärsten Bahnlinien wie die Hedschas-Bahn durch Syrien, Jordanien und Saudi-Arabien sind Aufständen und Kriegen zum Opfer gefallen. Aber die Zeiten ändern sich. Wenn nach 45 Jahren Unterbrechung wieder Züge zwischen Bangkok und Pnomh Penh verkehren und der Seidenstraßenexpress durch ehemalige Sowjetrepubliken gleitet, besteht auch Hoffnung für eine Fahrt von Damaskus nach Medina, natürlich mit Agatha Christie im Gepäck.

+TURKMENISTAN – KASACHSTAN+

Die Legende: Auf den Spuren Marco Polos

Mit dem Seidenstraßenexpress einmal quer durch die Wüsten Zentralasiens: Vor dem Abteilfenster entfaltet die kaum bekannte, ehemals sowjetische Region ihren orientalischen Zauber.

REISE-INFOS

- Zug: Registan
- Strecke: Aşgabat – Almaty, Zentralasien
- Länge und Spurweite: ca. 2100 km, russische Breitspur
- Dauer: 14 Tage (Pauschalreise)
- Preis: ab 3600 €
- Info: z. B. www.paradeast.de

Wo genau liegt Aşgabat? Weit hinter Tiflis und noch östlicher als Teheran. Dort, in der Hauptstadt Turkmenistans, einer der drei *-stan*-Republiken dieser Traumreise, wartet der Luxuszug Registan auf das Flugzeug aus Frankfurt. Er fährt über Usbekistan mit den legendären Handelsstädten Buchara und Samarkand bis Almaty in Kasachstan, dem früheren Alma-Ata. In den vorbeiziehenden Landschaften scheint

Links: Der Seidenstraßenexpress ist etwas Besonderes, das zeigt schon die erhabene Plakette.
Rechts: Drinnen der edel gedeckte Tisch, draußen die Weite Usbekistans.

Das Spiel von Sonne und Wolken taucht die Steppe in magisches Licht.

die pastellfarbene Weite von Wüsten und Gebirgen grenzenlos. Jurten und Schafherden setzen weiße Tupfer in die Ockertöne der Steppe. Sobald der Zug in einer der legendären Seidenstraßen-Städte hält, darunter sieben UNESCO-Welterbestätten, sind die Passagiere des Registan umgeben von marmorner Prachtentfaltung aus Tausendundeiner Nacht.

Übrigens: *Je nach Geldbeutel wählen die Passagiere unter fünf Kategorien, vom gediegenen Komfort der »Habibi«-Abteile bis zum Coupé des Kalifen mit Intarsien-Dekor und eigenem Bad.*

Ausflüge in den orientalischen Alltag, auf die vom Duft exotischer Gewürze erfüllten Märkte, zu Festen mit betörender Musik unterbrechen die komfortable Bahnreise. Das Abendessen, stets aus Zutaten und Gerichten der jeweiligen Region komponiert, transportiert Geschmack und Duft Zentralasiens in den Speisewagen. Zugegeben: Der Registan oder auch Orient Silk Road Express ist nicht gerade preiswert. Doch wie kämen Sie sonst nach Buxoro (Buchara) mit dem 892 errichteten Mausoleum der Samaniden, in die aus Lehm erbaute Oasenstadt Xiva mit ihren kühnen, blauen Minaretten oder zu den Ruinen der alten Oasenstadt Marw, in der einst Dschingis Khans Sohn wütete?

Litera-Tour

Die ideale Lektüre für diese Reise ist Marco Polos Bericht »Il Milione – Die Wunder der Welt« in der hübschen Ausgabe des Manesse Verlags.

+TURKMENISTAN – KASACHSTAN+

Praxis-Check: Die Seidenstraße auf eigene Faust

Zug-Hopping für Fortgeschrittene: Wer der Seidenstraße zwischen den zentralasiatischen Städten Aşgabat und Almaty in normalen Zügen folgen möchte, braucht Zeit und Geduld.

Mausoleen und Moscheen sind in der Nekropole Shohizinda in Samarkand zu bewundern.

Überall Geschichte: Der Afrosiyob wurde nach der Stadt Afrasiab benannt, die seit dem 8. Jh. v. Chr. an der Stelle des heutigen Samarkand stand.

REISE-INFOS

- **Züge:** diverse
- **Strecke:** Aşgabat – Almaty/Zentralasien
- **Länge und Spurweite:** ca. 2100 km, russische Breitspur
- **Preis/Dauer:** Aşgabat – Türkmenabat 24 €/11 h, Buxoro – Taschkent 9–22 €/7 h, Taschkent – (Umsteigen in Arys) – Almaty 25 €/je nach Zug 17–24 h
- **Info:** www.railway.gov.tm (Turkmenistan), https://e-ticket.railway.uz (Usbekistan), www.railways.kz (Kasachstan)

Wir starten zur Basic-Seidenstraßentour in Turkmenistans Hauptstadt Aşgabat, die uns mit ihren monumentalen Neubauten und goldenen Herrscherstatuen fast erschlägt. Umso bescheidener wirkt der Zug mit seinen einfachen, aber sauberen Liegewagenabteilen, der Reisende zweimal pro Woche (mittwochs und freitags) über Nacht an die usbekische Grenze bei Türkmenabat bringt. Nun wird es abenteuerlich, denn nur auf wenigen Abschnitten der Seidenstraßenroute verkehren die Bahnen täglich, und Umsteigen, teils in topmoderne Flitzer, teils aber auch in sehr langsame Bummelzüge, steht auf der Tagesordnung … und manchmal eben auch der Umstieg in ein Taxi, wie für die folgenden 150 km nach Buxoro (Buchara), unserer nächsten Station – eine Bahnverbindung gibt es hier nicht. Nach der Besichtigung der legendären Oasenstadt geht es dann deutlich komfortabler weiter, denn die Zuggarnituren in Usbekistan sind modern und bequem. Auf der Strecke in Richtung Taschkent erreicht der Afrosiyob Geschwindigkeiten von bis zu 250 km/h – im Nu sind wir im nächsten UNESCO-Weltkulturerbe, Samarkand. Der berühmte, von drei Medresen gerahmte Hauptplatz der uralten Handelsstadt heißt ebenso wie der legendäre Zug, Registan.

Übrigens: *Der Afrosiyob ist ein spanischer Talgo 250 mit seiner typischen Schnabeltiernase.*

Unser nächstes Ziel ist Usbekistans Haupt- und zugleich Grenzstadt Taschkent, nur ein Katzensprung mit dem Afrosiyob. Ihre sowjetische Pomp-Architektur wirkt enttäuschend nach dem orientalischen Flair Samarkands, deshalb ziehen wir flugs weiter. Die Verbindungen nach Almaty in Kasachstan könnten unterschiedlicher nicht sein: Eine Afrosiyob-Variante fährt zweimal die Woche in knapp 17 Stunden und mit komfortabler erster bis dritter Klasse, ist allerdings lange im Voraus ausgebucht. Täglich geht's mit Umsteigen in Arys weiter. Diese Verbindung ist nicht vorbuchbar, häufig überfüllt und nicht besonders schnell – gezogen wird der Zug von »Taigatrommeln«, wie die russischen Loks hier liebevoll genannt werden. Kontakt und Anschluss an mitreisende Großfamilien ergeben sich automatisch, besonders in den *platskarny wagons* der dritten Klasse mit ihren offenen Liegeabteilen. Fürs leibliche Wohl, also Tee-Nachschub, sorgen Heißwasserbereiter. Jeder Waggon hat seinen eigenen.

SAUDI-ARABIEN

Glaubensfrage: Highspeed durch die Wüste

Die gesamte Strecke der Highspeed-Bahn komplett nachzuvollziehen, wird den meisten europäischen Touristen schwerfallen: Die Innenstadt von Mekka und damit auch den Bahnhof dürfen nur Passagiere muslimischen Glaubens betreten.

Typisch für die Altstadt von Dschidda sind dekorative Holzgitter vor den Fenstern, »Roshan« genannt.

Die saudi-arabische Bahnhofsarchitektur präsentiert sich sachlich und kühn.

REISE-INFOS

- **Zug: Haramain Express**
- **Strecke: Medina – Dschidda (– Mekka)**
- **Länge und Spurweite: 449 km, elektrifiziert, Normalspur**
- **Dauer: 2 h 15**
- **Preis: 55 € (Business class), 33 € (Economy class) – jeweils bis Dschidda**
- **Info: www.hhr.sa**

Der Bau der saudi-arabischen Strecke von Mekka nach Medina war für die beteiligten Unternehmen eine Herausforderung. Wanderdünen begruben die neu verlegten Schienen, Starkregen spülte den Untergrund weg, das verlegte Material muss extremen Temperaturschwankungen zwischen Tag und Nacht widerstehen. Finanziell und logistisch unterstützte vor allem China den Bau dieses Prestigeobjekts, das seit 2018, mit vier Jahren Verzögerung, muslimische Pilger zwischen den heiligen Stätten befördert – in spanischen Garnituren.

Ein bisschen sehen die Zugmaschinen des Haramain Express aus wie Enten mit überlangen Schnäbeln und geben so die Baureihe preis: Talgo 350. Im Inneren herrscht farbliche Uniformität: Die meisten Reisenden sind Pilger, gehüllt in weiße Gewänder (Männer) oder schwarze, alles bis auf das Gesicht verhüllende Umhänge (Frauen). Auch die Stewards tragen schwarz-weiß und servieren Datteln und arabischen Mokka. Die breiten Sitze der Businessclass sind wahnsinnig bequem, auf dem TV-Schirm laufen arabische Sendungen.

Der Haramain beschleunigt stetig auf etwa 300 km/h und rast durch wüstenhaft flaches Land. Nach dem Mittagessen – es gibt Hühnchen – wird's abwechslungsreicher: Die Gebirgslandschaft Hidschaz begleitet die Fahrt, und bald schon glitzert das Rote Meer. In Dschidda ist für Nicht-Muslime Endstation, Mekkas Heiliger Bezirk bleibt Muslimen vorbehalten, und somit auch der futuristische Bahnhof des britischen Büros Foster & Partners.

Durchs Zugfenster

Der reizvollste Teil der Strecke beginnt nach dem Bahnhof King Abdullah Economic City im letzten Drittel der Strecke. Wer einen Sitzplatz auf der rechten Seite ergattern konnte, hat freien Blick auf Küste und Rotes Meer.

+VEREINIGTE ARABISCHE EMIRATE+

Teufelsritt auf der Formula Rossa

Wie lange sich die Achterbahn in Abu Dhabis Vergnügungspark Ferrari World wohl mit dem Attribut »schnellste Achterbahn der Welt« schmücken darf? Solche Superlative purzeln schnell, aber noch (2021) gibt sie den Rasenden Roland.

REISE-INFOS

- **Bahn:** Stahlachterbahn
- **Hersteller:** Intamin AG
- **Strecke:** 2070 m Länge, 52 m Höhe
- **Dauer:** 70 Sek.
- **Beschleunigung:** 2,9 Sek. von 0 auf 100 km/h, 4,9 Sek. von 0 auf 240 km/h
- **Preis:** 67 € (Tagesticket des Freizeitparks)
- **Info:** www.ferrariworldabudhabi.com

Alles auf Rot in Abu Dhabi? Zumindest im Freizeitpark, der den Namen des berühmten italienischen Rennautos trägt, ist die typische Farbe allgegenwärtig. Wie das Mutterunternehmen sammelt auch Ferrari World gern Superlative: Es ist stolz auf den weltgrößten überdachten Themenpark (immerhin acht der 25 ha Gesamtfläche), der das klassische doppelkurvige Seitenprofil des Ferrari GT aufnimmt, und besitzt die schnellste Achterbahn der Welt: Formula Rossa.

Eine der raren Gelegenheiten, bei denen man während der Fahrt die Hände vom Lenkrad nehmen darf …

Einmal wie Niki Lauda, Fernando Alonso und Sebastian Vettel rasen – das geht auf der Formula Rossa.

Doch als die ersten Coaster-Aficionados in die, nun ja, feuerroten Wagen stiegen und die vorgeschriebenen Gesichtsmasken aufsetzten, währte die Freude nur kurz. Die erste superschnelle Beschleunigung auf 240 km/h nahm den Atem und drückte alle tief in die Sitze – spitze! Doch am höchsten Punkt bremst die Bahn ab und bringt die Fans um das typische Airtime-Feeling, bei dem es die Passagiere am Scheitel »sacht« aus den Sitzen hebt. Was sollte das? Schnell brach ein Shitstorm los.

Nun, liebe Achterbahn-Fans, sagt Ferrari dazu, der Freizeitpark dient nur einem einzigen Ziel, euch das berauschende Gefühl zu vermitteln, dass ihr in einem Formel-Eins-Boliden sitzt. Und genau das erlebt ihr auf der Formula Rossa. Wie bei einem Rennen wird vor der Kurve abgebremst, nur um dann umso schneller in die Gerade zu schießen, mit extremer Belastung. *Capisci?*

Dieses Gefühl jedenfalls bedient der gesamte Freizeitpark mit seinen Attraktionen rund um den Ferrari-Rennstall perfekt. Und Gesichtsmasken? Die sind auch ohne Corona unverzichtbar – wegen der hohen Beschleunigung und der fast immer mit Wüstensand erfüllten Luft.

Essen wie bei Mamma

Dafür, dass bei all dem Tempo auch etwas *dolce far niente* aufkommt, sorgt das Restaurant Mamma Rossella mit original italienischer Pizza und Pasta. »Buon appetito!«

+INDIEN+

Das Zahnrad der Zeit

Unter Dampf per Zahnradbahn in die Berge zu fahren, das ist Nostalgie pur und tatsächlich noch machbar – die Nilgiri Mountain Railway schnauft über 250 Brücken, durch 208 Kurven, 16 Tunnel und absolviert dabei 2200 Höhenmeter.

REISE-INFOS

- **Zug:** Nilgiri Mountain Railway
- **Strecke:** Mettupalaiyam – Udagamandalam/Tamil Nadu
- **Länge und Spurweite:** 46 km, Meterspur
- **Dauer:** Auffahrt 5 h, Abfahrt knapp 4 h
- **Preis:** 3–6 €
- **Anreise:** Nilgiri (Blue Mountain) Express von Chennai nach Mettupalaiyam (530 km, 9 h 30, Ticket 10–25 €)
- **Info:** https://ootytourism.co.in

Wer hat's erfunden? Natürlich ein Schweizer! Niklaus Riggenbach, der Erfinder der Zahnradbahn, hat die Nilgiri Mountain Railway 1845 geplant, Roman Abt sie 1899 gebaut. Und die Lokomotiven kommen aus Winterthur. Klar, dass die einzige Zahnradbahn Indiens zum UNESCO-Weltkulturerbe »Gebirgseisenbahnen« auf dem Subkontinent zählt. Sagenhafte 13 km/h erreicht der Zug unter Dampf, die Steigung im Zahnstangenbereich beträgt maximal 12 %. Nur für diese steilen Streckenabschnitte werden die originalen Loks im Schubbetrieb benötigt,

Links: In engen Kurven und durch 16 Tunnel windet sich die Nilgiri Mountain Railway durch die Berge.

Rechts: Ihre besten Tage haben die Waggons schon etwas länger hinter sich.

Sieht aus wie eine Spielzeugeisenbahn, ist aber eine wichtige Verkehrsverbindung.

sonst rattern und schlingern moderne Dieselloks über die alten Bohlen des Gleisbettes durch die subtropischen Nilgiri-Berge. Die blau-crèmefarbenen Passagierwaggons aus den 1930ern mit erster und zweiter Klasse sind noch herrlich nostalgisch.

Übrigens: *Wer komfortabler gepolstert reisen will als auf den recht harten Bänken der »Common Class«, muss sich rechtzeitig um Tickets kümmern, denn die erste Klasse mit ihrem Panorama-Waggon verfügt über vergleichsweise wenige Sitze.*

Allerdings verpassen die Passagiere der ersten Klasse das bunte Treiben in der zweiten: Wenn sich der Zug füllt, verschwinden Klassenschranken, dann treffen im Bähnchen alerte Geschäftsleute auf greise Bauern und Touristen aus aller Herren Länder auf Jungvermählte, die sich pausenlos miteinander oder vor dem Hintergrund der sattgrünen Landschaft knipsen. Flitterwochen-Ausflüge mit der Nilgiri-Bahn sind Trend in Indien, denn die schnaufende Lok mit ihren vier bis sechs nostalgischen Waggons spielt oft in Bollywood-Produktionen mit und hat dadurch landesweite Berühmtheit erlangt. Wahrscheinlich gibt's deshalb auch diese schrill-pinkfarbene Zuckerwatte, die Verkäufer bei den zahlreichen Stopps durch die Fenster reichen. Einziger Unterschied zu Bollywood: Die Passagiere singen und tanzen nicht. Ist Udagamandalam erreicht, kommt eine Tasse feinen Tees aus den umliegenden Plantagen recht.

+INDIEN+

Im Spielzeug zur Teestunde

Wenn im Sommer die feuchte Hitze unerträglich wurde, flohen die Ladies und Gentlemen mit dem Zug in die angenehme Kühle der Teeplantagen um das über 2000 m hoch gelegene Darjeeling – damals natürlich generell unter Dampf.

REISE-INFOS
- **Zug:** Darjeeling Himalayan Railway
- **Strecke:** Shiliguri – Darjeeling/Westbengalen
- **Länge und Spurweite:** 88 km, 2-Fuß-Spur
- **Dauer:** 6 h 30
- **Preis:** 10–15 €
- **Info:** http://dhr.in.net, www.darjeeling-tourism.com

Abenteuerlicher geht es kaum. Auf der 88 km langen Strecke nach Darjeeling kämpft sich der Zug von 100 m üNN in Shiliguri an den Himalayahängen empor auf 2260 m, um ab der Station Ghum, dem höchstgelegenen Bahnhof Indiens, auf den letzten 5 km wieder 180 Höhenmeter zu verlieren. In manchen Dörfern sind die Geleise so eng geführt, dass die Waggons die Hauswände zu berühren scheinen.

Bahnfahrt mit Einblick – mancherorts sehen die Passagiere direkt ins Wohnzimmer.

Ein Dampfzug durchfährt nahe Darjeeling die Batasia-Schleife, mit der die Strecke an Höhe gewinnt.

Wenn sich die kleine Lok mit lautem Fauchen und Pfeifen ankündigt, laufen die Kinder begeistert nebenher. Besetzt mit zwei Mann vorn, einem oben und mit Heizer und Führer auf dem Stand, quert sie temperamentvoll immer wieder die Dorfstraßen, scheucht Fußgänger und Fahrzeuge weg, verschwindet schließlich im üppigen Grün der Himalayahänge und taucht eine Kurve weiter pfeifend wieder auf.

Übrigens: *Seit 1999 ist die Strecke ein Teil des UNESCO-Welterbes Gebirgseisenbahnen in Indien, wie auch der Nilgiri Mountain Railway (siehe S. 180).*

Von den einst 34 zwischen 1899 und 1925 gebauten Dampflokomotiven der Darjeeling-Bahn sind noch zwölf vorhanden, die Hälfte allerdings meist in Reparatur. Sie ziehen ihre zwei bis drei Waggons in Schleifen mit bis zu unerhört engen 13-m-Radien bergan, die nur durch die schmale Spur von 61 cm möglich sind – *toy trains* werden die Züge dieser 2-Fuß-Spur in Indien genannt. An sechs Stellen, wo der Platz an den Hängen dafür nicht reichte, planten die Ingenieure Spitzkehren: Der Zug ändert dort im Zickzack die Fahrtrichtung, rollt mal vorwärts, dann wieder rückwärts und überwindet so das steile Stück. Das ist so spektakulär, dass die Passagiere oft kaum Augen haben für das Panorama vor dem Zugfenster, den üppig-grünen Bergwald, die im akkuraten Muster angelegten Teeplantagen, die Menschen am Weg. Es lohnt sich, auch darauf zu achten!

Film-Tour

Der Darjeeling Himalayan Railway war Vorbild für den Zug in Wes Andersons Spielfilm »Darjeeling limited« mit Owen Wilson, Adrien Brody und Jason Schwartzman als ungleiche Brüder.

+INDIEN+

Westküsten-Express: Von Brücke zu Brücke

Der Bau einer Eisenbahn entlang Indiens Westküste und des Westghat-Gebirges war eine Herausforderung, der sich die Kolonialmacht England nicht stellte. Erst indischen Ingenieuren gelang die Meisterleistung.

Mit rund 2000 m sind die Brücken über den Fluss Sharavati die längsten der Konkan Railway.

Vom Bahnhof Cancona ist es nur ein Katzensprung zum weißen Sandstrand von Palolem im Süden Goas.

REISE-INFOS

- **Zug:** Konkan Railway
- **Strecke:** Mumbai – Mangalore/Karnataka
- **Länge und Spurweite:** 890 km, 1676 mm Kolonialspur
- **Dauer:** 16 h
- **Preis:** 4–40 €
- **Info:** www.trainman.in

Bereits 1920 gab es Pläne, die Westküstenstädte zu verbinden, doch erst 1998 konnte der erste Zug nach einer Rekordbauzeit von nur acht Jahren in Roha bei Mumbai losfahren. Aus Kostengründen wurde die nicht elektrifizierte Strecke eingleisig und erhielt etwa alle 15 km Ausweichstellen. Um Steigungen und Gefälle möglichst zu vermeiden, planten die Ingenieure den Trassenverlauf entlang der Westhänge des Küstengebirges unter optimaler Ausnutzung der Flusstäler, die das Westghat durchziehen. Dadurch wurden allerdings zahlreiche Tunnel und Viadukte notwendig. Mit 2216 Brücken und 92 Tunneln – darunter mit die längsten des Subkontinents – verkürzte die neue Bahn die Reisezeit entlang der zerklüfteten Küste drastisch. Heute bestehen Überlegungen, die Konkan-Bahn zu elektrifizieren und zweigleisig auszubauen, was Umweltschützer strikt ablehnen.

Übrigens: *Fahren Sie diese Route möglichst nicht während des Monsuns (Juni bis September), der jede Aussicht verregnet.*

Reisende tauchen auf dieser Strecke tief in das ländliche Indien ein. Sattgrün und tropisch zeigt sich die Natur mit Kokospalmen und Mangobäumen in weiten Tälern, einfache Dörfer ziehen sich die Hänge des bis zu 1000 m hohen Gebirges hinauf, rund um die Bauernhöfe glitzern die Wasserflächen der Reisfelder, und im Westen begleitet uns das Meer – am schönsten übrigens von den Plätzen auf der rechten Wagenseite aus! Etwas störend wirken die Eisenstangen vor den Fenstern. Wozu sind die gut, fragen wir uns. Besteht Überfallgefahr? – Nein, erklärt der Schaffner lachend. Die Gitter halten potenzielle Passagiere davon ab, den Zug anders als durch die Zugtüren zu besteigen. Wir können in unserem 2-Personen-Liegeabteil also beruhigt schlafen.

⌐ Ausgebüchst

Für einen Abstecher bietet sich der Besuch von Panaji (Alt-Goa) mit seiner portugiesischen Kolonialarchitektur an. Man steigt am Bahnhof Karmali aus – am nächsten Tag geht's dann mit Konkan Railway weiter.

+ INDIEN +

Quer & längs durch Indien

Über 4 000 km fährt der Vivek Express einmal pro Woche von Assam in der nordöstlichen Himalaya-Region bis nach Tamil Nadu an den Indischen Ozean im äußersten Süden. Gutes Sitzfleisch hilft!

REISE-INFOS
- Zug: Vivek Express
- Strecke: Dibrugarh/Assam – Kanyakumari/Tamil Nadu
- Länge und Spurweite: ca. 4 230 km, 1676 mm Kolonialspur
- Dauer: 80 h
- Preis: 13–50 €
- Info: www.trainman.in

Wir taten gut daran, den Zug im Voraus zu buchen, denn wer ohne Ticket in Dibrugarh zum Bahnhof kommt, kann zwar ein Billet erstehen, aber nur in Sitzwaggons der 2. Klasse mitfahren. Dort ist es sehr heiß, sehr eng und sehr laut – nicht unbedingt das ideale Szenario für eine knapp vier Tage währende Zugfahrt. Wir haben uns für den *Sleeper* entschieden, auch wenn die Privatsphäre selbst hier gegen Null tendiert. Zumindest trennen in den klimatisierten

Links: Der »gopuram« (Torturm) des Masani Amma Tempels bei Pollachi in Tamil Nadu.
Unten: Kartoffelpüree, Kichererbsenmehl, Gewürze ... fertig ist »batata vada«, ein beliebtes Streetfood.

Am Strand von Kanyakumari kann man beobachten, wie Indischer Ozean, Arabisches Meer und Golf von Bengalen zusammenfließen. Ein Bad an dieser Stelle gilt als heilig.

Wagen der zweiten Klasse Vorhänge die 4-Bett-Abteile voneinander. Dennoch nehmen wir und die anderen zwangsläufig ungefiltert am sozialen Leben der Mitpassagiere teil.

Ein steter Strom von Händlern steigt zu und an der folgenden Station wieder aus: Tee, Obst, Teigtaschen, Zigaretten, Zahnpasta oder Schmuck im Angebot. Ayurveda-Doktoren geben Ratschläge gegen Geld, Musiker erbitten eine Aufmerksamkeit. Die Mitreisenden finden es erstaunlich, dass wir diese Fahrt zum Spaß unternehmen. Für die meisten Inder ist die Reise im Vivek eine Notwendigkeit, sie müssen aus dringenden Gründen von A nach B.

Es wird tatsächlich eine der anstrengendsten Zugfahrten, die wir je unternommen haben. Aber auch eine der vielseitigsten. Während die Landschaften des Subkontinents am Abteilfenster vorbeiziehen und der Zug von Slums gezeichnete Millionenstädte und dörfliche Idylle passiert, lernen wir immer neue Mitreisende kennen. Ständig steigt jemand aus oder zu und fragt neugierig nach dem Woher und Wohin. Wenn es uns zu viel wird, signalisiert der geschlossene Vorhang, dass wir unsere Ruhe möchten – Ohrstöpsel sind da von Vorteil. Am Ziel freuen wir uns über die Gewissheit, einen der rauesten Zugtrips der Welt gut überstanden zu haben.

⌐ So schmeckt's

Einen guten Überblick über die kulinarischen Köstlichkeiten Indiens liefert nicht der angehängte »pantry car«, sondern die »wallahs«, die fliegenden Händler im Zug und auf den Bahnsteigen. ⌐

+SRI LANKA+

Ein Blick zurück auf die Schiene

Fast 25 Jahre lang gab es im bürgerkriegsgeschüttelten Sri Lanka keine Bahnverbindung von der Hauptstadt in den Norden, zur Meerenge zwischen der Insel und Indien. Seit 2014 fahren die Züge wieder in das Land der Tamilen.

Mit einer »Height above sea level« von drei Metern ist der Bahnhof Jaffna nicht wirklich hoch gelegen – aber erwähnen kann man es auf dem Stationsschild ja mal ...

Links: Wirtschaftsboom und meditative Versenkung – in Colombo liegt alles nah beieinander.
Rechts: Sri Lanka ist eine fruchtbare Insel, das Obst kommt vorwiegend aus dem Hochland.

REISE-INFOS

- **Zug: Northern Line**
- **Strecke: Colombo – Kankesanthurai (Jaffna)**
- **Länge und Spurweite: 396 km, 1676 mm Kolonialspur**
- **Dauer: 6–9 h**
- **Preis: 5–15 €**
- **Info: https://eservices.railway.gov.lk, https://12go.asia**

Die Züge der Northern Line werden gern und viel genutzt, nicht nur von Touristen, die endlich den Norden Sri Lankas kennenlernen möchten, sondern auch und vor allem von Einheimischen, die in Geschäften, zu Verwandtenbesuchen oder auch als Pilger unterwegs sind: Jaffnas hinduistischer Tempel Nallur Kandaswamy Kovil ist ein bedeutender Wallfahrtsort, zu dem während des 25-tägigen Tempelfestes besonders viele Pilger strömen.

Unser Favorit für die Fahrt in Sri Lankas Norden heißt Yal Devi – nicht weil er besonders schnell ist, sondern weil er als Einziger der auf der Northern Line operierenden Züge einen hinten angehängten *Observation Car* besitzt. Mit dem Rücken zur Fahrtrichtung sitzend, sehen wir das ländliche Sri Lanka mit seinen Dörfern, Tempeln, Gehöften, Tropenwäldern, Palmen, Mangobäumen, Bananenstauden und weiten Savannenlandschaften in einer einzigen fließenden Bewegung zum Horizont hin unaufhörlich entschwinden, doch schon öffnen sich neue Bilder und Perspektiven – es ist eine Fahrt wie in Trance. Nur schnell sollte man sein! Denn die vier Sitze dieses privilegierten Waggons sind sofort ausgebucht. Über jeden einzelnen Wagen dieser Komfortklasse herrscht ein Zugbegleiter, der dafür sorgt, dass wirklich nur Reisende mit Platzkarte hineinkommen.

Übrigens: *30 Tage vor Abfahrt lassen sich die begehrten Platzkarten in der 1., 2. und 3. Klasse für die täglich verkehrenden Züge buchen, vor Ort am Bahnhof oder online über eine Reiseagentur. Am schnellsten ist die Fahrt im Intercity, der frühmorgens als Erster losfährt und nur die klimatisierte 1. Klasse mit Platzkartenpflicht führt.*

Da in der dritten Klasse jeder mitfahren darf, wird es auf manchen Streckenabschnitten drangvoll eng. Freunde haben es einmal ohne Reservierung versucht und mussten die Reise stehend verbringen. Das war ziemlich anstrengend.

Ausgebüchst

Wer in Sri Lankas erster Hauptstadt Anuradhapura aussteigt, taucht ein in einen vielgestaltigen Kosmos über 1000 Jahre alter Tempel, Stupas und Palastruinen. Die Stadt ist ein bedeutender Wallfahrtsort und zählt zum UNESCO-Welterbe.

+SRI LANKA+

Ins Land des Tees

Unterwegs auf der Matale Line vom Indischen Ozean durch dichte Tropenwälder in die Hügelwelt der Inselmitte, wo in Kandy ein Zahn Buddhas tiefe Verehrung genießt.

REISE-INFOS
- Zug: Matale Line Nr. 1007, 1029, 1031
- Strecke: Colombo – Kandy
- Länge und Spurweite: 121 km, 1676 mm Kolonialspur
- Dauer: 2 h 30–3 h
- Preis: 2–4 € (First Class Observation Car)
- Info: www.railway.gov.lk

Schon kurz nachdem der Zug Colombo verlassen hat, verschwindet er in einem tiefgrünen, üppig wuchernden Dschungel und erklimmt ganz gemächlich Höhenmeter um Höhenmeter – etwa 500 hat er vor sich auf seinem Weg von der Küste nach Kandy im Zentrum Sri Lankas. Die Strecke ist viel befahren, von schnellen und eher gemächlichen Verbindungen, von Dieselloks, die rote Classic-Garnituren

Auf ausgefahrenen Gleisen geht es eher gemächlich von Colombo durch den Dschungel nach Kandy.

Links: Verborgen im Haar einer indischen Prinzessin soll ein Zahn des Buddha nach Kandy gelangt sein. Oben: Im Zug kann man gut Kontakte knüpfen. Vor allem Kinder probieren gern ihr Schul-Englisch aus.

ziehen und von den zweimal täglich verkehrenden Blue Trains chinesischer Produktion. Letztere sehr modern und komfortabel, Erstere etwas nostalgischer und mit einem unschlagbaren Vorteil: Sie besitzen einen *First Class Observation Car* am Ende des Zuges, der die Fahrt zu einem visuellen Vergnügen macht. Besonders dort, wo die Bahn auf einspurigem Betrieb Schluchten, Tunnel, Wasserfälle und die schimmernden Wasser der Reisfelder passiert, sind diese Plätze konkurrenzlos.

Allerdings bekommen die First-Class-Passagiere nicht mit, was sich in der zweiten und dritten Klasse tut. Losgefahren ist der Zug gut besetzt, inzwischen aber hängen die Menschen an den offenen Türen und Fenstern, klammern sich an irgendetwas Stabiles. Eventuelles Gepäck platzieren diese modernen Tramps einfach auf dem Schoß ihrer sitzenden Landsleute. So erreicht der Zug Kandy drei Stunden später, behängt mit Trauben von nicht ganz so legal mitreisenden Fahrgästen. Und während diese noch ihr Hab und Gut sortieren, sind wir schon unterwegs zum »Ehrwürdigen Tempel der Zahnreliquie«, um Buddha unsere Reverenz zu erweisen.

⌐ Trau Dich!

Nein, sich an den Zug zu hängen, möchten wir nicht empfehlen – so selbstverständlich es aussieht, ist es doch extrem gefährlich. Immer wieder kommen Menschen zu Schaden. Aber eine Strecke in der dritten Klasse zu fahren, besonders auf dieser kurzen Route, ist eine anregende, spannende und oft auch sehr lustige Erfahrung!

Führungslos durch China

Zur Winterolympiade 2022 präsentiert sich China als innovativste Nation der Welt und schickt den schnellsten führerlosen Zug auf die Schienen. Von Peking rast er mit 350 km/h in nur 45 Minuten in die Berge zum Wintersport.

REISE-INFOS

- **Zug:** Jingzhang Intercity Railway
- **Strecke:** Beijing Qinghe – Zhangjiakou
- **Länge und Spurweite:** 174 km, Normalspur
- **Dauer:** 47 Min.
- **Preis:** 40 € (Business), 25 € (1. Klasse), 15 € (2. Klasse)
- **Info:** www.china-railway.com.cn, www.chinaticketonline.com

Seit Ende 2019 sind diese technischen Wunder schon unterwegs, und da sie an bzw. in einem Tunnel unter der Großen Mauer durchrasen, lässt sich Technik mit Kulturbegeisterung gut kombinieren. Zur Beruhigung ängstlicher Passagiere sei gesagt, dass in den ersten zehn Jahren ab der Vorstellung des fahrerlosen Zugsystems *automatic train operating* (ATO) im Jahr 2017, also mindestens bis 2026, ein menschliches Wesen im Führerstand die Kontrolle ausüben wird.

Wer die Große Mauer sehen will, muss schnell sein, denn der Fuxing CR400 ist mit bis zu 400 km/h unterwegs.

Deutlich entspannter geht es mit der S-Bahn-Linie 2 von Badaling zurück nach Peking.

Alle für die Strecke zum Olympiaaustragungsort Zhangjiakou gebauten Züge erhielten ein eigenes Styling mit Anklängen an Schnee und Eis im Dekor, das Licht strahlt für die rechte Atmosphäre in kühlem Blau, und in den Fenstern ist intelligentes Glas verbaut, das je nach angelegter Stromspannung Farbe und Durchlässigkeit ändert. Selbstredend genügt die Einrichtung der Baureihe Fuxing CR400 höchsten Ansprüchen an Komfort! In der 210 m langen Standardausführung mit 13 600 PS und acht Waggons transportiert die Schnellbahn in der Businessklasse zehn, in der 1. Klasse 28 und in der 2. Klasse 518 Passagiere. Der ganze Zug ist ein einziger Superlativ!

Übrigens: *Auch an Abstellplatz für die Wintersportausrüstung ist gedacht, und es gibt – ein Schelm, wer Schlechtes dabei denkt – gesonderte Bereiche, in denen von den mitfahrenden Wettkämpfern noch auf die Schnelle Urinproben eingesammelt werden können. Ob deren weitere Überprüfung jemand kontrolliert?*

Wer nicht Ski fährt, kann am Zielort nicht allzu viel anfangen und wird bald zurückfahren. Dafür empfehlen wir folgende Variante: Von Zhangjiakou kommend stoppt der Hochgeschwindigkeitszug nach 38 Min. in Badaling (Fahrpreis 12–30 €), dem beliebtesten Zugang zur Großen Mauer. Nach dem Besuch des größten Bauwerks der Menschheit wartet man auf den nächsten Flitzer oder besteigt die fast stündlich verkehrende und ebenfalls topmoderne S-Bahn S2. Sie bringt die Passagiere in einer guten Stunde für 1 € zum 50 km entfernten Bahnhof Beijing Huangtudian. Außerdem angenehm nach diesem Ausflugstag: Sie besitzt eine hübsche Cafeteria!

CHINA / TIBET

Mit Sauerstoffmaske zum Dach der Welt

Eine Fahrt der Superlative: Längster Eisenbahntunnel Chinas, höchstgelegene Bahnstrecke und höchstgelegener Bahnhof der Welt. Nicht zu vergessen: die grandiose Szenerie des tibetischen Hochlandes.

REISE-INFOS

- **Zug:** Qinghai-Tibet Railway
- **Strecke:** Xining – Lhasa/Tibet
- **Länge und Spurweite:** 1956 km, Normalspur
- **Dauer:** 20 h
- **Preis:** 30–110 €
- **Info:** www.china-railway.com.cn, www.chinaticketonline.com

Die Fahrt zum Dach der Welt ist die vielleicht faszinierendste Bahnreise, die heutzutage überhaupt möglich ist. Die Ausblicke auf die Steppenlandschaft der Qinghai-Tibet-Hochebene, auf gefrorene Salzseen und Gipfel im ewigen Eis sind atemberaubend und unvergleichlich.

Doch vor dem Vergnügen steht das Sonderpermit der chinesischen Behörden für Tibet, ohne das Touristen nicht nach Lhasa reisen dürfen. Darauf spezialisierte Reiseagenturen helfen bei der Beschaffung und bei der Buchung des passenden Platzes im *Hard Sleeper* mit sechs oder im mit Türen verschließbaren *Soft-Sleeper*-Abteil mit vier Betten. Der Zug startet täglich in Peking (und benötigt ganze 20 h bis Xining), es ist aber empfehlenswert, erst in Xining zuzusteigen und dort vor der Fahrt ein paar Tage auf 2280 m Höhe zu verbringen, damit man sich an die dünnere Luft gewöhnt.

Übrigens: *Die gelb-grünen oder gelb-roten Waggons sind hermetisch abgeschlossen, verfügen über zusätzliche Sauerstoffversorgung durch die Klimaanlage und über Sauerstoffmasken. Außerdem ist immer ein Arzt an Bord.*

Durch den 2014 eröffneten, auf 3380 m üNN liegenden und 32,65 km langen Neuen Guanjiao-Tunnel sausen die Züge mit 160 km/h – es ist der schnellste Gleisabschnitt der gesamten Strecke – nach Golmud. Danach folgt der Gipfelsturm zum höchsten Bahnhof der Welt auf der Tangula-Passhöhe (KM 1441, 5072 m üNN). Unbeeindruckt von derlei technischen Superlativen vertreiben sich die meisten Chinesen und Tibeter an Bord die Zeit mit Kartenspielen oder lassen sich die Nudelsuppe schmecken, die im Speisewagen auf knallbunten Plastiktischdecken serviert wird. Im Wind flatternde Gebetsfahnen kündigen schließlich Lhasa an, das die Reisenden bei der Einfahrt mit dem markanten Bau des Potala-Palastes begrüßt. Angekommen auf dem mythenumwobenen Dach der Welt!

Litera- oder Film-Tour

Wir empfehlen »Sieben Jahre in Tibet« von Heinrich Harrer, als Lektüre oder in der Filmversion von Jean-Jacques Annaud (1997) mit dem damals noch unverbraucht-frischen Brad Pitt.

Oben: Ein Viertel der Strecke wurde auf Permafrostboden gebaut und musste aufwendig stabilisiert werden.

Unten: Durch die dünne Luft ist das Licht im tibetischen Hochland klar und durchscheinend.

+CHINA+

Grüne Züge im roten China

Die Green Skinned Trains sind chinesische Eisenbahngeschichte. Ihren Namen verdanken sie der ursprünglich grünen Einheitsfarbe, in der die in den 1950er-Jahren erstmals gebauten Waggons lackiert wurden.

REISE-INFOS
- **Züge:** Green Skinned Trains
- **Strecke und Spurweite:** 2021 gibt es noch rund sechs Dutzend Strecken, Normalspur
- **Geschwindigkeit:** zu niedrig
- **Dauer:** zu lange
- **Preis:** vernachlässigbar

Die Tage der Green Skinned Trains, der Grünen Züge, sind gezählt. Doch waren sie es, die China einst mobil machten und Reisen durch das ganze Land ermöglichten. In den 1950er-Jahren spielte Zeit allerdings nicht dieselbe Rolle wie heute. Eine Spitzengeschwindigkeit der Passagierzüge von 40 km/h war völlig ausreichend, und der »Komfort« der Grünen Züge entsprach den damaligen Erwartungen, wenn er auch aus heutiger Sicht durch weitgehende Abwesenheit glänzte. Die Waggons sind eng möbliert, die Bänke ungepolstert und hart; das Atmen im Sommer fällt in der heißen, zum Schneiden dicken Luft schwer, im Winter kämpfen die Holzöfen vergebens gegen den eindringenden Frost an, und die Fahrgestelle rumpeln, schütteln und schleudern die Waggons über die Gleise. Dafür kostete die Fahrt praktisch nichts.

Übrigens: Viele Chinesen hängen mit einer gewissen Nostalgie an ihren Grünen Zügen. So kommt es, dass hier und da auch moderne Bahnen wie jene nach Lhasa ein grünes Kleid verpasst bekommen.

Der Komfort in den Green Skinned Trains ist überschaubar – dieser Wagen wurde bereits modernisiert, Holzsitze gibt es hier nicht mehr …

Bis zur Jahrtausendwende waren die Grünen Züge das Transportmittel armer Bauern, die zum Markt fuhren, um ihre kärgliche Ernte loszuschlagen, der Wanderarbeiter, die wenige Male im Jahr zu ihren Familien heimkehrten, der Baumwollpflücker, Bauarbeiter, Bergmänner, Näherinnen, Beschäftigten an den Fließbändern …, ein Heer Hunderter Millionen

Menschen. Dann läuteten technischer Fortschritt und wachsender Wohlstand das Ende der Volksbahnen ein: Immer mehr Strecken wurden elektrifiziert, zu luxuriösen Hochgeschwindigkeitsbahnen gewandelt oder rund um die Städte in S-Bahn-Systeme eingebunden und mit modernen Garnituren ausgestattet. Im ganzen Land werden heute noch knapp 70 Strecken von Green Skinned Trains befahren, zumeist in abgelegenen Provinzen, die noch nicht von der chinesischen Bahnentwicklung profitiert haben. Aber es ist nicht leicht, sie zu finden.

Oben: Die grünen Züge sind etwas für Selbstversorger – Speisewagen gibt es nicht.
Unten: Rote Lok, grüne Wagen – in der Provinz Shanxin bummelt ein Green Skinned Train durch die Berge.

+KAMBODSCHA – THAILAND+

Grenzerfahrung im Land der Khmer

Die Zugverbindung von Phnom Penh nach Thailand endete abrupt 1973: Die in Kambodscha herrschenden Roten Khmer montierten kurzerhand die Gleise an der Grenze ab.

Meterhohe, in Stein gemeißelte Gesichter sind Teil der Tempelanlage Bayon in Angkor.

REISE-INFOS

- Zug: Northern Line/Eastern Line
- Strecke: Phnom Penh/Kambodscha – Bangkok/Thailand
- Länge und Spurweite: 646 km, Meterspur
- Dauer: 16 h
- Preis: 5 €
- Info: http://royalrailway.easybook.com, www.railway.co.th

Erst 2019, 40 Jahre nach dem Ende der Roten-Khmer-Diktatur, wurde der fehlende Abschnitt vom kambodschanischen Sisophon zur Grenzstadt Poipet und damit die Verbindung zwischen den Hauptstädten Kambodschas und Thailands wiedereröffnet. Fliegen wäre bedeutend schneller, aber auf der rund 16 Stunden dauernden Bahnfahrt durchqueren wir die charakteristischen Landschaften der beiden benachbarten Länder, vom smaragdgrünen Reisfelder-Puzzle in den Ebenen über dichte Tropenwälder und steppenartige Hochebenen. Gleich hinter Phnom Penh passieren wir eine Mega-City von Fabriken, in denen emsige Hände Kleidung, Schuhe und technisches Gerät für Europas Märkte fertigen, halten in Kolonialstädtchen wie dem bezaubernden Battambang, sehen Ruinen verfallener und die goldglänzenden Dächer renovierter Tempel aus dem Grün spitzen und unterbrechen die Fahrt schließlich für einen Ausflug zur Tempelanlage Angkor Wat. Die Versorgung mit ausgesprochen köstlichem Streetfood ist zu jeder Zeit durch fliegende Händler an den winzigen Bahnhöfen garantiert.

386 Bahnkilometer und elf Stunden sind es in der dieselgetriebenen Garnitur mit fünf Waggons und einem Gepäckwagen von Phnom Penh zur Grenze, die alle Passagiere zu Fuß überqueren. Vom thailändischen Grenzbahnhof Ban Klong Luk benötigt der Zug dann weitere fünf Stunden für die 260 km nach Bangkok. Die Waggons der 3. Klasse – eine andere führt der Zug nicht – sind ausreichend bequem und sauber. Die meisten einheimischen Passagiere haben große Lasten dabei, Reissäcke bei-

Ein Dieseltriebzug der thailändischen Staatsbahn übernimmt am Bahnhof Ban Klong Luk die Passagiere.

spielsweise, die als Sitzgelegenheit herhalten, wenn die Plätze besetzt sind. Manchmal hält der Zug wütend pfeifend an, um einen Bamboo Train (siehe S. 200) von den Schienen zu scheuchen. Oder aber er stoppt, um einen winkenden Passagier mitzunehmen. Den meisten dient er nur zum Transport von Dorf zu Dorf. Keiner fährt so weit wie wir.

Ausgebüchst

Die bei Siem Reap gelegenen 1000 Tempel des kambodschanischen Welterbes Angkor sind nur 150 km bzw. 3 Autostunden (mit dem Sammeltaxi oder dem Bus 10 €) von der Grenzstation Poipet entfernt. Ein schöner Ausflug und eine willkommene Unterbrechung der langen Bahnfahrt!

Auf der Bambusplattform

Kambodschas Bamboo Trains waren in der Regenzeit, wenn die Straßen in Schlamm versanken, manchmal die einzige Möglichkeit für die Bauern, günstig und schnell die nächste Stadt zu erreichen.

REISE-INFOS
- **Zug:** Bamboo Train
- **Strecke:** Phnom Banon/Battambang
- **Länge und Spurweite:** 3 km, Meterspur
- **Dauer:** 10 Min.
- **Preis:** 4 €

Zwei Eisenbahnachsen in Meterspur, eine Plattform aus Bambus, ein Wasserpumpenmotor und ein Keilriemen – fertig ist das Fortbewegungsmittel. Es dauert ein bisschen, ehe der Bambuszug seine Endgeschwindigkeit von 30 km/h erreicht, und die wirkt höllisch schnell. Sie erscheint nicht nur wegen der

Wenn sich zwei Bamboo Trains begegnen, muss eines der beiden Gefährte runter vom Gleis.

Oben: Als der Staat den Bahnverkehr einstellte, war Improvisationstalent gefragt.
Rechts: Dieses fortgeschrittene Modell funktioniert mit Mini-Motor.

niedrigen Sitzhöhe als äußerst gewagt, auch die maroden Gleise, deren Schienen, nun ja, nicht immer parallel zueinander liegen, tragen zum Gefühl bei, der Fahrer übe sich in ungebührlicher Hast.

Übrigens: *Vorbild der Bamboo Trains sind Draisinen, und wie diese werden einige Bambuszüge mit der puren Körperkraft des Fahrers vorangetrieben.*

Dass diese Art der Gleisnutzung überhaupt möglich war, hatte gute Gründe. Im Kambodscha der Roten Khmer wurde der Bahnverkehr nach und nach eingestellt, und nach deren Vertreibung 1979 verfiel die Infrastruktur weiter, bis schließlich kein einziger Zug mehr fuhr. Die auf den Transport angewiesenen Bauern und Händler improvisierten, und so bekamen Eigenbauten freie Fahrt in alle Richtungen. Wenn sich zwei Bamboo Trains begegneten, hoben Fahrer und Passagiere den weniger beladenen einfach von den Gleisen und ließen das Gegenüber passieren.

Mit der Renaissance der Royal Railway Kambodschas Ende der 2010er-Jahre verschwanden immer mehr Bambuszüge. Nur an manchen Stellen bedient man sich ihrer noch, meist als Touristenattraktion. So fährt der Banon Bamboo Train bei Battambang parallel zur Bahnlinie zwischen Phnom Penh und der thailändischen Grenze nahe dem Örtchen Phnom Banon, allerdings auf einer eigens angelegten Strecke und mit einem Upgrade, das Touristen bei Laune hält: Der Bamboo Train hat jetzt Polster.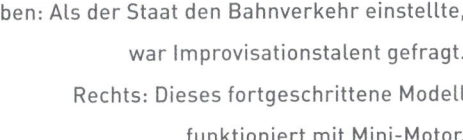

Durchs Zugfenster

Der Banon Tempel aus dem 11. Jh. thront auf einer Kuppe hoch über den Ufern des Sangker. Den anstrengenden Anstieg über 358 Stufen belohnt ein weiter Blick über Reisfelder und Gehöfte.

Wiedervereint unterwegs

Züge verbinden Städte, Menschen, Länder, und diese über 1700 km lange Bahnlinie durch Vietnam ist ein Symbol dafür: Der erste »Reunification Express« fuhr am 31. Dezember 1976 in Hanoi los.

REISE-INFOS
- **Zug: North-South Railway**
- **Strecke: Hanoi – Ho Chi Minh Stadt (Saigon)**
- **Länge und Spurweite: 1726 km, Meterspur**
- **Dauer: 38 h**
- **Preis: 24–50 €**
- **Info: https://dsvn.vn**

Nach der Wiedervereinigung Nord- und Südvietnams 1975 benötigten die Vietnamesen nur ein Jahr, um die schweren Kriegsschäden an der Bahninfrastruktur in einem ungeheuren Kraftakt zu beheben. Heute starten die sehr komfortablen Züge mehrmals am Tag auf der eingleisigen, ab 1936 von der französischen Kolonialmacht gebauten Bahnstrecke zwischen den

Links: Ganz schön knapp – in Hanoi führen die Gleise mitten durch die engen Gassen der Altstadt.
Unten: Man kann sich für Schlafsessel oder Mehrbettabteil entscheiden – oder für die »hard seats«.

Auf seinem Weg von Nord- nach Südvietnam passiert der Zug das Südchinesische Meer.

beiden »Hauptstädten«. Passagiere haben die Wahl zwischen Schlafsessel, 4- und 6-Bett-Abteilen. Einige Züge führen auch einen Wagen mit *hard seats* – definitiv nichts für europäische Sitzgewohnheiten oder lange Strecken. Neben der gut schmeckenden Verpflegung mit *cha gio* (Frühlingsrollen) oder *pho ga* (Nudelsuppe) im Speisewagen servieren Zugbegleiterinnen Snacks und Getränke am Platz. Es ist also für alles gesorgt, sodass wir uns auf das Wichtigste konzentrieren können: die Welt vor dem Zugfenster.

Und die beginnt mit einem beängstigenden Stunt der Bahn (oder der beteiligten Menschen) durch die engen Gassen von Hanoi. Kaum ein Meter Platz bleibt links und rechts der Schiene, um dem Zug auszuweichen. Wir schauen den Anwohnern direkt ins Wohnzimmer, Ananas und Bananen der Obstverkäufer hängen quasi ins Zugfenster. So aufregend geht es nicht weiter, dafür aber sehr reizvoll: Am Wolkenpass scheint der Zug, eingerahmt von hohen Klippen und dem Südchinesischen Meer, tatsächlich durch die Wolken zu gleiten. Die Zahl der Tunnel summiert sich auf 27, die der Brücken auf 1 334. Eine davon ist die Hien-Luong-Brücke über den Ben-Hai-Fluss. Sie markierte von 1954 bis 1975 die Grenze zwischen Nord und Süd.

Übrigens: *Südvietnam betonte seinerzeit die Landesteilung, indem es seine Hälfte der Grenzbrücke blau überstrich. Der Norden bemalte umgehend seine Seite im gleichen Farbton – ein häufiger wiederholtes und recht makabres »Spiel«.*

Es wäre schade, die lange Strecke an einem Stück zu bewältigen. Reizvolle Ziele wie die alte Königsstadt Hue mit ihren Palästen oder Danang mit Traumstränden animieren zu ein- oder mehrtägigen Pausen. Und der nächste Reunification Express kommt bestimmt.

Oben: Hinter Bangkok fährt der Bummelzug 261 durch die unter Wasser stehenden Reisfelder.

Unten: Unter den wachsamen Augen der Bahnmitarbeiter queren Novizen die Gleise in Bang Sue Junction.

+THAILAND+

Auf Königs Spuren nach Hua Hin

Für diese Fahrt von Bangkok nach Süden zum schönsten Bahnhof Thailands kommt stilgerecht nur ein Verkehrsmittel in Frage: Bummelzug Nr. 261, dritter Klasse, für wenig mehr als 25 Eurocent pro Stunde Fahrt.

REISE-INFOS

- **Zug:** North-South Railway
- **Strecke:** Bangkok – Hua Hin
- **Länge und Spurweite:** 229 km, Meterspur
- **Dauer:** 4 h
- **Preis:** 1,20 €
- **Info:** www.railway.co.th

Platzkarten gibt es nicht, aber das macht nichts: Die rustikalen Waggons bieten außerhalb der Stoßzeiten ausreichend Platz, weil die meisten Reisenden ohnehin die schnellere und bequemere Zugvariante wählen. Das kommt uns zupass, denn die Bänke sind nicht gepolstert, und so können wir ab und an aufstehen und uns die Beine vertreten. Auch die Zahl der Verkäuferinnen von allem nur Vorstellbaren – sei es essbar, praktisch oder wozu auch immer gut, stets transportiert in riesigen, die Gänge versperrenden Körben, hält sich in dem schwach besetzten Bähnlein in Grenzen. Wir ruckeln durch Bangkoks nicht enden wollende Vororte allmählich raus aufs Land. Die Fahrt entlang der glitzernden Wasserrechtecke der Reisfelder und vorbei an Städten und Dörfern zeigt uns das bäuerliche Thailand – nicht spektakulär, sondern einfach und geschäftig. Alltag eben. Der durch die weit offenen Fenster streichende Fahrtwind kühlt die Hitze in den Waggons.

Unser Ziel ist das ehemalige Fischerdorf Hua Hin am Golf von Thailand, das sich in den 1920ern zum ersten Badeort des damaligen Siam und zur Keimzelle des thailändischen Tourismus entwickelte. Auch der König schaute gern vorbei und ließ 1926 eine Sommerresidenz errichten, die er Wang Klai Kangwon, »Palast ohne Sorgen«, nannte.

Übrigens: *Eigens für die Passagiere der Royal State Railways of Siam eröffnete bereits 1921 ein Hotel, das der italienische Architekt der Eisenbahngesellschaft geplant hatte: 14 luxuriöse Zimmer in einem Gebäude im Verandastil. Es existiert – verschiedentlich erweitert – noch heute.*

Hua Hins Attraktion sind natürlich seine Strände, acht Kilometer feinsten weißen Sandes, gesäumt von Palmen! Doch bevor wir dorthin aufbrechen, bewundern wir das ebenso dekorative wie originelle Bahnhofsgebäude, das 1926 sein fremdartig wirkendes, viktorianisches Äußeres erhielt. Der einem Tempel gleichende Phra Mongkut Klao Pavillon daneben fügt sich schon harmonischer ins Bild. Er stand ursprünglich im Park des Palastes Sanam Chandra 60 km westlich von Bangkok. Erst 1974 wurde er als Wartehalle für die königliche Familie nach Hua Hin versetzt. Nun aber nichts wie ins Meer!

Das Pfeifen im Dschungel

Einer der erfolgreichsten Filme der 1950er-Jahre war »Die Brücke am Kwai«. Er ist nicht der einzige Grund, den Zug von Bangkok über eben jene Brücke nach Nam Tok zu nehmen: Auch die Streckenführung ist aufsehenerregend.

REISE-INFOS

- **Zug:** Burma Railway (»Death Railway«)
- **Strecke:** Bangkok – Nam Tok
- **Länge:** 210 km, Meterspur
- **Dauer:** 4 h 30
- **Preis:** 2 €
- **Info:** www.railway.co.th

Auch wir möchten diese berühmte Brücke sehen, also fahren wir von Bangkok entspannt in der dritten Klasse durch dichte Vegetation nach Westen. Buddhistische Mönche murmeln ihre Sutras, Freunde treffen sich zum Plausch und auf eine Zigarette an den Wagenenden, und vor dem Zugfenster klappern bunte Tuk Tuks von Dorf zu Dorf. Nach knapp drei Stunden ist Kanchanaburi erreicht, auf dessen Friedhof 7000 beim Eisenbahnbau 1942/43 ums Leben gekommene Zwangsarbeiter, darunter auch alliierte Kriegsgefangene eines nahen japanischen Internierungslagers, ruhen. Da so viele an Entbehrung und Krankheit starben, erhielt diese Strecke den Namen »Schienen des Todes« und wurde dank des Films zu einer etwas makabren Touristenattraktion.

Übrigens: *Wer es sich nicht nehmen lassen will, die Brücke am Kwai zu Fuß zu überqueren, lässt sich entweder mit einer Rikscha von Kanchanaburi aus zu ihr bringen oder verlässt den Zug am Bahnhof River Kwae Bridge. Es gibt drei Verbindungen am Tag, man kann also mit der nächsten Bahn weiterfahren.*

Der Wang-Pho-Viadukt, eine am Fels klebende Jochbrückenkonstruktion hoch über dem Fluss, ist nichts für schwache Nerven.

Die Brücke passiert der Zug 5 km hinter dem Bahnhof, unter ihr rauscht … nicht der River Kwai! Tatsächlich hieß der Fluss ursprünglich Mae Klong. Pierre Boulle, der Autor der Romanvorlage, verwechselte ihn mit dem 4 km südlich der Brücke mündenden Nebenfluss Kwai. Auf die Verwirrung erster Touristen reagierten die Behörden 1960 mit einer Namensänderung. Vor dem Zusammenfluss heißt der Mae Klong nun Khwae Yai (»Großer Nebenfluss«) und der eigentliche Kwai fürderhin Khwae Noi (»Kleiner Nebenfluss«).

Wer sich hier für die Weiterfahrt entscheidet, benötigt gute Nerven und (in dieser Richtung) einen Platz auf der linken Seite: Zwischen wucherndem Dschungel und Kalksteinfelsen nähert sich der Zug dem Wang-Pho-Viadukt, dessen am Fels klebende Jochbrückenkonstruktion beim besten Willen nicht vertrauenerweckend wirkt. Aber sie hält, und nach fünf Stunden stoppt die Bahn in Nam Tok.

⌐ Musik-Tour

Ein Ohrwurm ist der 1914 von einem britischen Offizier komponierte »Colonel Bogey March«, den die Kriegsgefangenen im Film beim Einmarsch in das japanische Arbeitslager pfeifen, der »March from the River Kwai«. ⌐

Dreimal täglich überquert ein Zug die Brücke am Kwai – ansonsten kann sie auch zu Fuß passiert werden.

+ JAPAN +

Zurück in die Zukunft

Die erste Hochgeschwindigkeitsstrecke der Welt entstand in Japan 1964 für die Olympischen Spiele. Mit damals beklemmenden 200 Stundenkilometern rasten die Züge zwischen den vier größten Städten des Landes hin und her und in die Zukunft.

REISE-INFOS

- **Zug:** Tokaido Shinkansen
- **Strecke:** Tokyo – Osaka
- **Länge und Spurweite:** 552 km, Normalspur
- **Höchstgeschwindigkeit:** 200 km/h (1964), 300 km/h (2021)
- **Dauer:** 2 h 35
- **Fahrfrequenz:** 15–30 Min.
- **Preis:** 100–150 €
- **Info:** https://smart-ex.jp/en

Bis heute wirken die Zuggarnituren überaus futuristisch, nicht nur wegen der überlangen Nase der Zugmaschine. Innen ist alles perfekt durchorganisiert, gestylt, bis ins letzte Detail durchdacht. Ebenso beginnt die Bahnfahrt: Ordentlich aufgereiht warten die Fahrgäste am Bahnsteig auf das fast lautlose Öffnen der Wagentüren; unaufgeregt bezieht jeder seinen Platz, tief fallen die Verbeugungen des Zugpersonals aus, ehe sie die Passagiere ansprechen, unbemerkt setzt sich der Zug in Gang. Etwas unheimlich.

Links: Immer ein Handyfoto wert ist der futuristische Shinkansen, hier bei der Einfahrt in Osaka.
Rechts: Fast wie eine Flugzeugkabine, aber großzügiger – der Shinkansen-Großraum mit Sitzen in Dreierreihen.

Der Fuji ist mit 3776 Metern nicht nur der höchste Berg Japans, er hat auch große spirituelle Bedeutung.

Auf der Strecke des Tokaido Shinkansen unternehmen die Passagiere eine Reise in die Vergangenheit, zu den Ursprüngen des heutigen Wettbewerbes um die schnellsten Züge der Welt. Diese Route war die erste, auf der 200 km/h gefahren wurden. Heute wird sie von sagenhaften 400 000 Gästen täglich in den diversen Verbindungen mit unterschiedlicher Fahrtdauer benutzt. Die schnellsten sind die Nozomi mit 300 km/h und nur wenigen Stopps. An mehr Bahnhöfen halten die Hikari (285 km/h), und die Kodoma schließlich (ebenfalls 285 km/h) bremsen an fast jeder Station. Schnell sind sie alle.

Übrigens: Der Begriff »Shinkansen« bezeichnet zum einen das für Hochgeschwindigkeiten ausgelegte – und als vom sonstigen Bahnverkehr unabhängig geplante – Streckennetz, zum anderen auch die einzelnen Züge.

Von der Landschaft selbst bekommen die Reisenden bei diesen Geschwindigkeiten naturgemäß nicht allzu viel mit. Vom japanischen Lebensstil umso mehr. Das Leben kann kantenlos und angenehm sein, wenn alle Abläufe bis ins Letzte wohl organisiert sind – und sich alle daran halten.

Ekiben

Speise- oder Barwagen sind in den Shinkansen unbekannt, stattdessen gibt es Automaten mit Getränken und Snacks, auch ist meist ein Service-Trolley mit Lunch-Angebot unterwegs: hygienisch verpackte, aufwändig mit Unterteilung gestaltete Holz- oder Kunststoffkästchen, die ein komplettes Menü enthalten. Viele Passagiere holen sich diese *ekiben* schon vor Fahrtantritt (und etwas günstiger) in den Bahnhöfen.

+SPECIAL+

Die größten Bahnhöfe der Welt (nach Fläche)

Shanghai Hongqiao (Shanghai, China): 1 300 000 m²

Mit einer Fläche von 1,3 Millionen m² ist der Bahnhof Shanghai Hongqiao der größte der Welt. Im Shanghaier Stadtteil Minhang gelegen, befindet er sich in unmittelbarer Nähe des Shanghai Hongqiao International Airport. Der Hauptbahnhof (Shanghai hat drei weitere) ist an die U-Bahn-Linien 2 und 10 angebunden. Nach nur zwei Jahren Bauzeit wurde er am 1. Juli 2010 eröffnet. Die Gesamtinvestition belief sich auf 15 Milliarden Yuan (ca. 1,9 Milliarden Euro). Für den auf vier Ebenen errichteten Bahnhof mit 30 Gleisen, die mehrheitlich für Hochgeschwindigkeitszüge ausgelegt sind, wurden 80 000 t Stahl verwendet. Das Hauptgebäude misst 420 m in der Länge sowie 200 m in der Breite und ist – inklusive der unterirdischen Stockwerke – 70 m hoch. Hier können 10 000 Passagiere zur gleichen Zeit abgefertigt werden.

Beijing-Westbahnhof (Beijing, China): 510 000 m²

Der Beijinger Westbahnhof, gelegen im Bezirk Fengtai im westlichen Teil der Stadt, ist mit insgesamt 510 000 m² der zweitgrößte Bahnhof der Welt. Nach drei Jahren Bauzeit wurde er Anfang 1996 in Betrieb genommen. Das charakteristische Hauptgebäude in der Form eines chinesischen Schriftzeichens ist 90 m

Links: Das Hongqiao High-Speed Railway Center in der Millionenstadt Shanghai ist ein Tempel der Eisenbahn.
Rechts: Kaum weniger mächtig präsentiert sich die Vorhalle des Südbahnhofs der Stadt Nanjing.

Das Atrium des Guangzhou-Südbahnhofs: Mit seinen 320 000 m² ist der 2010 eröffnete Bahnhof mit 26 Gleisen auf drei Ebenen derzeit der fünftgrößte der Welt.

hoch. Rund 180 000 Passagiere benutzen täglich den Bahnhof, um beispielsweise nach Hongkong, Guangzhou, Wuhan, Xi'an, Lhasa oder in andere Städte in den südlichen oder westlichen Teilen Chinas zu gelangen.

Nanjing-Südbahnhof (Nanjing, China): 458 000 m²

Nanjing, die Hauptstadt der chinesischen Provinz Jiangsu, ist einer der wichtigsten Eisenbahnknoten Asiens. Die größte Drehscheibe für den Fernverkehr war bis 2010 der Hauptbahnhof von Nanjing, seit der Eröffnung des etwa fünfmal so großen Nanjing-Südbahnhofs hat sich das Bild jedoch grundlegend gewandelt. Inzwischen werden die meisten der die Stadt passierenden Hochgeschwindigkeitszüge hierher umgeleitet. Der mit 28 Bahngleisen und 128 Rolltreppen ausgestattete Bahnhof ist nach seiner Bodenfläche (458 000 m²) der drittgrößte der Welt. Das imposante, mehrheitlich mit Sonnenkollektoren bedeckte Hauptdach misst 98 500 m². Dessen Stahlkonstruktion wiegt über 8 000 t.

Nagoya-Hauptbahnhof (Nagoya, Japan) 410 000 m²

Seinen Rang als weltweit viertgrößter Bahnhof verdankt der Nagoya-Hauptbahnhof in der japanischen Metropole Nagoya seinen 245 m hohen Zwillingstürmen. Die JR Central Towers, bestehend aus einem Hotelturm mit 59 Stockwerken und einem Büroturm (56 Etagen), grenzen direkt an die Bahnsteige. 1886 erstmals eröffnet, wurde der aktuelle Bahnhofskomplex mit einer Bodenfläche von 410 000 m² im Dezember 1999 fertiggestellt.

+ JAPAN +

Hängepartie

Es hinterlässt euphorische Gefühle, nicht auf, sondern unter der Schiene unterwegs zu sein. Ist das der urbane Verkehr der Zukunft, in lichter Weite schweben wie ein Vogel – im Flug über eine japanische Stadt?

REISE-INFOS
- Zug: Chiba Monorail Line 2
- Strecke: Chiba – Chishirodai
- Länge: 12 km
- Dauer: 30 Min.
- Preis: Tagespass 5 €
- Info: https://chiba-monorail.co.jp

Chiba gehört zur Tokyoter Metropolregion und ist mit dem Zug von der Hauptstadt in einer Stunde zu erreichen. Das Ziel: die heute längste Hängebahn der Welt. Eine 8 km lange Teilstrecke eröffnete bereits 1988, zehn Jahre später summierten sich die Strecken von Linie 1 und 2 auf 15 km (Planungen sehen Erweiterungen vor). Gleichmäßig schweben

Die Monorail von Chiba schwebt über dem Verkehrsgeschehen von Sehenswürdigkeit zu Sehenswürdigkeit.

Und immer wieder lockt der Fuji – hier als Hintergrund der Burg Sekiyado in Noda (Präfektur Chiba).

die Wagen vorbei an Stahlgestängen und Fassaden von Station zu Station, in eleganter Abgehobenheit zum Betrieb auf den Straßen unten. Und die aufgeräumte Atmosphäre der vom öffentlichen Straßenverkehr befreiten Stadt trägt viel dazu bei, dass eine solche Zukunft erstrebenswert scheint.

Übrigens: *Die Hängebahn wurde nach dem Safege-Prinzip geplant: Als Schiene dient ein an der Unterseite mit einem breiten Schlitz versehener Stahlkasten, in dem die tragenden und seitlich führenden luftbefüllten Gummireifen der Fahrgestelle laufen. Die Energie nehmen Schleifschuhe den im Stahlkasten angebrachten Stromschienen ab.*

Neben der technischen Faszination hat die Schwebebahn einen weiteren Vorteil: Auf der in kurzen Abständen befahrenen Strecke können Passagiere mit einem Tagespass bei den Sehenswürdigkeiten jederzeit aus- und wieder zusteigen und zwischendurch den perfekten Überblick über die Stadt genießen. Deren große Attraktion ist die Chiba-Burg, auch wenn sie erst 1967 als Replik errichtet wurde. Ehemals soll hier die Feste des Krieger-Klans Chiba gestanden haben; heute ist im Gebäudekomplex ein Museum untergebracht.

┌ Genau genommen!

Tragekonstruktionen für hängende Bahnen sind recht aufwändig, deshalb kommen sie eher selten vor, wenn es bodenverankerte Alternativen gibt. Ihr wesentliches Merkmal ist die starre Aufhängung, deshalb fallen Seilbahnen nicht unter die Kategorie »Hängebahn«. Auch eine über ein Gewässer verlaufende Transporteinrichtung gilt streng genommen nicht als »Hängebahn«, sondern als »Schwebefähre« – trotz starrer Konstruktion. ┘

+ JAPAN +

Hello Kitty

Wer Rosa mag, wird sich in diesem Zug nicht unwohl fühlen, wer aber Kitty-Kätzchen wirklich liebt, kommt keinesfalls um eine Fahrt mit dem »Hello Kitty«-Shinkansen herum. Also besser nicht den Kindern sagen!

REISE-INFOS

- **Zug:** Sanyo Shinkansen – Kodama 840/841
- **Strecke:** Osaka – Hakata (Fukuoka)
- **Länge und Spurweite:** 553 km, Normalspur
- **Dauer:** 4 h 30
- **Höchstgeschwindigkeit:** 285 km/h
- **Preis:** 120 €
- **Info:** https://smart-ex.jp/en

Sie kennen Kitty nicht? Sie gehört zur Art der *Felis catus,* heißt bürgerlich »Kätzchen Weiß«, stammt von den als Glücksbringer geltenden japanischen Stummelschwanzkatzen ab und lebt in einer erstaunlich rosa Umgebung. Von Kitty sieht man meist nur das Gesicht. Sie wurde erstmals 1960 gezeichnet und ist zu einer Haupteinnahmequelle der japanischen Lifestyle-Firma Sanrio geworden, ein Großhandel für

Knallrosa und mit 15 m langer Nase zeigt sich der Shinkansen der Serie 500 im Hello-Kitty-Design.

Kitty so weit das Auge reicht: Die Snackbox in Shinkansen-Form ist ebenso kunterbunt wie ihr Inhalt (oben). Wer das süße Kätzchen nicht mehr sehen kann, sollte einfach nur die Augen schließen – und auf gar keinen Fall das Sonnenrollo (rechts).

Geschenkartikel. Kitty ist einfach nur *kawaii*, also »süüüüüüß«! Und ziert von Sandalen über Schürzen bis zu Spielzeug so ziemlich alles – und nun eben einen Shinkansen. Wobei »zieren« etwas kurz gegriffen ist. Kitty ist innen und außen allgegenwärtig. Sogar einen eigenen Waggon gibt es für den Verkauf des (fast) kompletten Kitty-Sortiments von Sanrio.

Übrigens: Wenn Sie mit »Hello Kitty« fahren möchten, sollten Sie Ihre Japanreise nicht zu lange aufschieben, denn die betreibende West Japan Railway Company wechselt öfters mal die Themen ihrer Züge; noch verkauft sich das Kätzchen aber ausgezeichnet. Ähnlich war es beim »Evangelion«, einer beliebten Anime-Serie nachempfunden.

Mitbringsel? Vielleicht wäre ja pinke Currysauce ein passendes Geschenk? Oder das knallrosa Modell der Shinkansen-Baureihe der Serie 500? Sie war bei der Indienststellung 1997 bahnbrechend und auf eine Spitzengeschwindigkeit von 370 km/h ausgelegt. Um dies ohne horrende Energiekosten zu ermöglichen, designte man für den Triebzug eine aerodynamisch geformte, 15 m lange Nase. Die bei Weitem nicht so putzig aussieht wie die von Kitty.

+JAPAN+

Eine Fahrt durch die Vergangenheit

Eine Reise durch das Japan vergangener Tage entlang der alten Poststraße zwischen Kyoto und Tokyo, mit Ausblicken auf die Japanischen Alpen, tief eingeschnittene Flüsse und ursprüngliche Dörfer.

Der Shinano Limited Express schaukelt im gemächlichen Tempo durch die Japanischen Alpen.

Japan wie es einmal war ... Entlang der Poststraße wird es, wie hier in Narai-juku, wieder lebendig.

REISE-INFOS

- **Zug:** Shinano Limited Express
- **Strecke:** Matsumoto – Nagoya (Chuo West Line)
- **Länge und Spurweite:** 172 km, Normalspur
- **Dauer:** 2 h
- **Preis:** 10–45 €
- **Info:** https://jprail.com, https://visitmatsumoto.com

Die 534 km lange Poststraße Nakasendo war Jahrhunderte lang Reiseader für Bauern und Händler, für Fürsten und Krieger. An ihr entwickelten sich einfache Poststationen mit der Zunahme des Handels zu Kleinstädten, deren traditionelle Holzarchitektur heute noch gut erhalten ist. Den authentischsten Teil dieser Poststraße befahren die Züge zwischen Matsumoto und Nagoya. Am Fluss Narai entlang schrauben sie sich gemächlich an den Hängen der Japanischen Alpen entlang durch das Kiso-Tal.

Es ist eine gänzlich andere Japan-Erfahrung als die der Hochgeschwindigkeitszüge, wenngleich auch diese Bahn modern und überpünktlich ist. Winzige Dörfer und eigentümliche Festungen wie die aus Holz erbaute Wasserburg von Matsumoto liegen auf dem Weg. Das pittoreske Narai-juku gehört mit seinen niedrigen Holzhäusern zu den schönsten und besterhaltenen Siedlungen aus der Edo-Ära (dazu in Kiso Fukushima auf den lokalen Bummelzug wechseln). Und wer in Magome aussteigt, kann bis zum nächsten Bahnhof Tsumago zwei bis drei Stunden auf dem Nakasendo Trail wandern. Das ist auch das Angenehme dieser Bahnfahrt: Mit dem Rail Pass können die Fahrgäste aus- und zusteigen, sooft sie wollen. Aus der Zeit gefallene Restaurants und Herbergen finden sich in nahezu jedem Örtchen, und die Frauen dort verkaufen wunderschöne, handgearbeitete Schüsseln aus Zedernholz – eine weitere Facette des Landes, die in den Großstädten kaum noch zu finden ist.

Ausgebüchst

Der Nakasendo-Trail, der »Weg durch die Berge«, ist für die Japaner eine Art »Muss-man-gemacht-haben«. Dabei birgt die 9 km lange Strecke zwischen Magome und Tsumago durchaus reale Gefahren. Immer wieder werden Bären in den Wäldern gesichtet, weshalb jedem Wanderer empfohlen wird, eine Bärenglocke bei sich zu führen.

SPECIAL

Die schnellsten Züge der Welt

Eine Sache ist bei Rekorden gewiss: sie purzeln. Wenn nicht heute, dann vielleicht morgen, irgendwann aber mit Sicherheit. Die »Rocket« zum Beispiel schlug alle Konkurrenten aus dem Feld – 1830 und mit beängstigenden 48 km/h. Seit dieser Zeit stehen Schienenfahrzeug in einem nicht enden wollenden Wettbewerb um die höchste Geschwindigkeit. Und dann gibt es ja auch noch die besonderen Rekorde, wie der schnellste Zeppelin auf Schienen, ein Triebwagen mit Propeller am Heck (1931, 230,2 km/h), die schnellste Dampflok des 20. Jhs. (die Baureihe DR 18 201 der DDR-Reichsbahn mit 182,4 km/h) oder die höchste Durchschnittsgeschwindigkeit, die 2020 vom chinesischen CR400 mit 303 km/h auf 1302,9 km Strecke erreicht wurde. Auf alle Fälle ging es seit Stephensons Rocket Schlag auf Schlag.

Der chinesische CR400 ist mit einer Durchschnittsgeschwindigket von 303 km/h unterwegs.

Schnellster Zug in Europa ist (und bleibt wohl auch) der französische TGV.

Die aussichtsreichsten Teilnehmer im Wettbewerb der Schnelligkeit sitzen heute in Asien (Japan, China, Korea), in Frankreich und Deutschland. Die beiden Letzteren verzichten aber inzwischen aber auf neue Technologien, die Bereiche jenseits der 500 km/h eröffnen – sie sind in Europa einfach nicht wirtschaftlich. Nicht berücksichtigt sind an dieser Stelle Magnetschwebebahnen, die noch weitaus höhere Geschwindigkeiten erreichen.

Geschwindigkeitsweltrekorde

- 1988 – InterCityExperimental (Deutschland): 406,9 km/h
- 1990 – TGV (Frankreich): 515,3 km/h
- 2007 – TGV V150 (Frankreich): 574,8 km/h

Die schnellsten Züge im Regelbetrieb

- 2001 – TGV (Frankreich): 263,3 km/h
- 2017 – CRH3C (China): 266,2 km/h

Mit oder ohne Schiene?

Der Hyperloop, der irgendwann für 1000 km/h und mehr gut sein soll, gilt nicht als Schienenfahrzeug. Er gleitet beschleunigt von Linearmotoren auf einem Luftkissen durch eine fast luftleer gepumpte Röhre. Nur wenn man das gängige Konzept Schienenfahrzeug umstülpt und die Röhre als an der Außenseite rundherum angeordnete starre Führung definiert (und auch die Räder unberücksichtigt lässt), dann würde es wieder passen.

Nordamerika auf Schienen

Kontraste, Kontraste, Kontraste – daran mangelt es dem Kontinent nicht. Reisenden steht in Kanada und den USA eine Fülle verschiedenster Bahn-Touren zur Auswahl. Da sind die putzigen Heritage Trains, deren schnaufende Dampfloks ihren Passagieren suggerieren, die Zeit hätte sich bis in den Wilden Westen zurückgedreht. In den robusten Amtrak-Garnituren können sich Touristen die Vereinigten Staaten von Ost nach West oder auch schräg von Nordost nach Südwest erschließen. Aus den bequemen Betten eines kanadischen ViaRail-Intercitys bestaunen wir Eisbären an der Hudson Bay, vor den Panoramascheiben der Cog Railway blöken uns Dickhornschafe an, und tief in die Sitze gedrückt überleben wir eben noch so die höchste Achterbahn der Welt. Nur im Zug, untermalt von dessen stetem Stampfen und Rollen, wird die wirklich atemberaubende Größe und Weite Nordamerikas, werden seine dramatische Landschaften zwischen den kanadischen Wäldern und den Wüsten New Mexicos erlebbar.

Die größte Herausforderung von allen? Die Qual der Wahl, denn die USA besitzen weltweit das größte Schienennetz, überrunden damit sogar China.

+KANADA+

Pu der Bär reist mit

Der Zug als Lebensader für Mini-Gemeinden, einsame Farmen und Trapper, von denen wir dachten, es gäbe sie nicht mehr. Die Fahrt am Lake Superior entlang ist nichts für hektische Gemüter!

REISE-INFOS
- **Zug:** Sudbury–White River Train
- **Strecke:** Sudbury – White River
- **Länge und Spurweite:** 480 km, Normalspur
- **Dauer:** 8 h 50
- **Preis:** ab 55 €
- **Info:** www.viarail.ca/en

Chapleau, Nicholson, Dalton, Missanabie, Lochalsh, Franz steht auf den Bahnhofsschildern, es sind nur sechs von 32, an denen der Triebwagen schwerfällig zum Stehen kommt, um ähnlich schwerfällig wieder anzufahren. Manchmal sind die Namen kaum noch zu erkennen, und hinter den Bahnhöfen verlieren sich Geisterorte zwischen wucherndem Buschwerk.

Spiegelglatte Seen und weite Wälder säumen die 480 km lange Strecke von Sudbury nach White River, ...

Da stoppen wir nicht, sondern tuckern weiter, bis irgendwo ein Mensch gestikulierend an den Schienen steht und den Zug anhält. Bart, kariertes Hemd, *cap,* wie im Film. Bevor er selbst einsteigt, übergibt er dem Schaffner eine Box voll mit gerade gefangenen Lachsen für die Kühlung. »Das ist hier üblich, dafür ist der Zug da!« Der Sitznachbar gegenüber hat unser Staunen richtig gedeutet. »Manchmal steigt auch ein Jäger mit einem erlegten Braunbären zu.« Definitiv kein Zug für Tierfreunde.

An einer anderen Station kommt Bewegung in den »Budd Car«, wie der Triebzug der Bauart Budd Rail Diesel RD-2 im Volksmund heißt. Vier Kanus werden ausgeladen, ihre Besitzer verabschieden sich unter lautem *»Good luck«* und steuern auf den Lake Superior zu. Dann passiert wieder stundenlang nichts außer dieser bewegenden, stillen Landschaft und deren Flüssen, Wäldern und Seen. Man sollte diese Fahrt wenn möglich im Herbst unternehmen, wenn das Laub der Bäume verrücktspielt und wir beim Blick durch das Zugfenster halluzinieren, das Land stünde in Flammen.

Abends rollen wir in White River ein. Wären wir Angler oder Jäger, dieser Ort und die Nördlichen Nadelwälder seiner Umgebung wären ein Paradies für uns. So checken wir für die Nacht ein und machen uns mit dem Morgenzug auf den Rückweg, gespannt, was uns dann begegnet.

⌐ Litera-Tour

Wer empfängt uns in White River? Winnie the Pooh! Tatsächlich war ein hier zahm aufgezogenes Braunbärenjunges namens Winnie Vorbild für A. A. Milnes »Pu der Bär«. Sein Besitzer vermachte es dem Londoner Zoo, wo der Autor und sein Sohn es lieben lernten. So fand Winnie Eingang in die Literatur. ⌐

... die von älteren Budd Cars in knapp neun Stunden absolviert wird.

Im Zug zu den Eisbären

»The Hudson Bay«, das klingt doch nach nicht enden wollenden Wintern, Pelzjägern, Inuit, die ihr Territorium gegen den weißen Mann verteidigen, Huskies, Eisbären – ja, auch nach Eisbären!

REISE-INFOS

- **Zug:** Winnipeg–Churchill Train (»The Hudson Bay«)
- **Strecke:** Winnipeg – Churchill
- **Länge und Spurweite:** 1710 km, Normalspur
- **Dauer:** 45 h 10
- **Preis:** 180 € (Economy Class), 500 € (Sleeper Plus Class)
- **Info:** www.viarail.ca/en

Der offizielle Zugname Winnipeg–Churchill Train hätte uns nicht auf die Idee gebracht, dass wir am Ende dieser epischen 2-Tages-Bahnfahrt irgendwo bei den Eisbären landen würden. Aber inoffiziell ist der Zug für die Kanadier, zumindest für den Schaffner, der uns am komfortablen Schlafwagen empfängt, immer noch »The Hudson Bay«.

Gebaut wurde die Bahnlinie unter großen, witterungsbedingten Schwierigkeiten in den 1920er-Jahren;

Links: Hohe Bahnsteige sind in Kanada nicht in allen Stationen zu finden – freundliche Bahnmitarbeiter (und ein Tritthocker) erleichtern das Einsteigen …
Unten: Mächtige Dieselloks ziehen die silberne Wagenschlange durch Kanadas Weiten.

So nah an der Zivilisation wie an der Hudson Bay bei Churchill lassen sich Eisbären sonst nirgends beobachten.

wie so oft ging es darum, Bodenschätze aus der Peripherie, in diesem Fall Nord-Manitoba, effektiv und schnell ins Herz Kanadas zu transportieren. Im Jahr 1929 fuhr der erste Zug.

Übrigens: Bereits zur Bauzeit hatten die Ingenieure mit tauendem Permafrostboden zu kämpfen.

In unserem Abteil mit zwei bequemen Liegesitzen, die hilfreiche Hände abends in komfortable Betten verwandeln, fühlen wir uns wie im Hotel. Sogar Dusche und WC sind geschickt integriert. Riesengroße Panoramafenster lassen uns gefühlt übers Land gleiten, durch dichte Nadelwälder, vorbei an kaltblauen Flüssen, hier und da einen Ort passierend, der verloren und verlassen scheint. Jack Londons »In den Wäldern des Nordens« war genau die passende Reiselektüre, die wir fürs (im Kabinenpreis eingeschlossene) Dinner fast ungern unterbrechen, so meditativ lässt sich die Reise an.

Zwei Nächte später, es ist kaum hell, wecken uns die aufgeregten Rufe unserer Mitpassagiere. Und da sind sie tatsächlich: Eisbären vor dem Bahnfenster. Unglaublich! Nur noch ein paar Kilometer, und der Zug fährt in Churchill ein.

Trau Dich!

Churchill nennt sich stolz Polar Bear Capital of the World. Im Herbst versammeln sich in der Umgebung der Stadt Hunderte von Eisbären, die auf das Zufrieren der Hudson Bay und den Beginn der Jagd warten. Besonders gut sind sie aus dem Helikopter zu beobachten, und auch die faszinierende Landschaft der Wälder und Seen (hudsonbayheli.com).

Oben: Mächtige Genesis-Dieselloks mit 4250 PS ziehen den California Zephyr quer durch die USA.

Unten: Besonders beliebt sind die Plätze im Aussichtswagen, die mit drehbaren Sesseln ausgestattet sind.

Einmal quer durchs Land, bitte!

Eine spektakuläre Fahrt von den großen Seen im Osten durch den Wilden Westen, über Prärien und die Rocky Mountains bis zum Goldenen Tor am Pazifik – der Klassiker des Bahnreisens in den USA.

REISE-INFOS

Zug: California Zephyr
Strecke: Chicago – Emeryville (San Francisco)
Länge und Spurweite: 3924 km, Normalspur
Dauer: 52 h
Preis: 150–1000 €
Info: www.amtrak.com/california-zephyr-train

Im Jahr 1949 schlossen sich die drei Eisenbahngesellschaften Rio Grande, Western Pacific und Chicago Burlington zusammen, um dem Stromlinienzug City of San Francisco der Union Pacific mit eigens neu konstruierten Waggons Paroli zu bieten – und damit war der California Zephyr geboren. Seine Streckenführung durch die Rocky Mountains wurde bald zur eigentlichen Attraktion, und die Reise wurde als »Schienenkreuzfahrt« mit entsprechend angenehmem Ambiente vermarktet. Luxuriöse Aussichts- und Speisewagen sind auch heute noch eine Selbstverständlichkeit, die Schlafwagenabteile kompakt und durchdacht. Die zwanzig doppelstöckigen Wagen mit ihrer silbernen Verkleidung werden, wenn es in die Rockies hinaufgeht, von bis zu vier unmittelbar hintereinander gekuppelten Dieselloks gezogen. Aber das alles erfahren wir erst auf der Fahrt. Pünktlich um 14 Uhr verlässt der California Zephyr Chicagos Union Station.

Übrigens: *Die südliche Zugangstreppe der Union Station an der Canal Street wurde durch die Schießereiszene im Film »The Untouchables« weltberühmt.*

Überaus zuvorkommendes Personal hat uns unser Abteil mit eigener Dusche in der oberen Etage zugewiesen. Es dauert, bis wir die vielen Knöpfe, Schalter und Hebel richtig zugeordnet haben. Den Vierertisch zum Dinner teilen wir mit einem fröhlich plaudernden Rentnerpaar aus Florida auf zweiter (!) Hochzeitsreise. Zum Essen, typisch amerikanisch, bestellen wir die *Land & Sea Combo* (Rindersteak und Krabbenfleisch). Nach einer ruhigen Nacht kommt am nächsten Morgen etwas Langeweile auf beim Blick über die Great Plains des Mittleren Westen. Doch ab Denver geht es dann richtig los. Die Loks kämpfen sich die Ostflanke der Rockies bergauf, über weite, windumtoste Kurven immer höher. In einem Tunnel fahren wir dann unter der Wasserscheide hindurch und wieder serpentinenreich abwärts. Schließlich folgen die Schienen den Canyons des Colorado River und passieren – der Höhepunkt – den Gore Canyon, dessen 300 m hohen Felswände nur Platz lassen für das Wildwasser und den Zug. Allein schon wegen dieses Abschnittes hat sich die Fahrt gelohnt, und wegen des Ziels San Francisco natürlich ohnehin.

SPECIAL

Artisten auf Achse: Zirkuszüge

Wenn der deutsche Circus Roncalli seine historischen Wagen zum nächsten Ort transportiert, lässt er sie auf flache Bahnwaggons verladen, um das empfindliche Material der teils mehr als 100 Jahre alten, sorgfältig restaurierten Wohn-, Kassen- und Garderobenwagen zu schonen. Roncalli ist der letzte Zirkus (zumindest in Europa und Nordamerika), der noch mit dem Zug fährt.

Zirkuszüge, also Gespanne, die nur dem Transport von Menschen, Tieren und Material eines ein-

Zirkus Roncalli auf Tour: Die historischen Wagen reisen per Bahn zum nächsten Spielort.

zigen Unternehmens dienten, gab es in der Geschichte nur wenige: Der größte war zweifelsohne der amerikanische Ringling Bros. and Barnum & Bailey Circus (RBBX), der bis 2017 mit 60 Waggons und zeitweise zwei Garnituren die Vereinigten Staaten und Europa bereiste.

Auch der deutsche Zirkus Krone setzte lange auf eigene, mit dem Krone-Logo geschmückte Waggons, die den jeweiligen Anforderungen angepasst wurden: Für den Transport von Giraffen wurden sie erhöht, Elefanten benötigten wegen ihres Gewichts besonders verstärkte Wagen, Raubtiere mussten ausbruchssicher untergebracht werden. Bereits 1925 ließ Krone drei spezielle Elefantenwaggons bauen. Die hohen Kosten solcher Sonderanfertigungen, aber auch logistische Probleme zwangen den Zirkus ab 1999 letztlich auf die Straße. Denn um die Bahn zu beladen, sind Güterbahnhöfe mit Rampen nötig, und davon gibt es heute – als Folge von Rationalisierungsmaßnahmen – immer weniger.

Spezialanfertigungen hat Roncalli, der auf Tiere verzichtet, nicht nötig, aber die historischen Wagen erfordern behutsame Behandlung. Auch Roncalli transportiert nicht mehr alles per Bahn – ein Viertel des Zirkusinventars erreicht per Straße das nächste Ziel. Doch wenn es um den Zirkuszauber geht, kann kein LKW der Welt mit der Einfahrt eines über 700 m langen Roncalli-Zuges konkurrieren.

Ob die Hula-Hoop-Reifen stellvertretend für die Eisenbahnräder stehen, auf denen Roncalli unterwegs ist?

USA / ALASKA

Der Himmel über Alaska

Mit der Bahn unterwegs im nördlichsten Bundesstaat der USA: Waldwildnis, Schluchten, gefrorene Flüsse, der höchste Gipfel Nordamerikas und ein Nationalpark begeistern auf der Fahrt durch Alaska.

REISE-INFOS

- **Zug: Denali Star**
- **Strecke: Anchorage – Fairbanks**
- **Länge und Spurweite: 576 km, Normalspur**
- **Dauer: 11 h 45, Mitte Mai–Mitte Sept.**
- **Preis: 165 € (Adventure Class), 325 € (GoldStar Service)**
- **Info: www.alaskarailroad.com**

Kurz nach acht Uhr morgens, die Sitze im Panoramawaggon sind bezogen, das Gepäck verstaut, und das Pfeifsignal hat dem Denali Star in Anchorage freie Fahrt gegeben. Sanft schnurrend setzt er sich in Bewegung, während sich zur gleichen Zeit und knapp 600 km weiter nördlich sein Zwilling in Fairbanks in Gegenrichtung auf den Weg macht. Der Bahnverkehr funktioniert mit höchster Präzision.

Knapp zweieinhalb Stunden sind wir durch Kiefernwälder gefahren, haben über den Waggons kreisenden Greifvögeln und wild dahinjagenden Wolken nachgesehen. Dann hält der Zug in dem historischen Städtchen Talkeetna am Zusammenfluss dreier Ströme. Ab 1915 bildete der Goldgräberort das Hauptquartier für den Bau der Alaska Railroad. Schon der putzige Bahnhof wäre hier der Aufmerksamkeit wert, aber etwas Größeres hat ihm die Show gestohlen: Kurz vor der Stadt gaben die Wolken den Blick frei auf den 6190 m hohen Mt. McKinley bzw. Denali, wie er seit 2015 offiziell heißt. Den höchsten Berg Nordamerikas.

Übrigens: *Passagiere, die den GoldStar Service gebucht haben, kommen nicht nur in den Genuss der mit Glas überkuppelten Waggons, sondern haben auch freien Blick von einer Aussichtsplattform.*

Es wird nun immer einsamer um die Bahn, ab und an sehen wir winzige Siedlungen, einmal stoppt ein alter Farmer den Zug mit einer wild geschwenkten Fahne und steigt zu, kurze Zeit später begrüßen wir laut pfeifend den Gegenzug. Nach dem Mittagessen rattert der Denali auf der Hurricane Gulch Bridge über den tief unten tosenden Fluss. Kurz vor der Station Denali im gleichnamigen Nationalpark folgt der Healy Canyon über den Nenana River. Wildnis!

Spontan steigen wir schon hier, im Herzen des Denali National Park, aus, um zu wandern. Der Zug wird vier Stunden später in Fairbanks eintreffen.

Ausgebüchst

Die Fahrt im Nationalpark zu unterbrechen (Bahnhof Denali), um zu wandern, ist kein Problem. Der Zug verkehrt täglich, man kann also am nächsten oder übernächsten Tag weiterfahren.

Rechte Seite: Der Weg des Denali Star führt durch die beeindruckende Bergwelt des Denali-Nationalparks. Die Laubbäume in den endlosen Wäldern färben sich schon früh im Herbst gelb.

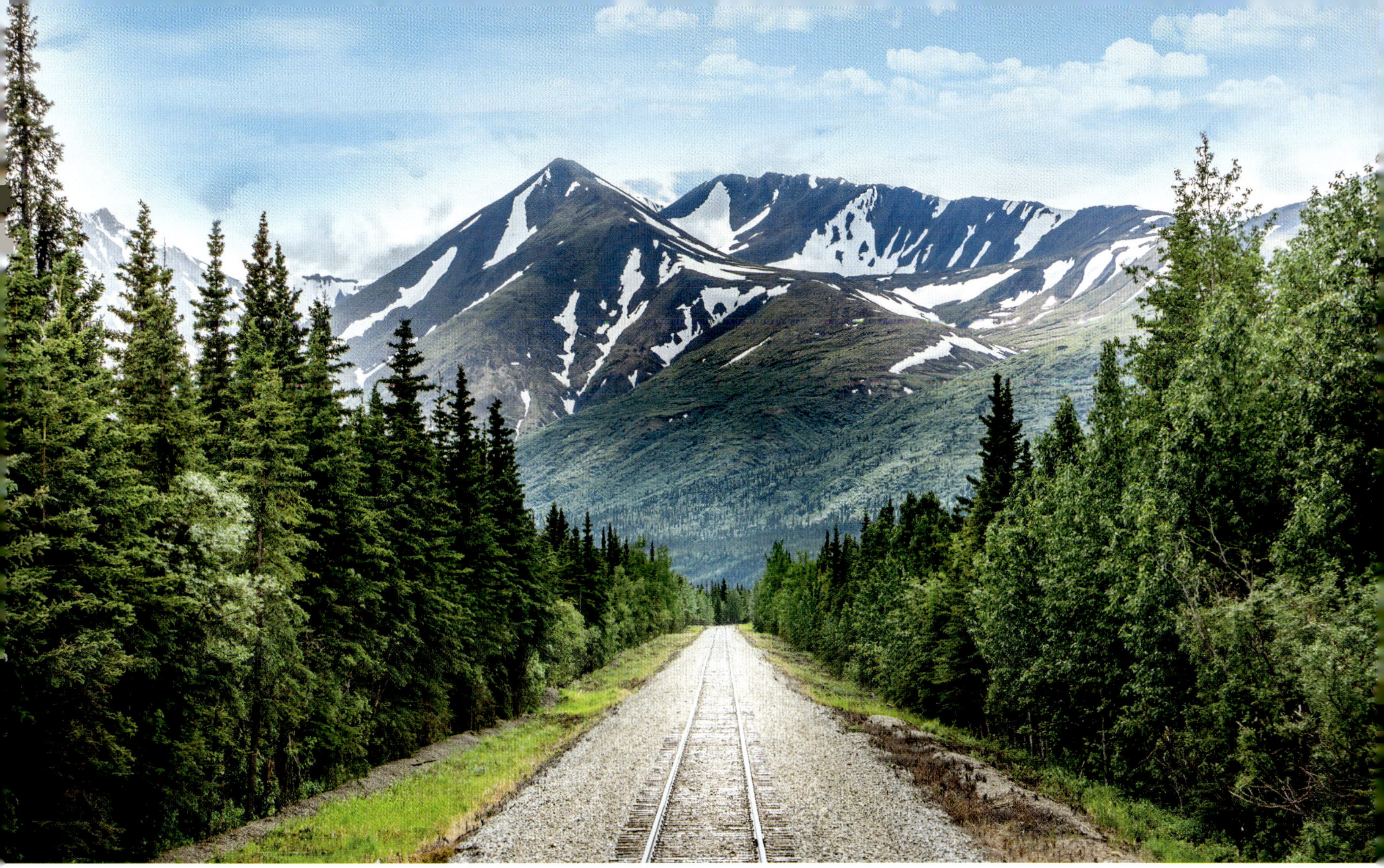
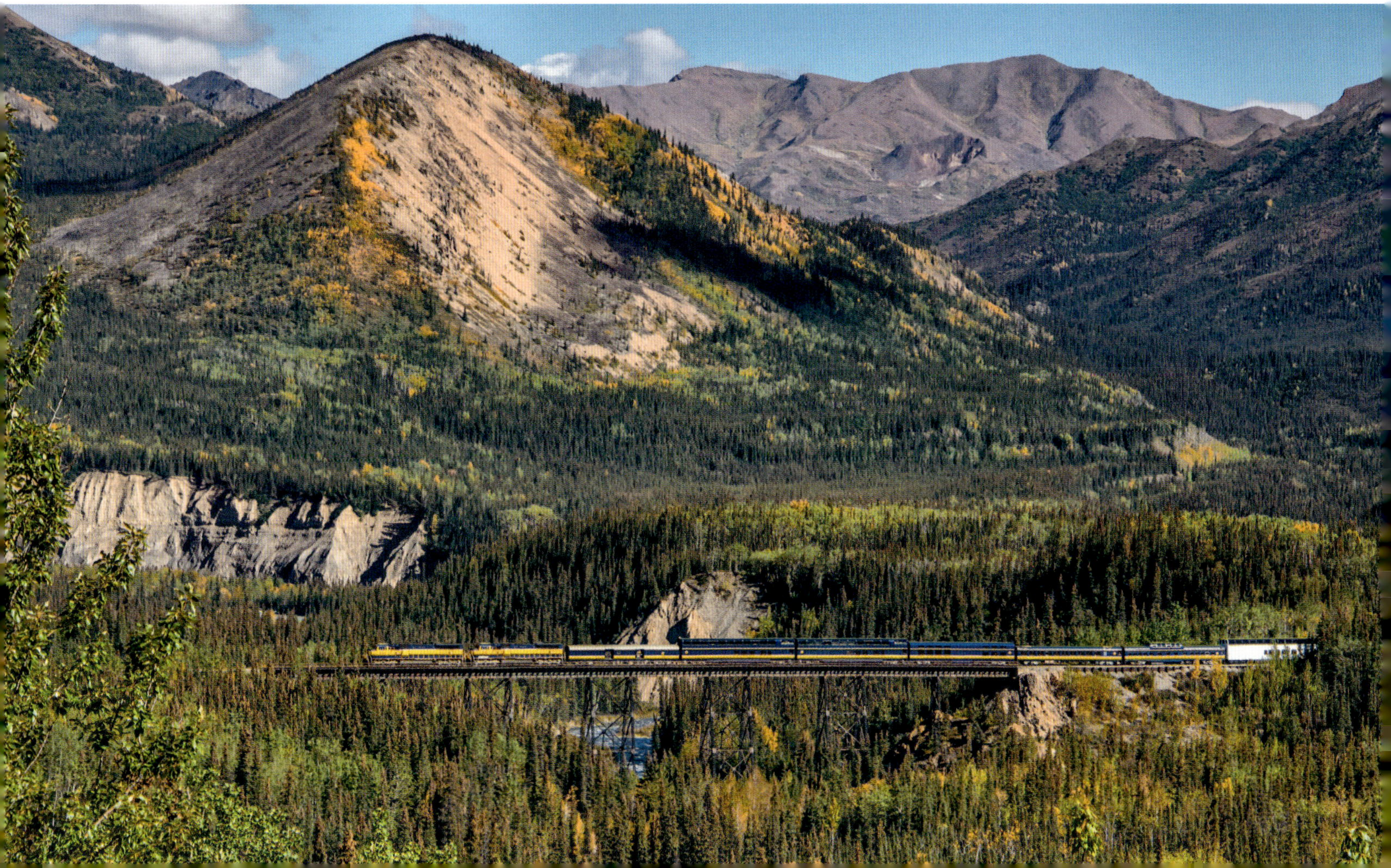

USA

Schienen im Outback

Unverfälschte Natur? Ja! Die Schienen queren die schönsten Landschaften des Nordens der USA. Und ein Zwischenstopp im Glacier National Park, um sich »die Beine zu vertreten«, gehört unbedingt dazu!

REISE-INFOS

- **Zug:** Empire Builder
- **Strecke:** Chicago – Seattle/Portland
- **Länge und Spurweite:** 3550 km, Normalspur
- **Dauer:** 46 h
- **Preis:** ab 150 € (Coach), ab 1000 € (Rooms)
- **Info:** www.amtrak.com/empirebuilder

Auf der Suche nach Entschleunigung in den oft so hektischen USA sind wir auf diese Bahn gestoßen: Dreimal die Woche startet der Empire Builder in Chicago mit allem, was man an Komfort braucht, und läuft zwei Tage später in Portland ein. Die Schienen folgen in Abschnitten den Spuren der Lewis-Clark-Expedition, die Anfang des 19. Jhs. eine nördliche Passage durch die Rocky Mountains gesucht hatte. Der Bau der Bahnstrecke beförderte dann die Entdeckung des berühmten Maria's Pass 1889 durch John Frank Stevens, der im Auftrag der Great Northern Railways einen eisenbahngeeigneten Übergang suchte. Der erste Zug unter dem Namen Empire Builder fuhr 1929 in Chicago los.

Kurze Wanderungen oder mehrtägige Expeditionen in die Wildnis – beides ist im Glacier National Park möglich.

Kaum zu glauben, aber die rostige Brücke hält dem Gewicht des Empire Builder tatsächlich stand ...

Übrigens: *Der Empire Builder teilt sich im Bahnhof von Spokane auf, ein Teil mit dem Bar-Aussichtswagen fährt weiter nach Portland, der Rest folgt – mit dem Speisewagen – den Schienen nach Seattle.*

Wir passieren Maria's Pass im milden Licht der Frühlingssonne, links und rechts dichte Mischwälder und unter uns rauschendes Wasser. Dass diese besinnliche Fahrt durch den Glacier National Park verläuft, ist ebenfalls der Great Northern Railway zu danken. Die Lobbyisten der Eisenbahn engagierten sich für dessen Einrichtung, weil sie darin nicht zu Unrecht touristisches Potential sahen. 1910 wurde das Gebiet an der Grenze zu Kanada zum Schutzgebiet erklärt, und die Bahnstrecke war damit nicht mehr nur für Transkontinentalreisende interessant, sondern auch für Nationalparkbesucher.

Der Fahrplan ist so angepasst, dass wir die fantastischen Landschaften des Glacier Parks tagsüber »erfahren«. Wir passieren steile Felspyramiden, kristallklare Seen, Hochgebirgsflora. Am Bahnhof Essex steigen viele Passagiere aus und neue Reisende zu, zünftig in Wanderkleidung. Begeistert erzählen sie vom Trekking im Nationalpark. Das nächste Mal machen wir's nach!

⌐ Ausgebüchst

In Essex aussteigen und zwei Tage später mit dem Zug weiterfahren – das bietet auch Nicht-Wanderern die Chance, mehr vom Nationalpark zu sehen. Zum Beispiel bei der achtstündigen Big Sky Circle Tour in einem der für Glacier typischen, teufelroten Oldtimer-Busse, vorbei an Bergziegen und Murmeltieren, durch Schluchten und Wälder.

USA / KALIFORNIEN

An stählernem Kabel

San Franciscos weltberühmte Kabelstraßenbahnen hängen zwar nicht am »seidenen Faden«, aber immerhin an einem Stahlseil. Mit Muskelschmalz und einer Art Zange werden die Wagen daran fixiert, und ab geht die Post.

Mit Blick auf die Gefängnisinsel Alcatraz geht es im »cable car« steil bergauf oder – wie hier – bergab.

Die Fahrgäste rattern auf unterschiedliche Art und Weise mit dem »cable car« durch San Francisco: Stehend, auf dem Trittbrett balancierend, oder – etwas weniger nervenaufreibend – sitzend im Inneren.

REISE-INFOS

- Zug: **San Francisco Cable Cars**
- Strecke: **drei Stadtlinien**
- Länge und Spurweite: **17 km, Kapspur**
- Höchstgeschwindigkeit: **15 km/h**
- Preis: **7 €**
- Info: **www.sfmta.com**

Übrigens: *Gebremst wird mit absenkbaren Klötzen an vorderer und hinterer Achse. Vorn ist der »gripman« zuständig, hinten der Bremser. Sollten bei Seilriss oder Gestängebruch auch noch beide Bremsen versagen, kann der gripman einen Stahlkeil in den Seilschlitz jagen. Um die Tram dann wieder flott zu kriegen, benötigt man allerdings einen Schweißbrenner.*

In gewagtem Tempo rattert das *cable car* der California Line um die Kurve, ein schrilles Quietschen, kurzes Bimmeln, Haltestelle. Wir springen aufs Trittbrett, halten uns gut fest, und weiter geht's … Eine Fahrt mit dem *cable car* gehört schließlich zum Pflichtprogramm in San Francisco.

Die Räder der einzigen noch existierenden Kabelstraßenbahn der Welt begannen 1873 auf den Schienen zu rollen. Das zwischen ihnen abgesenkt in einem Bodenschlitz laufende Seil ist ständig in Bewegung (früher dampfgetrieben, heute elektrisch) und *gripmen* bzw. *gripwomen* müssen das Seil mit einer an einem Gestänge angebrachten Klaue umfassen, um anzufahren – eine kraftzehrende Tätigkeit, die über viele Jahre Männern vorbehalten blieb.

Auch wenn die antiquierte Technik nach einer rumpligen Unternehmung klingt, sie verläuft gesittet. Die Passagiere sitzen und stehen nicht nur im Inneren, sie dürfen auch mit einer Hand am Griff auf den seitlichen Trittbrettern außen mitfahren. Gemütlich geht es die Hügel von *The City* steil hinauf und wieder hinunter. Sightseeing mit historischem Pfiff!

Ausgebüchst

Da wir tiefer in die Materie der Kabelstraßenbahnen eindringen möchten, steigen wir in der Mason Ecke Washington Street am Cable Car Museum aus. Und gleich um die Ecke begeistern uns die in Kurven verlaufenden Rolltreppen der Westfield Shopping Mall in der Market Street.

USA / KALIFORNIEN

Im Land der Zukunft

Die Einschienenbahn in Disneyland hat ein Team des Disney-Konzerns in Rekordzeit gebaut und 1959 im »Tomorrowland«, dem Zukunftslabor des Vergnügungsparks, vorgestellt.

REISE-INFOS
- **Zug:** Disneyland Monorail
- **Strecke:** Downtown Disney – Tomorrowland
- **Länge:** 3,75 km
- **Dauer:** 11 Min.
- **Preis:** ab 60 € (Tagespass)
- **Info:** https://disneyland.disney.go.com

Dagobert Duck als Technologiefreak? Minnie Mouse unterwegs als Astronautin? Nicht vorstellbar. Walt Disney's Kosmos war, so legt die Erinnerung an die Kindheitslektüre in seinen Comics nahe, eher konservativ geprägt. Doch der Erfinder von Mickey Mouse und Donald Duck entwickelte auch Zukunftsweisendes. Er zeigte der Welt mit Tomorrowland

Die coolsten Plätze sind ganz vorn in der Einschienenbahn.

Ja, das ist das Matterhorn. Und von rechts gleitet die futuristische Einschienenbahn heran.

unmissverständlich, dass seine Studios mehr sind als eine »Fabrik der Zeichner«. So waren Zukunftsvisionen als Thema in Disneyland nur folgerichtig und das Projekt Disneyland Monorail erst recht.

Übrigens: *Mit dem Thema »Zukunft« hatten die Ausstellungsmacher natürlich ein Problem – die Zukunftsvisionen der 1950er Jahre waren nicht erst im 21. Jh. ein alter Hut! So wird heute »die Zukunft aus Sicht von damals« präsentiert. Und dazu gehört auch die Monorail.*

Auch wenn sich Einschienenbahnen letztlich gegen herkömmliche Rad-Schienen-Systeme nicht durchsetzen konnten, waren sie stets von einer Aura der Science-Fiction umgeben. Das reizte auch Disney und sein Team. Der ursprüngliche Name der Bahn, Disneyland ALWEG Monorail System, verweist noch auf die Kölner Firma Alweg, die das Einschienensystem mit luftgefüllten Trag- und Führungsreifen in den 1950er-Jahren entwickelt hatte. Die Disney-Ingenieure griffen die Ideen auf, planten und fertigten Fahrzeuge, Drehgestelle, Federungssysteme und Antriebssysteme in ihren eigenen Werkstätten. Die Spielzeugfirma Schuco brachte sogar ein maßstabsgetreues Modell der Disney-Bahn heraus.

Seit ihrer Einführung 1959 wurde die Bahn über die Jahre immer weiter verbessert, modernisiert und mit neuem Äußeren versehen; heute ist die Generation Mark VII auf der Schiene unterwegs. Wenn sie in verschlungenen Kurven an der »Welt als Comix«, am Matterhorn oder gelben »U-Booten« vorbeirauscht, wirkt sie wie eh und je futuristisch.

USA / KALIFORNIEN

Mit dem Board ans Meer

Eine Menge Heilige sind an Kaliforniens Küste versammelt: San Luis, Santa Barbara, Santa Monica, Santa Maria und San Diego. Sie stehen aber auch für knackbraune Jugend, schnelles Leben und top Surfspots.

REISE-INFOS
- **Zug:** Pacific Surfliner
- **Strecke:** San Luis Obispo – San Diego
- **Länge und Spurweite:** 563 km, Normalspur
- **Dauer:** 8 h 30
- **Preis:** 55–100 €
- **Info:** www.pacificsurfliner.com

Diese Strecke gehört heute zu den meistgenutzten Intercity-Verbindungen des landesweiten Amtrak-Systems. Der Vorläufer des Surfliners – der 1938 auf die Schienen gesetzte San Diegan der berühmten Eisenbahngesellschaft Santa Fe – verband San Diego mit Los Angeles. Mit der Übernahme durch Amtrak verlängerte man die Linie an die Central Coast süd-

In Santa Barbara fährt der Pacific Surfliner direkt am Ozean entlang und macht so seinem Namen alle Ehre.

Besonders schön ist die Kathedralen-Architektur des historischen Bahnhofsgebäudes in San Diego.

lich von San Francisco und orderte dafür bei Alstom neue doppelstöckige Passagierwagen, die *surfliner cars,* die es seitdem in unterschiedlichen Ausführungen gibt: als reine Sitzwagen, als Kombination mit Gepäckabteil oder Bar und auch als Steuerwagen für den Wendebetrieb.

Besonders die Wagen mit Gepäckabgabe haben die Wellenreiter ins Herz geschlossen, schließlich bleibt der Zug bis auf den Großraum von Los Angeles fast immer in Sichtweite des Meeres, und die Namen der Bahnhöfe lassen die Augen der Surfer leuchten. Die Streckenführung war ja auch der Grund, warum nur die Bahn für unsere Reise von San Francisco nach Los Angeles infrage kam.

Auch beim Innendesign ist der Ozean allgegenwärtig: Die Polster mit ihren eingewebten Wellenlinien holen ihn direkt in die *coaches*. Wir sitzen in den bequemen Sesseln der Businessclass und lassen die Strände an uns vorbeiziehen, dicht bevölkert und mit Caravanparks versehen, dann wieder menschenleer mit einigen Wellenreitern aufs Wasser getupft.

Als Lunch erhalten wir einen Klappkarton mit einer Menge an gebeutelten und verdosten Snacks: Nüsse, Chips, Trockenfleisch, Schmelzkäse und Cookies … Aber auch diese Reduktion der Nahrungsaufnahme gehört schließlich zu einer Zugreise entlang der Küste Kaliforniens und macht sie erst richtig rund.

Architek-Tour

Der Bahnhof von San Diego, das Santa Fe Depot, wurde 1915 in der Hoffnung errichtet, dass an ihm die Transkontinentalverbindung der Eisenbahngesellschaft Santa Fe enden würde. Tatsächlich machte Los Angeles das Rennen. Der Bahnhof mit seiner Kathedralenarchitektur hat dennoch überlebt.

USA / ARIZONA

Grand Canyon unter Dampf

Ganz ohne den in den USA so beliebten Hang zum Kitsch läuft auch am Grand Canyon nichts, weder in der Eisenbahn, noch im Grand Canyon Village. Aber die Fahrt ist ein großer Spaß, und das Ziel ohnehin nur grandios!

Der Grand Canyon ist eine Schlucht der Superlative: 450 km lang, Jahrmillionen alt, die Felswände fast senkrecht.

REISE-INFOS

- Zug: Grand Canyon Railway
- Strecke: Williams – Grand Canyon Village – Williams
- Länge und Spurweite: 103 km, Normalspur
- Dauer: 8 h (Rundfahrt mit 4 h Aufenthalt am Canyon)
- Preis: ab 50 €
- Info: www.thetrain.com

Fährt die Consolidation oder die Mikado? Für Eisenbahnkenner eine wesentliche Frage, denn erstere, eine 1D Tenderlok, wurde 1906 gefertigt, stammt also aus den Anfangsjahren dieser Eisenbahn, die seit 1901 ihren Dienst zwischen Williams und dem Südrand des Grand Canyon versieht. Die Mikado von den Baldwin Locomotive Works ist mit knapp 100 Jahren etwas jünger. 1923 wurde sie in Betrieb genommen, wie übrigens auch die nostalgischen Waggons der Touristenzüge. Die Dieselloks und die aus den 1950er- und 1960er-Jahren stammenden Garnituren bedienen meist den Regelverkehr.

Übrigens: *Wer unbedingt mit einer Dampflok fahren möchte, sollte auf jeden Fall den detaillierten Fahrplan konsultieren, denn manchmal wird auch eine Diesellok vor die Garnitur gespannt.*

Erst mal ging es bei Planung und Bau um den Eisenbahnanschluss für den Transport von Kupfererz. Doch ganz schnell wurde eine touristische Attraktion daraus. Der Zug verkürzte die Anreise zu einer der größten Schluchten der Welt dramatisch – davor reisten die Menschen in elfstündiger Fahrt mit der Postkutsche an. 1905 eröffnete das erste Hotel, 1910 ersetzten schmucke Bahnhofsgebäude die alten Baracken – heute stehen sie unter Denkmalschutz, ebenso wie die Bahn selbst.

Ob der Philosoph und Naturforscher John Muir, der die Grand Canyon Railway zu Beginn des 20. Jhs. als das nachhaltigste Verkehrsmittel im Grand Canyon Nationalpark lobte, heute noch damit glücklich

Wem der Grand Canyon zu unspektakulär sein sollte: Cowboys verbreiten in der Grand Canyon Railway Westernatmosphäre ...

wäre? Schließlich startet sie in Williams unter lautem Hufgetrappel, Gebrüll und Beschuss durch berittene Cowboys und beschert den Passagieren so »Westernatmosphäre«, was dem Puristen Muir sicherlich ein Greuel gewesen wäre. Die größtenteils US-amerikanischen Fahrgäste aber haben ihre große Freude dran, ebenso wie am Überfall auf dem Rückweg, und spielen begeistert mit.

Aus dem Zugfenster

Besonders hübsch ist die Tour in der Weihnachtszeit, wenn der dann Polarexpress genannte Zug am »Nordpol« – einer weihnachtlichen Kulisse – hält, wo Santa Claus die Kinder begrüßt.

+SPECIAL+

Die größten Bahnhöfe der Welt (nach Gleisen)

Einst waren Bahnhöfe die Kristallisationspunkte der technischen Revolution. »Kathedralen des Fortschritts« wurden die monumentalen Gebäude in den Großstädten von Zeitgenossen oft genannt. Nachdem 1825 in England die erste mit Dampfkraft angetriebene Eisenbahn eröffnet worden war, avancierte das neue Verkehrsmittel schon bald zum Katalysator der Industrialisierung. In ihren Anfängen fungierten Bahnhöfe als Umschlagplatz für die auf der Schiene transportierten Güter sowie als Anlaufstätte für Reisende und Händler. Seit den 1950er-Jahren, parallel zum Siegeszug des Automobils, nahm die Bedeutung des Eisenbahnverkehrs jedoch ab, Strecken wurden stillgelegt, Bahnhöfe geschlossen. Ein gegenläufiger Trend zeichnet sich in Großstädten ab: Hier werden Bahnhöfe häufig zu Shoppingcentern ausgebaut.

Innenansicht des Grand Central Terminal in New York. Mit täglich etwa 500 000 Besuchern, davon etwa 100 000 Fahrgäste, ist diese Kathedrale des Reisens das meistbesuchte Gebäude der Stadt.

Links: Die Gare du Nord mit ihren insgesamt 44 Gleisen ist der meistfrequentierte Bahnhof Europas.
Rechts: Spitzenreiter in Deutschland ist der Münchner Hauptbahnhof, der 40 Gleise hat.

Gleise, Gleise, Gleise

- Grand Central Station (New York, USA): 67 Gleise. 1968 sollte er abgerissen werden und einem Bürokomplex weichen – ein Beschluss des obersten amerikanischen Gerichtshofs konnte dies nach jahrelangem Streit jedoch verhindern. In der Folge wurde der New Yorker Hauptbahnhof umfassend renoviert. Das im Beaux-Arts-Stil errichtete Gebäude an der Ecke 42nd Street/Park Avenue in Manhattan wurde 1913 eröffnet. Seither ist es eines der bekanntesten Wahrzeichen New Yorks. Mit seinen 41 oberirdischen und 26 unterirdischen Bahngleisen ist der Grand Central Terminal der größte Personenbahnhof der Welt.
- Gare du Nord (Paris, Frankreich): 32 Gleise. Der meistfrequentierte Bahnhof Europas ist die Gare du Nord im 10. Arrondissement von Paris an der Place Napoléon III. Etwa 293 Millionen Reisende benutzen den Bahnhof jedes Jahr. Nach dreieinhalb Jahren Bauzeit 1864 eröffnet, wurde er immer wieder umgebaut und erweitert, zuletzt anlässlich der Errichtung der Hochgeschwindigkeitsstrecke LGV Nord, die Paris seit 1993 mit der belgischen Grenze und dem Eurotunnel verbindet.
- Hauptbahnhof München: 40 Gleise. Der Anzahl seiner Gleise nach ist der Münchner Hauptbahnhof der größte deutsche Personenbahnhof. Auch seine Gesamtfläche ist beeindruckend: Sie beträgt 760 000 m^2. Täglich werden hier etwa 413 000 Reisende abgefertigt, ein Wert, der in Deutschland nur von den Hauptbahnhöfen in Hamburg und Frankfurt übertroffen wird.
- Hauptbahnhof Frankfurt am Main: 33 Gleise. Der Frankfurter Hauptbahnhof ist mit seinen 25 Fernbahngleisen sowie je vier U-Bahn- und S-Bahn-Gleisen nicht nur der viertgrößte Bahnhof der Welt. Aufgrund seiner zentralen Lage ist er auch der wichtigste Eisenbahnverkehrsknoten Deutschlands. Etwa 493 000 Passagiere täglich machen ihn zu einem der am meisten frequentierten Bahnhöfe des Landes.

Top 10: Die größten Bahnhöfe der Welt (nach Anzahl der Gleise)

- Grand Central Terminal (New York, USA): 67
- Shanghai Hongqiao (China): 41
- München Hauptbahnhof: 40
- Frankfurt (Main) Hauptbahnhof: 33
- Roma Termini (Rom, Italien): 32
- Gare du Nord (Paris, Frankreich): 32
- Gare de l'Est (Paris, Frankreich): 29
- Waterloo Station (London, UK): 24
- Napoli Centrale (Neapel, Italien): 23
- Howrah Junction (Haora, Indien): 23

USA / COLORADO – NEW MEXICO

Dampfzug nach Silverado

Wilder kann der Westen heute nicht mehr sein:
Aus den beiden vorgespannten Loks quellen schwarzer
Kohlerauch und weißer Wasserdampf, asthmatisch keuchen sie
durch Kurven, klagend heulen ihre Pfeifen.

REISE-INFOS

- Zug: Cumbres and Toltec Scenic Railroad
- Strecke: Antonito/Colorado – Chama/New Mexico – Antonito/Colorado
- Länge und Spurweite: 103 km, Schmalspur (914 mm)
- Dauer: 7 h (Rundfahrt)
- Preis: 100–200 €
- Info: https://cumbrestoltec.com

Die Fenster können herabgelassen werden,
sodass viel frische Luft ins Wageninnere strömt.
Oder der Qualm der Dampflok …

Natürlich wissen wir, dass der Cumbres and Toltec regelmäßig zum schönsten historischen Zug der USA gekürt wird. Und dass er mit Dampfloks fährt, auf denen legendäre Namen wie »Rio Grande« stehen. Aber was dann in Antonito am Bahnsteig ohrenbetäubend quietschend zum Stehen kommt, übertrifft unsere Erwartungen bei Weitem. Die Waggons würden jedem Westernfilm zur Ehre gereichen, authentischer geht es nicht.

Das Schmalspurnetz hat seinen Ursprung in den 1880er-Jahren, es entstand zur Anbindung der Silberminen in Südcolarados Bergen. Nach dem Versiegen der Minen wurde erst ein großer Teil des Netzes zurückgebaut und schließlich 1969 fast vollends aufgegeben. 1971 haben Eisenbahnfans den Abschnitt zwischen Antonito und Chama wiederbelebt. Sieben zwischen 1883 und 1925 von den Baldwin Locomotive Works gebaute Maschinen arbeiten im Regelverkehr und ziehen historische Großraumwagen mit drei Klassen. Natürlich können Sie das teuerste Ticket wählen; wir haben uns für die blau gepolsterten Sitzbänke der Coachwagen entschieden. Auf ihnen kann man sich so richtig wegträumen in die Zeit, als Banditen auf Jagd nach Säcken voller Silber das Leben des einen oder anderen Passagiers nicht so wichtig nahmen.

Auf dem für alle offenen Plattformwagen, einem ehemaligen Frachtwaggon, kommen wir dann ins Gespräch mit Ivan, dem Zugbegleiter. Wie alle, die für die Linie arbeiten, ist er ihr mit Haut und Haaren verfallen. Ohne unbezahlte Arbeit, ohne die vielen

Stunden geopferter Freizeit, ohne eine gehörige Portion Enthusiasmus, so erzählt er, wären das Projekt und der laufende Betrieb der Non-Profit-Organisation nicht möglich. Weshalb wir am Ende noch ein paar Scheine in die Spendenkasse stecken.

Kino-Tour

In den Hollywoodstreifen »700 Meilen westwärts« und »Indiana Jones und der letzte Kreuzzug« gibt es für viele nur einen wirklichen Star: Cumbres and Toltec Scenic Railroad.

Oben: Im Führerstand schaufelt der Heizer Kohlen durch die Feuerklappe in die Feuerbüchse.
Unten: Die Schmalspurbahn verläuft mit starken Steigungen bis zum Cumbres-Pass auf 3 053 m Höhe.

USA / COLORADO

140 Jahre unter Dampf

Die älteste durchgängig betriebene Dampflokstrecke des Kontinents entführt in die Wildnis des San Juan Range der Rocky Mountains, wo in den frühen Tagen viele Schürfer Gold suchten und den Tod fanden.

REISE-INFOS

- **Zug:** Durango and Silverton Narrow Gauge Railroad (D&SNGRR)
- **Strecke:** Durango – Silverton – Durango
- **Länge und Spurweite:** 73 km, Schmalspur (914 mm)
- **Dauer:** 9 h (Rundfahrt)
- **Preis:** 90–200 €
- **Info:** www.durangotrain.com

Die Strecke zwischen Durango und Silverton hat als einzige des Schmalspurnetzes im Süden Colorados überlebt. Über 300 Millionen US$ soll das Erz, das auf diesen Schienen in Kippwagen aus den Bergen abtransportiert wurde, den Minenbesitzern über die Jahre insgesamt eingebracht haben. Zugleich war die Bahn wegen ihrer gewagten und panoramareichen Streckenführung von Anfang an auch eine Attraktion, die Eisenbahnfans aus dem ganzen Land anzog.

Links: Die Warnglocke, die mitten auf dem Kessel der Lokomotive sitzt, muss immer schön glänzen.
Unten: In den Waggons der Bahn geht es ein wenig beengt zu – dafür entschädigt die Aussicht.

Dampflok 482, eine Maschine der Bauart K-36 Mikado, wurde 1925 gebaut und ist noch immer aktiv.

Die Fahrt auf schmalen, in den nackten Fels gehauenen Vorsprüngen und über filigran-zerbrechliche Viadukte mit tosenden Strudeln in der Animas River Gorge zählt auch heute zu den touristischen Höhepunkten Colorados. Sie endet in Silverton, wo die Passagiere zwei Stunden Goldgräber-Atmosphäre, Steaks und kühles Bier auf sich wirken lassen.

Übrigens: *Der Durango-Zug taucht in zahlreichen Filmen auf, die als Hintergrund eine atemberaubende Landschaft mit Bähnchen benötigten, darunter »Viva Zapata«, »In 80 Tagen um die Welt« und »Colorado«.*

Der Durango wird privat betrieben: Touren unterschiedlicher Länge und zu verschiedenen Themen, im Sommer wie im Winter, unter Dampf oder mit Diesellok decken jedes Bedürfnis ab. Im Sommer gibt es zusätzlich den »Wilderness Access« mit dieselbetriebenen Spezialzügen. Sie bieten die Möglichkeit, sich vom Zug in der Wildnis des »San Juan National Forest« oder der »Weminuche Wilderness« absetzen zu lassen und ein- oder mehrtägig zu wandern, zu raften oder auch nur zu angeln. Wichtig für den Heimweg: Ein besonderes Signal zeigt dem Lokführer, dass man mitfahren möchte.

Handzeichen

Wer will, dass der Zug nach einer anstrengenden Wanderung auch wirklich hält, stellt sich breitbeinig auf die Ostseite der Schienen (und nur dorthin) und wedelt bei Zugannäherung mit seinen Armen vor den Knien herum: »flagging the train«.

USA / COLORADO

Per Zahnrad auf Amerikas patriotischen Berg

Um ein Haar wäre die Tour auf den Pikes Peak nicht mehr möglich gewesen – Schienen und Material waren zu alt. Doch die Zahnradbahn fährt wieder, auf einen der faszinierendsten Aussichtspunkte der USA.

REISE-INFOS

- **Zug:** Broadmoor Manitou and Pikes Peak Cog Railway, Zahnradbahn
- **Strecke:** Manitou Springs – Pikes Peak – Manitou Springs
- **Länge und Spurweite:** 14,3 km (einfach), Normalspur
- **Dauer:** 3 Stunden (Rundtour)
- **Preis:** ab 48 €
- **Info:** www.cograilway.com

»Pike's Peak or Bust« (»Pikes Peak oder Pleite«), ruft heute bestenfalls die Betreibergesellschaft der Zahnradbahn, die uns auf den 4301 m hohen Berg der Rocky Mountains bringt. Mitte des 19. Jhs. lautete so der Schlachtruf der Goldgräber, die der am Berg ausgebrochene Goldrush in diesen Winkel Colorados lockte. 1889 schmiedeten Ingenieure dann erste Pläne für eine Bahn auf den Gipfel. Zwei Jahre später fuhr der erste Zug, über Steigungen von durchschnittlich 16 %, hinaufgeschleppt und -geschoben

Auch im späten Frühjahr können auf dem 4301 m hohen Pikes Peak noch Schneereste liegen.

Bei gutem Wetter reicht der Blick von der Bergspitze über fünf Bundesstaaten.

von Dampfzahnradlokomotiven von Baldwin Locomotive Works. Bis heute gilt die Cog Railway als höchste Zahnradbahn der Welt.

Übrigens: *Die Amerikaner zählen Pikes Peak zu den »Fourteeners«, einem der 53 Berge in Colorado, die höher sind als 14 000 Fuß.*

Nach mehreren Unterbrechungen wegen wirtschaftlicher Probleme – so manchem brachte der Berg tatsächlich die Pleite – bricht die Cog Railway seit 2021 mit einigen funkelnagelneuen und ein paar der Nostalgie geschuldeten alten Garnituren im Stundentakt zur Eroberung des markanten Berges auf. Schon kurz nach dem Start in Manitou Springs verlässt sie die waldbestandenen Hänge und klettert durch Canyons und vorbei an Wasserfällen an seinen rötlichen Granitflanken hinauf. Hier wurzeln nur noch langlebige Kiefern, wahre Methusaleme mit einem Alter von bis zu 2000 Jahren. Misstrauisch beäugen Dickhornschafe das rote Gefährt, Murmeltiere flitzen zwischen Felsbrocken davon, und die Sicht wird immer fantastischer. Oben angekommen reicht das 360°-Panorama bei gutem Wetter über fünf Bundesstaaten und von den Rockies im Westen bis zu den Ebenen Colorados im Osten.

Musik-Tour

Bewegt von der Schönheit der Aussicht verfasste Katharine Lee Bates 1893 den wohl patriotischsten aller US-amerikanischen Songs, »America the Beautiful«. Er wird auf dem Gipfel gern mal angestimmt. Wir bevorzugen die soulige Version, die Ray Charles 1972 aufnahm.

+SPECIAL+

Mit Zahnrad und Drahtseil steil bergauf

Ohne Reibung geht nichts im Schienenverkehr! Je höher der Reibungskoeffizient, desto schwerer können die Lasten sein, die die Lokomotiven bewegen. An einer Steigung oder in einem Gefälle löst sich die Adhäsion aber leider ganz schnell in Luft auf (und noch schneller, wenn die Schienen auch noch nass sind); das Ergebnis: unkontrolliertes Rutschen.

Übrigens: *Schleudern ist der Albtraum jedes Lokomotivführers. Schleudern? Auf Schienen? Tatsächlich bezeichnet es das Durchdrehen der Antriebsräder wegen Reibungsverlust. Teilweise hilft dann das Reduzieren der Zugkraft durch die Klötze der Schleuderschutzbremsen, die auch die Radlaufflächen aufrauen, oder die Zufuhr von Sand durch eine Sandungsvorrichtung.*

Was ist also die Lösung, wenn die Schiene steil auf den Berg hinauf soll? Das Zahnrad! Und wer hat es wohl erfunden? Nicht die Schweizer! Zwar gab es in Wales schon 1811 ein Patent für eine Zahnradbahn, die aber als Industriebahn ohne Steigung fuhr. Die erste echte Bergbahn mit Zahnradantrieb erklomm 1869 dann den Mount Washington in New Hampshire/USA: 4,8 km lang, 1097 m Höhenunterschied

Als steilste Standseilbahn der Welt gilt die Katoomba Scenic Railway in Australien.

Die 4,6 km lange Pilatusbahn in der Schweiz ist die steilste Zahnradbahn der Welt.

und heute noch fahrtüchtig. Aber die Schweizer wären ja keine, wenn nicht Niklaus Riggenbach bereits zwei Jahre später nachgezogen hätte. Die Rigi-Bahn schaffte 1871 auf 5 km Strecke 1115 Höhenmeter, ab 1873, nach 2 km Streckenverlängerung, kletterte sie noch 200 m höher. Nun war der Siegeszug der Zahnradbahnen nicht mehr aufzuhalten, und auf der ganzen Welt entstanden neue, als Attraktionen fürs Publikum und als Industriebahnen in Bergwerken.

Waren die Strecken allerdings kürzer und die komplizierte Technik mit Zugfahrzeugen und extrem stabilem Unterbau nicht nötig, gab es zu den Zahnrädern eine kostengünstige Alternative: Standseilbahnen sind zur Überwindung kurzer und sehr steiler Strecken ideal. Sie laufen auf Schienen und hängen an einem Drahtseil, das für Bewegung und Halt sorgt und Reibung unnötig macht.

Rekord-Bahnen

- **Steilste Zahnradbahn:** Die Pilatusbahn vom Schweizerischen Alpnachstad auf den Pilatus überwindet seit 1889 auf 4,6 km 1635 Höhenmeter und erreicht einen Neigungswinkel von 48 % – Weltrekord.
- **Älteste funktionsfähige Zahnradbahn:** Die 1896 als reine Tourismusbahn entstandene Mount Washington Cog Railway.
- **Steilste Standseilbahn:** Die Katoomba Scenic Railway in Australiens Regenwald hat mit ihrem Neigungswinkel von 52 Grad (128 % Steigung) ab den 1880er-Jahren Ölschiefer transportiert. Sie ist heute als steilste Standseilbahn der Welt verzeichnet und Touristenattraktion eines Freizeitparks.
- **Erste Personenstandseilbahn:** An den Niagarafällen versah die Prospect Park Incline Railway ab 1845 ihren Dienst auf ökologisch höchst korrekte Art und Weise: Die Wasserballasttanks der beiden per Seil verbundenen Kabinen wurden gegenläufig oben gefüllt und unten abgelassen. Nach einem Seilriss mit Todesopfer wurde die Bahn 1907 geschlossen.

USA / NEW JERSEY

Düsenjet-Feeling

Fünf Jahre lang war die (derzeit noch) höchste Achterbahn der Welt auch ihre schnellste – das müssen passionierte Achterbahnfahrer einfach ausprobieren. Danach heisst es: Bitte nicht noch mal!

REISE-INFOS

- **Achterbahn:** Kingda Ka
- **Ort:** Sixflags Great Adventure Park (Trenton/New Jersey)
- **Länge und Höhe:** 950 m, 139 m
- **Höchstgeschwindigkeit:** 206 km/h
- **Dauer:** 28 Sek.
- **Preis:** ab 35 € (Tageseintritt)
- **Info:** www.sixflags.com

Die Luft bleibt uns einfach weg. Ehrlich! Viereinhalbfache Erdbeschleunigung presst uns hart in die Sitze der Kingda Ka, doch dieses zweifelhafte Vergnügen ist dankenswerterweise schnell vorbei. Nach noch nicht einmal einer halben Minute hieven wir das, was von uns noch intakt ist, aus dem Wagen und lächeln unseren Mitfahrern schief in deren ebenfalls etwas angestrengt wirkende Gesichter. Geschafft – und das lebend!

Man könnte das Gegenteil vermuten, doch die meisten Passagiere entsteigen der Kingda Ka unversehrt …

Mit Vollüberschlag in den Abgrund: Die Kingda-Ka-Achterbahn ist nichts für Zartbesaitete.

Dabei hat die Fahrt auf der derzeit höchsten, 2005 eröffneten Achterbahn vergleichsweise harmlos begonnen. Der Zug aus fünf Wagen mit je vier Sitzen erreichte mit einer Beschleunigung von 2 g in 3,5 Sekunden die Höchstgeschwindigkeit von 206 km/h. Das fanden wir spannend. Weniger anfreunden konnten wir uns mit der anschließenden senkrechten »Auffahrt« auf Maximalhöhe, die uns eher das Gefühl gab, eine Kugel zu sein, die gerade ihren Gewehrlauf verlässt. Und das war's immer noch nicht. Am Scheitelpunkt tut sich der Blick in den Abgrund auf, und Hände krallen ineinander. Nach dem 90-Grad-Sturz (was sonst) geht es völlig unvermutet in den »Auslauf«: Die Schienen verdrehen sich fast zum Vollüberschlag und drücken den Passagieren mit 4,5 g mehr oder weniger die Luft aus den Lungen. Japsend blicken wir an der Ausstiegsrampe in die erwartungsfrohen Gesichter der nächsten Fuhre. Mit wackligen Knien auf festem Boden schauen wir uns an und denken, dass wir die Fahrt keinesfalls verpasst haben wollen. Aber noch 'ne Runde? Eher nicht!

⌐ Herzlinie

Abends haben wir dann nachgelesen, dass die Konstrukteure der Kingda Ka sogar besonders rücksichtsvoll waren: Sie haben sich für den Überschlag die »Herzlinie« gedacht und die Radien und Schienenneigungen so ausgemessen, dass die Drehachse etwa in Höhe der Herzen der Passagiere liegt – was zu einer geringeren Beschleunigungsbelastung des Kopfes führt.

Mittel- und Südamerika auf Schienen

Die vielgestaltige Natur Mittel- und Südamerikas ist für Reisende ein Traum, für alle, die mit dem Bau einer Eisenbahntrasse beschäftigt sind, jedoch ein Albtraum: Die Überwindung hoher Gebirgszüge wie der Anden und die Durchquerung von Dschungelgebieten oder windumtosten Wüsten stellten Mensch und Material um die Wende vom 19. zum 20. Jh., zur großen Ära des Eisenbahnbaus, vor riesige Herausforderungen. Für den Bau wurden meist Zwangsarbeiter verpflichtet, Arbeitsimmigranten aus Jamaica oder Indios, die dem Druck spanischer, portugiesischer und schließlich amerikanischer Unternehmer wenig entgegenzusetzen hatten.

Den großen Antrieb zu den oft riskanten Unternehmungen bildeten die Rohstoffe, die aus dem Inland zu den Häfen an der Küste transportiert werden mussten. Bis heute sind einige dieser ersten Bahnen in Betrieb, zur großen Freude von Eisenbahn-Nostalgikern, die hinter einer Henschel 107 aus dem Jahr 1929 durch Patagonien tuckern oder die eleganten Metro-Waggons von Buenos Aires Linea A aus dem Jahr 1912 bewundern. Dass sie noch existieren, verdanken sie dem Tourismus. Rentabel sind die meisten historischen Eisenbahnrouten nicht mehr – Busse und Lkw haben ihnen schon vor langer Zeit den Rang abgelaufen.

+MEXIKO+

Schluchtenfahrt ins Hochland

Dramatische Schluchten, gewaltiger als der Grand Canyon, schwindelerregende Abgründe, enge Schleifen, Brücken, Tunnel – auf der Fahrt mit dem El Chepe Express durch die Sierra Tarahumara stockt allen nicht nur einmal der Atem.

REISE-INFOS

- **Zug:** El Chepe Express
- **Strecke:** Los Mochis – Creel
- **Länge und Spurweite:** 350 km, Normalspur
- **Dauer:** 9 h 40
- **Preis:** 160 € (First Class), 95 € (Tourist Class)
- **Info:** https://chepe.mx

Es ist acht Uhr morgens, als sich El Chepe Express in Los Mochis in Bewegung setzt und sogleich mit der Kletterei beginnt. Um von der Pazifikküste ins 2345 m hoch gelegene Creel zu gelangen, muss er ganz schön kämpfen. Selten überschreitet er die 50 km/h, oft schafft die Diesellok nur mühevolle 20. So richtig steil wird es ab dem Kolonialstädtchen El Fuerte, nach eineinhalb Stunden Fahrt. Dem Rio Septentrión folgend und dicht mal an den Fels, mal ans Ufer geschmiegt, ruckelt die Bahn dann eine Stunde später über die längste Brücke (500 m) und durch El Descanso, den längsten Tunnel (1838 m) dieser Route – eine grandiose Wildwestlandschaft auf einer der spektakulärsten Bahnstrecken der Welt.

Links: An winzigen Bahnhöfen wie diesem hält nur El Chepe Regional, der Express rauscht durch.
Rechts: »Ferrocarril Chihuahua al Pacífico«, so heißt der Zug offiziell. Doch jeder nennt ihn El Chepe.

Am Rande der Kupferschlucht kann man sich keinen Fehltritt leisten.

Übrigens: *In Gegenrichtung erreicht man den spannendsten Teil der Strecke womöglich erst nach Sonnenuntergang und verpasst dieses imposante Szenario.*

Die Passagiere des Express genießen saubere Waggons, bequeme Sitze im Großraumwagen und eine verglaste Terrassenbar, die den Blick auf endlose Landschaftspanoramen freigibt. Das Lokalkolorit kommt allerdings etwas zu kurz. Im Chepe Regional, dem Pendlerzug, wäre die Atmosphäre sicher mexikanischer gewesen, doch da dürfen Touristen (zumindest im Jahr 2021) nicht mit.

Wenn der Express einmal einigermaßen pünktlich ist, fährt er kurz nach 16 Uhr in Divisadero ein und wartet 15 Minuten, damit alle den berühmten Blick vom Aussichtspunkt auf die Canyons von Urique, Tararecua und Cobre einfangen können. Die Barranca del Cobre (»Kupferschlucht«), zu der sie gehören, ist zweifelsohne der Höhepunkt dieser spannenden Fahrt durch die Sierra Tarahumara.

Ausgebüchst

Das Canyon-Panorama ist Grund genug, die Bahn hier für einen Übernachtungsstopp zu verlassen. Der nächste Chepe kommt am übernächsten Tag durch. Es bleibt also ausreichend Zeit für Wanderungen in den Canyons oder Adrenalin-Abenteuer wie die Ziplines über den Bergen der Sierra Madre im Adventure Park, wo auch die drittlängste Seilbahn der Welt ganze 45 Minuten über den Kupfercanyons schwebt (tgl. 9–16.30 Uhr, ab 10 €, www.parquebarrancas.com).

Immer am Kanal entlang

An einem der wichtigsten, künstlich angelegten Schifffahrtswege entlangzufahren, eröffnet Blicke in den tropisch-üppigen Dschungel, auf vorbeiziehende, turmhoch gestapelte Container und präzise Manöver beim Schleusen.

Neben den riesigen Containerschiffen wirkt die Bahntrasse geradezu zierlich.

Besonders begehrt sind die Plätze im Panorama-Waggon. Dank des Glasdachs erlebt man den Dschungel hautnah. Draußen herrscht tropische Hitze, drinnen kühlt die Klimaanlage – Pulli nicht vergessen!

REISE-INFOS

- **Zug:** Panama Express
- **Strecke:** Panama-Stadt (Bahnhof Corozal) – Colón (Bahnhof del Atlántico)
- **Länge und Spurweite:** 76,6 km, Normalspur
- **Dauer:** 1 h
- **Preis:** 40 € (Rückfahrkarte)
- **Info:** www.panarail.com

In der feucht-heißen Pazifikluft von Ciudad Panama wartet die Lokomotive 1855-Colón am Bahnhof Corozal auf das Signal zur Abfahrt. Es dauert ein wenig, bis alle Reisenden in der nostalgischen, rot-gelben Garnitur aus vier historischen Amtrak-Wagen und einem Aussichtswaggon untergebracht sind. Jeden Montag bis Freitag bringt sie morgens die Passagiere nach Colón auf der karibischen Seite Panamas. Nachmittags geht es dann auf demselben Weg zurück in die Hauptstadt.

Übrigens: *Die 1855 nach gefährlichen und kostspieligen Bauarbeiten in Betrieb genommene Bahnlinie galt als einzigartige technische Meisterleistung. Da sie ungemein profitabel war, gab sie letztlich auch den Ausschlag für den Bau des Panamakanals.*

Die Fahrt am Kanal entlang führt vorbei an uralten Baumriesen, an Kolonialstädtchen in verblichenen Pastellfarben und Schleusen, über Brücken und immer wieder parallel zum Kanalufer und zu den riesigen Frachtern, die teils gezogen von Lokomotiven auf dem Kanal manövrieren. Im 1938 in Dienst genommenen Panoramawaggon scheinen die Lianen durch das gläserne Kuppeldach zu wachsen, exotische Vögel fliegen auf, Äffchen setzen sich oben drauf und fahren als Anhalter mit. Dann wieder schieben sich gigantische Schiffsaufbauten ins Bild und gleiten hinter der grünen Wand dahin.

Auf den Aufenthalt in Colón könnte man nach der abwechslungsreichen Fahrt gut verzichten – die Stadt am Karibischen Meer bietet kaum Reizvolles. Um 15.15 Uhr pfeift die 1855-Colón dann laut und ausgiebig und macht sich auf den Rückweg.

Trau dich!

Ist Ihnen die Klimaanlage im Panoramawagen zu kalt eingestellt, finden Sie auf den offenen Plattformen der Waggons eine angenehmer temperierte Alternative. Allerdings sind da noch die Unwägbarkeiten der Natur: Die Mücken können schon rechte Plagegeister sein!

Schokoküsse aus Kuba

»Pu, pu, chan, chan«, singt Compay Segundo in seinem berühmten »El tren« über eine Bahnfahrt auf Kuba. Der Rhythmus passt perfekt zu der Ruckelbahn mit ihren zahllosen Stopps, die Kubaner salopp den Hershey-Zug nennen.

REISE-INFOS

- **Zug:** Tren Hershey
- **Gerät:** Doppelwaggons der katalonischen Bahn aus den 1990er-Jahren, E-Lokomotiven
- **Strecke:** Havanna (Bahnhof Casablanca) – Camillo Cienfuegos (Central Hershey) – Matanzas
- **Länge und Spurweite:** 92 km, Normalspur
- **Dauer:** 3 h 20
- **Preis:** 0,10 €
- **Info:** www.seat61.com/Cuba.htm#The-Hershey-Railway, https://portal.ferronet.cu

Zu ihrer Entstehungszeit um 1922 sollte die Bahn den Waren- und Arbeitertransport zwischen der Zuckerraffinerie des US-Schokoladenfabrikanten Milton Hershey und den beiden Häfen in Matanzas und Havanna sicherstellen. Die britische United Railways, die das Schienenmonopol auf Kuba hielt, verweigerte der Hershey Chocolate Company jedoch den Zugang zu ihrem Netz. Also errichtete Hershey seine eigenen Bahnhöfe abseits der Innenstädte. Central Camillo Cienfuegos (oder Central Hershey), liegt etwa auf halber Strecke, am Standort der ehemaligen Zuckerraffinerie.

Der Lokführer des Tren Hershey ist mit voller Konzentration bei der Sache …

Übrigens: *2017 hat ein Hurrikan die Gleise stark beschädigt und die Bahnlinie unterbrochen. 2021 ist der Verkehr auf einer Teilstrecke, zwischen Camillo Cienfuegos und Matanzas, wieder aufgenommen worden.*

Die Schienen – die einzigen von Elektrozügen befahrenen auf Kuba – folgen der Küstenlinie durch Acker- und Weideland. Wann, wo und wie lange der Zug stoppt, scheint willkürlich: Mal hält ihn ein Farmarbeiter mit einem Sack Zuckerrohr auf freier Strecke an, dann wieder steht die Bahn an winzigen Stationen, an denen Bäuerinnen, Schulkinder oder Militärs zu- und aussteigen. Ausländische Passagiere fallen auf wie bunte Hunde und werden sofort in Gespräche verwickelt. Draußen bauen sich hellgrüne Zuckerrohrwände auf und stehen im Wechsel mit Weideflächen, auf denen magere Zebu-Rinder dem Zug nachstieren. Ab und an tauchen Siedlungen auf. Unwillkürlich verfällt man angesichts des unentwegten Stop-and-go in einen Halbschlaf, untermalt von Compay Segundos »*El Tren*« – oder ist das nur das Rattern des Zuges?

... vor allem dort, wo der Zug so nah an den Häusern vorbeifährt.

¡Viva la Revolución!

Kubas zentrale Bahnlinie verbindet Havanna auf einer Nachtfahrt mit Santiago de Cuba an der Ostseite der Insel. Neue chinesische Loks und Waggons sollen ihre frühere Bedeutung wiederherstellen.

REISE-INFOS
- Zug: Ferrocarriles de Cuba, Zug Nr. 1
- Strecke: Havanna – Santa Clara – Cienfuegos – Santiago de Cuba
- Länge und Spurweite: 835 km, Normalspur
- Dauer: ca. 15 h
- Preis: 80 € (1st class, klimatisiert), 58 € (2nd class, nicht klimatisiert)
- Info: https://portal.ferronet.cu, www.seat61.com/Cuba.htm#havana-santa-clara-camaguey-santiago-de-cuba

Kubas Eisenbahnnetz stammt teilweise noch aus den 1830er-Jahren, und Gerät und Schienen sind so marode, dass Touristen wie Einheimische die teureren Busfahrten vorziehen. Doch als wir von den modernen, himmelblauen chinesischen Zügen erfahren, die seit 2019 ihren Dienst zwischen der Hauptstadt und Santiago de Cuba versehen, buchen wir aus dem Stand heraus. Leider haben wir nicht bedacht, dass zwar der Fuhrpark neu, die Schienen für ihn aber völlig ungeeignet sind. Und so ruckelt unsere schöne Bahn im Schneckentempo von maximal

Links: Es lohnt sich, beim Bummel durch Kubas Städte den Blick nach oben zu heben.
Rechts: Woran denken wir beim Stichwort »Kuba«? Die einen an Zigarren, die anderen an Musik …

Ein Topf Farbe und ein bisschen Lack machen alte Autos und Häuser schöner.

50 km/h nach Osten. Die Klimaanlage in der ersten Klasse zeigt, was sie kann, und kühlt den Waggon so herunter, dass wir für unsere Pullover dankbar sind.

Die Kubaner sind's gewöhnt. Kaum ist der Zug in Bewegung, schnarchen sie selig. Der Zuckerrohrfelder vor dem Zugfenster sind sie wohl ebenso überdrüssig wie der verfallenen Bahnhöfe, die die Nacht aber bald verschluckt. Nur Ernesto in der Sitzreihe nebenan ist wach und erzählt uns Gringos begeistert von den Verträgen, die Kuba mit China und Russland geschlossen habe. Spätestens 2030 seien nicht nur die Züge, sondern auch die Infrastruktur wie neu. Und wir kämen dann tatsächlich nach knapp zehn Stunden in Santiago an. Noch ist es nicht so weit, aber 17 Stunden sind ja auch nicht schlecht. Draußen trifft uns die Hitze wie ein Schlag.

⌐ Ausgebüchst

In Santa Clara erinnert das Denkmal an den Überfall auf den »Tren blindado«. Den mit Waffen und Soldaten beladenen Zug eroberte Che Guevara am 29. Dezember 1958 mit ein paar seiner Guerilleros und machte so den Weg frei für den Einmarsch der Revolutionäre in Havanna. Ein interessanter Zwischenstopp!

Tanz mit dem Teufel

Die Legenden, die sich um diese in die Anden gesprengte und gehauene Bahnstrecke ranken, sind zahllos. Ebenso ungezählt sind die Opfer, die unter den Bauarbeitern zu beklagen waren. Und ja, sie ist sagenhaft spektakulär!

REISE-INFOS

- **Zug:** Tren Crucero
- **Strecke:** Durán – Quito
- **Länge und Spurweite:** 446,7 km, Schmalspur (1067 mm)
- **Höchstgeschwindigkeit:** 50 km/h
- **Dauer:** 5 Tage
- **Preis:** ca. 1600 €
- **Info:** z. B. www.ecuadorline.de

Der Tren Crucero gehört zu jenen Zug-Legenden, die die Fantasie eines jeden Bahnfans beflügeln. Doch im Gegensatz zu berühmten Konkurrenten wie dem Orient Express führt er keinen Schlafwagen. Die Passagiere übernachten in kleinen Hotels oder auf Haciendas und kommen dort während der fünftägigen Reise auch in den Genuss, Tänze, Kunsthandwerk und Kochkunst der lokalen Bevölkerung kennenzulernen. Sie sind also näher dran.

Mit dem Tren Crucero durch das Tal der Vulkane

Links: Nein, das ist keine Modelleisenbahn. Hier quält sich der Tren Crucero die Teufelsnase hinauf.
Oben: Ein Mitbringsel für die Lieben daheim?

1899 begann man in Durán mit dem Bau, der zahllose Arbeiter das Leben kostete, neun Jahre später erreichten die Gleise Ecuadors Hauptstadt Quito. Doch wie so viele andere unter größter Anstrengung entstandene Bahnstrecken konnte auch der Tren Crucero der Straßenkonkurrenz langfristig wenig entgegensetzen; er wurde eingestellt. Heute ziehen Diesel-, teils auch Dampfloks luxuriöse Touristenzüge mit vier historisch dekorierten Waggons auf seinen Schienen in die Berge.

Sobald der Zug am zweiten Tag die Plantagen der Pazifikebene hinter sich lässt und nach Norden in die Anden klettert, wird die Reise spektakulär. Am Nariz del Diablo (»Teufelsnase«) stockt wohl jedem angesichts der technischen Kühnheit der Streckenführung der Atem. Die 535 Höhenmeter im nahezu senkrecht aufsteigenden Fels bewältigt das Bähnchen in Spitzkehren, also mit mehrfach wechselnder Fahrtrichtung im Zickzack, und erreicht nach zwölf Kilometern schließlich Alausi auf 2300 m.

Übrigens: *Den höchsten Punkt passiert der Tren Crucero mit 3609 m bei Urbina am Fuß des Chimborazo, eines inaktiven Vulkans und Ecuadors höchstem Berg.*

Die Teufelsnase bleibt nicht die einzige Attraktion dieser Fahrt: Die Schienen folgen der »Straße der Vulkane« mit dem noch aktiven Cotopaxi (5897 m), passieren Bergnebelwald und Seen. Der Zug hält immer wieder für Abstecher zum Besuch indigener Gemeinschaften oder zu einem Mittagessen mit Anden-Cowboys, den Chagras. Fünf Tage gehen so wie im Flug vorbei.

Teufelsnase auf eigene Faust

Wer nur mal kurz die Zickzacktour auf die Teufelsnase erleben möchte, startet mit einem der drei täglichen Züge ab Alausi (8, 11 und 15 Uhr). Sie bewältigen die Strecke hin und zurück in ca. drei Stunden, Picknick- und Fotostopps inbegriffen (17 €, Tickets am Bahnhof).

Nur in Tibet geht's höher

Die Chance, den Bahnsteig der weltweit zweithöchsten Station in Huancayo zu betreten, gibt's nur im Sommer, zwischen April und November; dann befördert der Tren de Sierra Passagiere auf der eigentlich für den Güterverkehr konzipierten Strecke.

Durch die Hochgebirgswüste der Anden klettert der Tren de Sierra in den Sommermonaten bis auf 4 782 m Höhe.

Oben: Selbst im Sommer kann in diesen Höhen noch Schnee liegen, und es wird empfindlich kalt.
Rechts: Die Torre Torre, eine Sandsteinlandschaft nahe Huancayo

REISE-INFOS

- **Zug:** Ferrocarril Central Andino / Tren de Sierra
- **Strecke:** Lima – Huancayo
- **Länge und Spurweite:** 331,5 km, Normalspur
- **Höchstgeschwindigkeit:** 40–50 km/h
- **Dauer:** 10–14 h
- **Preis:** 100 € (Turistico) und 60 € (Clasico)
- **Info:** www.ferrocarrilcentral.com.pe

Vorsicht vor Abfahrt des Zuges: Sind Sie sich auch sicher, dass Sie nicht höhenkrank werden? Immerhin liegt der Bahnhof La Galera auf sensationellen 4782 m Höhe und war lange Zeit der höchste der Welt. Als 2005 die Eisenbahn Lhasa in Tibet erreichte, war's das. Hoch genug ist er aber immer noch, deshalb fährt eine Krankenschwester mit, die Passagiere im Notfall behandelt.

Im Gegensatz zu den deutlich touristischeren Zügen nach Cusco ist der Tren de Sierra ein ungeschliffener Diamant. Was zählt, sind Strecke und Landschaft, nicht Interieur. Er ist durchaus nostalgisch (die Wagen stammen aus England und Rumänien, teils aus den 1950er-Jahren), aber nicht übertrieben luxuriös. Kellner servieren ein Frühstück (Start ist bereits um sieben Uhr morgens) und tagsüber Softdrinks und Snacks. In der teureren und etwas bequemeren Touristenklasse kommen Sie zudem in den Genuss eines Mittagessens.

Durch Flusstäler und Schluchten zieht die Diesellok die Waggons gemächlich immer höher hinauf in die Anden – 69 Tunnel und 58 Brücken erleichtern ihr den Anstieg über stolze 3100 Höhenmeter. Himmelstürmende Berge bauen sich auf, viele Gipfel in Wolken verborgen, Wasserfälle rauschen über die Felswände zu Tal, und es wird schnell merklich kühler. Wer länger auf der Aussichtsplattform verweilt, ist bald froh über eine gute Fleecejacke. Nach der Hälfte der Strecke, bei KM 172, ist es dann so weit: Bahnhof La Galera, 4782 m. Er ist meist wolkenverhangen, aber in jedem Fall ein Superlativ für den Instagram-Account.

Das schmeckt

Nein, nicht das halbe Meerschweinchen vom Grill. Das gäbe es natürlich auch im Tren de Sierra. Wir halten uns lieber an Mate de Coca, Tee aus frischen Kokablättern, der hilft angeblich auch gegen Höhenkrankheit.

+SPECIAL+

Im Zug dem Himmel so nah

Der peruanische Tren de Sierra erreicht eine Höhe von bis zu 4782 Metern – zweiter Platz!

Dass China mit seiner Bahn von Xining ins tibetische Lhasa die Liste der höchsten Eisenbahnlinien der Welt anführt, wird niemanden erstaunen – China ist ein Land der Superlative, ja, der ganze asiatische Kontinent scheint dem »Größer, Höher, Schneller« verfallen. Doch ein Blick auf die zehn höchstgelegenen Schienen enthüllt, dass ein ganz anderer Erdteil die Nase vorn hat: Südamerika. Die peruanische Bahn von Lima nach Huancayo, Tren de Sierra genannt, kommt mit 4782 m schon relativ nah an die 5068 m der Lhasa-Bahn heran. Auf den nächsten Rängen folgen Bolivien, wieder Peru, Argentinien und Ecuador. Kein Wunder, gilt es beim Bahnfahren in Südamerika doch häufig, die Anden zu überwinden. Dass dabei die Luft dünn wird, bekommen manche Passagiere unangenehm zu spüren. Gegen das Phänomen der Höhenkrankheit hilft, vor der Fahrt wenig zu essen, Koka-Blätter zu kauen oder Mate-Tee zu trinken. Heutzutage ist medizinisches Personal an Bord, das im Notfall auch mit Sauerstoff hilft. Der amerikanische Reiseschriftsteller Paul Theroux musste sich Ende der 1970er-Jahre anders behelfen: Bei der Andendurchquerung im Zug erwarb er bei einem fliegenden Händler einen mit Sauerstoff gefüllten Ballon, den er gierig aussaugte. Dieses Lokalkolorit fehlt heute den meisten in großen Höhen fahrenden Zügen, dafür sind sie deutlich komfortabler!

Die höchstgelegenen Bahnlinien der Welt

- **Die Lhasa-Bahn Xining–Lhasa erreicht etwa auf zwei Drittel der Strecke bei Tangula ihren höchsten Punkt mit 5068 m Höhe (KM 1421).**
- **Der Tren de Sierra von Lima nach Huayanco passiert seinen Scheitelpunkt mit 4782 m Höhe auf halber Strecke, bei La Galera (KM 172).**
- **Die Jungfrau-Bahn steht mit 3454 m am Jungfraujoch zwar erst auf Rang acht, ist aber die höchstgelegene Bahn Europas. Leider ist die Aussicht eingeschränkt – ab 2350 m Höhe fährt sie unterirdisch.**
- **In den USA führte die Leadville, Colorado and Southern Railroad mit 3414 m bei Leadville das Ranking der höchsten Bahnen an. 2021 nahm jedoch die Zahnradbahn Manitou and Pike's Peak Railway mit dem Pike's Peak und 4301 m Höhe nach einer langen Pause modernisiert wieder den Dienst auf und stiehlt ihr so die Schau.**

Oben: An der Kleinen Scheidegg auf 2061 m Höhe startet die Jungfrau-Bahn.
Unten: Die Qinghai–Tibet-Railroad ist die längste und höchstgelegene Hochlandbahnstrecke der Welt.

+PERU+

Legende: Luxuszug im Reich der Inka

Der Himmel über dem Titicaca-See spiegelt sich in den Fenstern, in Blau und Weiß gehaltene Waggons gleiten elegant über Perus karge Hochebenen – die Reisenden im Andean Explorer schwelgen in Luxus, Perfektion und grandiosen Panoramen.

Erst die spanischen Eroberer haben Schafe nach Peru gebracht – davor hielt man Alpakaherden.

Im kühlen Fahrtwind auf der offenen Plattform und wohlbehütet – so kann man die Zugfahrt genießen.

REISE-INFOS
- **Zug:** Belmond Andean Explorer
- **Strecke:** Puno – Cusco
- **Länge und Spurweite:** 385 km, Normalspur
- **Höchstgeschwindigkeit:** 50 km/h
- **Dauer:** knapp 20 h
- **Preis:** ab 1200 € (2-Bett-Kabine mit Dusche/WC)
- **Info:** www.belmond.com/de/trains

Punkt zwölf Uhr ist Abfahrt in Puno am Titicaca-See. Das Gepäck ist bereits in den angenehm in Cremetönen mit peruanischen Folklore-Akzenten gestylten Kabinen verstaut. Die Reisenden versammeln sich im eleganten Speisewaggon für den Lunch. Anders als Luxuszüge wie Orient Express oder Blue Train versucht der Andean Explorer nicht, Bahnästhetik der Goldenen Zwanziger zu beschwören. Die Einrichtung ist edel, aber nicht nostalgisch.

Draußen fegt der Wind über das karge Altiplano, die Wolken hängen tief, als wollten sie die Erde küssen, und die Hochebene scheint kein Ende zu nehmen. Ab und an schnurrt der Zug an Siedlungen vorbei, passiert Schafweiden, die Büschel des peruanischen Federgrases sind allgegenwärtig. Dann kommt das schneebedeckte La-Raya-Massiv in Sicht. Zeit für einen Ausflug auf 4323 m Höhe, bevor sich die Passagiere zum High Tea versammeln … man hält eben an Gewohnheiten fest, und die meisten hier sind Briten. Nach dem üppigen Abendessen verschwinden einige Damen noch im Spa-Car – auch das gibt's auf dem Andean Explorer: Wellness und Massage à la Inkas.

In der Zwischenzeit hat der Zug Cusco erreicht und richtet sich am Bahnhof Cusipata etwas außerhalb für die Nacht ein. Am nächsten Morgen wechselt er dann nur noch kurz die Station, während seine Gäste frühstücken. Um 7.35 Uhr, im Bahnhof Wanchaq, ist die Reise zu Ende. Hier beginnt nun das eigentliche Machu-Picchu-Abenteuer. Aber das ist eine andere Bahnfahrt.

Trau Dich!
Weiter geht's nach Aquas Calientes am Fuß von Machu Picchu … entweder ebenfalls mit Belmond im luxuriösen Hiram Bingham 11 (400 € einfach). Oder ganz unkompliziert auf eigene Faust und deutlich günstiger. Die verschiedenen Möglichkeiten finden Sie auf S. 275.

Praxis-Check: Unterwegs nach Cusco

Auch der Titicaca Train befördert – wie sein luxuriöseres Pendant Andean Explorer – ausschließlich Touristen. Aber die Fahrt kostet deutlich weniger.

REISE-INFOS
- Zug: PeruRail Titicaca Train
- Strecke: Puno – Cusco
- Länge und Spurweite: 338 km, Normalspur
- Höchstgeschwindigkeit: 50 km/h
- Dauer: 10 h 30
- Preis: 200 €
- Info: www.perurail.com

Am Bahnhof von Puno begrüßt uns morgens eine Folkloretruppe in den charakteristischen, in kräftigen Farben gehaltenen Indio-Gewändern mit Musik und Tanz. Das Personal packt die Koffer in den Gepäckwagen, wir steigen mit Handgepäck zu und machen es uns auf den reservierten Plätzen bequem. Ausstattung und liebevoll gestaltete Details beschwören die goldene Ära der Luxus-Bahnreisen, wir fühlen uns um 100 Jahre zurückversetzt.

Doch die Szenerie draußen spiegelt eine andere Realität, und die ist nicht für alle von Luxus geprägt. Bereits nach 35 km, in der geschäftigen Provinzstadt Juliaca, werfen sich Händler regelrecht auf die Schienen, um alle nur erdenklichen Waren zu verkaufen – dem Zug bleiben angesichts des lebensverachtenden Wagemuts nur lautes Pfeifen und Schritttempo. Nach Juliaca durchstreift der Zug die Ebenen: nichts als widerstandsfähiges Gras bis zum Horizont. Lama-Züchter inmitten ihrer Herden schauen dem blauen Titicaca Train nach, der Altiplano scheint

Markt für Einheimische, hier in Juliaca …

endlos und verschwindet am Rand in den Wolken. Nach dem Mittagessen verkünden die Stewards stolz den höchsten Punkt unserer Fahrt: den Pass La Raya, 4323 m. Rundherum stehen markante Schneegipfel, der Wind pfeift, und inmitten der majestätischen Gebirgswelt haben Indio-Frauen Pullover und bunte Decken ausgebreitet. Ein kurzer Fotostopp und weiter geht's.

Ein Pisco Sour im Barwagen, ein paar kühle Minuten auf der Aussichtsplattform, winzige Siedlungen, Indios unterwegs ins Nirgendwo, Schafe – auf den verbleibenden 180 km lassen wir die Landschaft vorüberziehen. In Cusco angekommen sind wir etwas überfordert von der quirligen Großstadt nach zehn stillen Stunden im Titicaca Train.

Ausgebüchst: Auf dem Inca Trail

Vier Züge, diverse Busse und jede Menge Veranstalter bringen Reisende ab Cusco zur Ruinenstadt Machu Picchu. Eine besinnlichere Annäherung ermöglicht die vier Tage dauernde Wanderung auf dem Inca Trail (45 km). Allerdings muss die Tour schon Monate vorher angemeldet werden, und man benötigt einen Führer (www.incatrailperu.com).

... und Markt für Touristen beim Stopp des Titicaca Trains auf der Passhöhe La Raya.

Oben: Bis zu 1000 Menschen konnten zur Blütezeit der Stadt in Machu Picchu leben.
Unten: Die Passagiere haben es behaglich warm, während der blaue Zug auf Cusco zusteuert.

Viele Wege führen auf den Heiligen Berg

Die Ruinenstadt Machu Picchu von Cusco aus zu erreichen, ist kinderleicht. Nicht ganz so einfach ist es, sich für das beste Transportmittel zu entscheiden.

REISE-INFOS

Zug: PeruRail Expedition oder Vistadome (ab Poroy), IncaRail Voyager, 360° oder Firstclass (ab Cusco)

Strecken/Längen: Cusco – Machu Picchu Pueblo (Aguas Calientes), 107 km, Poroy – Machu Picchu Pueblo (Aguas Calientes), 86 km;

Spur: jeweils Normalspur

Höchstgeschwindigkeit: 30–40 km/h

Dauer: 4 h 30

Preis: 50–80 €

Info: www.perurail.com, www.incarail.com

In Cusco herrscht ein heftiges Durcheinander, was Bahnhöfe, Verbindungen und Zugkategorien nach Machu Picchu angeht. Zwei Anbieter (PeruRail und IncaRail) konkurrieren miteinander, beginnen ihre jeweiligen Fahrten an verschiedenen Bahnhöfen und schicken Züge mit unterschiedlichstem Komfort auf den Weg – nicht so einfach, sich zurechtzufinden.

Wir starten in Cuscos zentralem Bahnhof San Pedro, nicht nur, weil es bequemer ist, als zunächst mit Bus oder Taxi nach Poroy zu fahren: Die Strecke von Cusco nach Poroy zählt zu den schönsten Abschnitten der Machu-Picchu-Bahn, auf den wir ungern verzichten. Allein der mit Vor- und Zurückrangieren bewältigte, steile Anstieg zu Beginn, den die Einheimischen *el zig zag* nennen, ist die etwas länger dauernde Bahnfahrt wert.

Sonst sind dem Geschmack (auch dem schlechten) wenig Grenzen gesetzt. Wir finden das Folklorespektakel auf dem PeruRail Vistadome etwas anstrengend, die Darbietungen der bunt gekleideten Tänzer und Tänzerinnen ein wenig zu aufdringlich. Lieber genießen wir im IncaRail Voyager den Blick auf die karge Hochgebirgslandschaft des Heiligen Tals, in dem der Zug auf Aguas Calientes zutuckert. Auch hier begleiten winzige Siedlungen und große Lama-Herden unsere Fahrt, die einen fast meditativen Charakter annimmt.

Übrigens: *Versuchen Sie im Zug, einen Platz in der linken Sitzreihe zu ergattern, mit Blick auf den Rio Urubamba!*

Welches Verkehrsmittel auch immer Sie wählen, in Aguas Calientes, der Bahnstation von Machu Picchu, müssen Sie für die letzten neun Kilometer zur Ruinenstadt in den Bus umsteigen – zum stolzen Fahrpreis von 20 € für Hin- und Rückfahrt. Vielleicht ist ja der direkte steile Treppenweg die angemessenere Wahl der Annäherung an die vergessene Stadt!

Litera-Tour

Eine spannende Lektüre für die langen Bahnfahrten ist Hiram Binghams »Machu Piccu« über seine Entdeckung der legendären Inka-Stadt (National Geographic TB, 2007).

+ BRASILIEN +

Durch die grüne Serra

Die Bahnfahrt durch Schluchten und Dschungel des Paraná von Curitiba nach Morretes zählt zu den beliebtesten touristischen Ausflügen im Südosten Brasiliens.

REISE-INFOS

- **Zug:** Trem da Serra do Mar
- **Strecke:** Curitiba – Morretes
- **Länge und Spurweite:** 69 km, Schmalspur
- **Höchstgeschwindigkeit:** 50 km/h
- **Dauer:** 4 h 30
- **Preis:** 22 € (Turística) bis 35 € (Barão do Serro Azul)
- **Info:** https://serraverdeexpress.com.br, www.reallatino-tours.com

Die Vorstellung, mit einem ausgesprochenen Touristenzug zu fahren, ist nicht unbedingt reizvoll, denn von Kontakt zur lokalen Bevölkerung kann keine Rede sein! Doch das trifft nicht für diese Tour durch den Atlantischen Regenwald zu. Die Mitreisenden sind zwar Touristen, aber Brasilianer – und sehr kontaktfreudig. Portugiesischkenntnisse sind unbedingt ein Vorteil!

Aber auch ohne klappt's, denn die Sitznachbarn in den im Stil der 1960er-Jahre eingerichteten Wag-

Links: Keramik statt Speisekarte: Hier gibt's »barreado«, einen scharf gewürzten Eintopf.

Rechts: Der Atlantische Regenwald – sattes Grün, so weit das Auge reicht.

Auf seinem Weg nach Morretes schlängelt sich der Trem da Serra do Mar durch den dichten Regenwald.

gons kommunizieren im Zweifelsfall mimisch und mit vielen Gesten. Hätten Gustavo und Joana, die aus São Luís im Norden Brasiliens stammen, nicht so heftig grimassiert – uns wären glatt die zwischen Baumfarn tobenden Kapuzineräffchen entgangen. Der endlos lange Zug schlängelt sich mit drei vor gespannten Dieselloks durch 14 Tunnel, überquert 30 Brücken (darunter den schwindelerregenden Carvalho Viadukt) und arbeitet sich durch undurchdringlich wucherndem Regenwald. Wer links sitzt, hat in dieser Fahrtrichtung die aussichtsreicheren Plätze.

Übrigens: Den knapp fünf Jahre von 1880 bis 1884 dauernden Bauarbeiten der Strecke fielen angeblich bis zu 5000 Arbeiter zum Opfer.

Dramatisch wird die unterhaltsame Fahrt im letzten Drittel, wenn der Zug zur Atlantikküste hinunterklettert und den als UNESCO-Weltnaturerbe geschützten Atlantischen Regenwald durchschneidet. Dessen Biodiversität, wie Gustavo in holprigem Englisch erläutert, bedrohter ist als die des Amazonas-Regenwaldes. Kurz hält der Zug in Marumbi, dann geht es hinunter in die Ebene auf den Atlantik zu. Im bezaubernden Kolonialstädtchen Morretes ist Endstation.

Das schmeckt

Die Spezialität dieser Region ist Barreado, ein scharf gewürzter Rindfleischeintopf. In den Restaurants von Morretes steht er auf jeder Speisekarte.

+ARGENTINIEN / FEUERLAND+

Die südlichste Eisenbahn der Welt

Windumtost und karg empfängt der südlichste Punkt Feuerlands seine Besucher – und mit einer Mini-Eisenbahn, die das Herz eines jeden Nostalgikers höherschlagen lässt.

Auch am Ende der Welt macht es sich der Mensch bequem: Holzstege führen durch den Nationalpark bei Ushuaia.

Oben: Die Bahn ist klein, die Strecke ist kurz – aber die Lok ist geputzt und beflaggt.
Rechts: In Feuerland sind große Flächen von Mooren bedeckt, aus denen auch Torf gewonnen wird.

REISE-INFOS

- **Zug:** Tren del Fin del Mundo
- **Strecke:** Estación del Fin del Mundo – Puente Quemado – La Macarena – Cementerio de Árboles – Éstacion Parque Nacional
- **Länge und Spuweite:** 7 km, Schmalspur (500 mm)
- **Höchstgeschwindigkeit:** 20 km/h
- **Dauer:** 1 h 30
- **Preis:** 55 € (Superior First Class), 28 € (Tourist Class)
- **Info:** www.trendelfindelmundo.com.ar

Ob nun die Bezeichnung »Eisenbahn« für das Gespann mit in den 1990ern nachgebauter Dampflok und ein paar Waggons wirklich passt, sei dahingestellt. Und erst recht gilt das für die 7 km kurze Strecke unweit von Ushuaia auf Feuerland – die könnten die Passagiere gut und gern auch zu Fuß gehen. Aber das Wetter am beinahe südlichsten Ende der Welt ist Wanderern meist nicht wohlgesonnen, und so sind alle, die mitfahren, dankbar für die beheizten Wagen.

So komfortabel hatten es die Gefangenen nicht, die diese Bahnlinie ab 1902 bauten, um mit ihr Holz ins 27 km entfernte Ushuaia zu bringen, wo sich das Gefängnis befand. Zunächst wurden Ochsen, später eine Dampflokomotive vorgespannt, aber oft genug mussten die an diesen unwirtlichen Ort Verbannten die mit Stämmen beladenen Waggons selbst schieben und ziehen, nachdem sie den ganzen Tag lang Bäume gefällt hatten.

Übrigens: *An der Haltestelle Cementerio de Árboles, dem Friedhof der Bäume, sind die Folgen dieses Einschlags in Form von Baustümpfen sichtbar. Heute steht die dadurch massiv entwaldete Region unter Naturschutz.*

Ein schweres Erdbeben zerstörte 1947 die Bahnstrecke. Sie geriet in Vergessenheit, bis man sich ihrer in den 1990er-Jahren erinnerte, sie als potenzielle Touristenattraktion entdeckte und wieder in Betrieb setzte. Die südlichste Bahnlinie der Welt ist allerdings mehr als nur eine lustige Bimmelbahn, denn sie führt neben mehreren historisch bedeutsamen Stopps durch die charakteristische Landschaft des Parque Nacional Tierra del Fuego mit seinen subantarktischen, von heftigen Winden gepeitschten Wäldern und stillen Hochmooren. Zurück am Ausgangspunkt haben die Passagiere nicht nur eine unterhaltsame Bahnfahrt unternommen, sondern auch einiges gelernt über das »Ende der Welt«.

+ ARGENTINIEN +

Der Zug in den Wolken

»Zug in den Wolken«? Da denkt man unwillkürlich an den »Zauberer von Oz« oder »Alice im Wunderland«. Aber die Hochwüstenlandschaft Argentiniens hat wenig Märchenhaftes. Die Zugfahrt entführt in die harsche Wüstenhochebene des Puna.

REISE-INFOS

- Zug: Tren a las Nubes
- Start/Ziel: San Antonio de los Cobres bzw. Salta (mit Busanfahrt)
- Länge und Spurweite: ursprünglich 434 km, heute nur 22 km befahren, Meterspur
- Höchstgeschwindigkeit: 30 km/h
- Dauer: knapp 3 h bzw. 15 h
- Preis: 38 € (nur Zug), 60 € (mit Busan- und -abreise)
- Info: https://trenalasnubes.com.ar

Die Berge sind karg, aber das Farbenspiel der Braun- und Ockertöne ist wunderschön.

Wie so viele andere historische Bahnlinien ist auch der »Zug in den Wolken« eine für den Tourismus aufrechterhaltene Attraktion, die allerdings seit 2015 nur noch zwischen San Antonio de los Cobres und dem Viadukt La Polvorilla pendelt, auf dem spektakulärsten Abschnitt. Eröffnet wurde die Verbindung von Nordwestargentinien nach Chile 1948 für den Salztransport der Salpeterminen; seit der Auflassung der Minen 1972 befördert die wegen der oft wolken- und nebelverhangenen Andenlandschaft Tren a las Nubes genannte Bahn nur noch Touristen.

Unter den höchstgelegenen Bahnstrecken nimmt der Wolkenzug immerhin den fünften Rang ein – auf 4220 m über dem Meeresspiegel fallen am Viadukt La Polvorilla der höchste Punkt der Strecke und eine technische Meisterleistung zusammen: Schließlich wurde die 224 m lange und 63 m hohe Stahlkonstruktion unter extremen Witterungsbedingungen errichtet. Die Temperaturen steigen hier tagsüber auf bis zu 35 °C und fallen nachts weit unter den Gefrierpunkt.

Wenn die himmelblau gehaltenen, modernen Waggons hinter ihrer Diesellok den Viadukt überqueren, fühlt man sich wirklich wie in den Wolken. Geländer gibt es nicht, und so scheint die Bahn über die Schlucht hinweg zu schweben. Knapp drei Stunden dauert die Bahnpassage ab und nach San Antonio de los Cobres, inklusive ausgiebiger Fotostopps. Die Busfahrt von und nach Salta, deutlich unbeque-

mer und landschaftlich auch nicht so dramatisch, schlägt mit weiteren zwölf Stunden zu Buche. Viele Passagiere machen sich deshalb auf eigene Faust auf den Weg nach San Antonio und ersparen sich den Bustransfer. 🚃

⌐ Trau Dich!
Auf dem Markt in San Antonio verkaufen Frauen typisches Kunsthandwerk der Puna-Hochebene. Besonders die aus Lamawolle angefertigten Stricktiere sind ein hübsches Souvenir. ⌐

Oben: Das Stricktierchen aus Lamawolle ist ein tolles Souvenir: passt in jedes Reisegepäck und wiegt fast nichts.
Unten: La Polvorilla – hier fühlt man sich, als ob man fliegt, und der Blick in die Schlucht ist schwindelerregend.

+ARGENTINIEN+

Kunst in der Metro

Die Metro von Buenos Aires ist die älteste Südamerikas, die erste Untergrundbahn der südlichen Hemisphäre und zugleich eine Art Kunstgalerie: In den Stationen haben sich die berühmtesten Kreativen Argentiniens verewigt.

REISE-INFOS
- Zug: Subterráneos de Buenos Aires
- Strecke: 6 Linien
- Länge und Spurweite: 56,7 km, Normalspur
- Höchstgeschwindigkeit: 60–75 km/h
- Preis: 0,25 €
- Info: www.metrovias.com.ar

Gefragt, welche Linie der »Subte« die schönste sei, würden die meisten Einwohner von Buenos Aires wohl für die älteste plädieren, die Linea A. In ihren 18 Stationen spiegelt sich die Vielfalt des künstlerischen Schaffens in Argentinien. Sie reicht von der Skulptur des Sängers Hugo del Carril in der Station San Pedrito über das großformatige Pop-Art-Graffiti eines Streetart-Kollektivs in Carabobo bis zu den Murals, die Martín Ron zum 100. Geburtstag der Linea A und zum 200. Argentiniens an der Plaza Mayor anfertigte. So fährt man mit der Metro durch eine ständig wachsende und wechselvolle Kunstausstellung und zugleich auch durch Argentiniens Geschichte.

Übrigens: *Natürlich darf in der Subte auch eine Hommage an den Tango nicht fehlen. In der Linea H begegnen Sie den Größen des Tango Argentino.*

Auf der Linea A rollen die ältesten U-Bahn-Wagen weltweit! Die 1913 in Dienst gestellten Waggons aus der belgischen Wagenschmiede La Brugeoise wurden mehrmals technisch überholt, besitzen aber nach wie vor das Flair der Originale. Die Porteños (Bewohner von Buenos Aires) lieben diese Wagen wegen ihres besonderen Dufts, der beim Bremsen entsteht, wenn Stahlräder und hölzerne Bremsbacken aneinander reiben. Doch wie lange dieser Duft bewahrt werden kann, steht in den Sternen: Ein Teil der Garnituren wurde ab 2012 durch moderne Waggons chinesischer Bauart ersetzt.

Mehr davon?
Die komplette Bildgalerie mit zweisprachigen Erläuterungen steht als 600 Seiten starkes Buch auf http://cdn2.buenosaires.gob.ar/subte/libro_de_arte_subte_version_web.pdf zum kostenlosen Download bereit.

Die historischen Waggons der Linea A sind mit Teakholz getäfelt.

Oben: Die reich bebilderte Station Piedras auf der Linie A steht heute unter Denkmalschutz.
Unten: Ob die Frau auf dem Mosaik des Künstlers Remo Bianchedi auch ein Smartphone in der Hand hält?

+ARGENTINIEN+

Mit dem Dampfross durch Patagonien

Eine Fahrt durch den Wilden Westen Argentiniens, mit Wagen und Lok wie aus einer anderen Zeit – fehlen nur noch peitschende Gewehrschüsse und auf Pferden galoppierende »bandidos«.

REISE-INFOS

- **Zug:** La Trochita / Viejo Expreso Patagónico
- **Strecke/Längen:** Esquel – Nahuel Pan (15 km), El Maitén – Bruno Thomae (26 km)
- **Spurweite:** Schmalspur (750 mm)
- **Dauer:** jeweils 2 h 30 mit Fotostopps
- **Höchstgeschwindigkeit:** 45 km/h
- **Preis:** 40 €
- **Info:** www.patagoniaexpress.com, http://latrochita.org.ar

Dass eine Bahnverbindung durch ein Buch gerettet wird, kommt wahrscheinlich nicht allzu häufig vor. Im Falle von La Trochita, dem »Schmalspürchen«, gebührt der Dank dem US-amerikanischen Reiseschriftsteller Paul Theroux (*1941), der sich in den 1970er-Jahren auf eine zweimonatige Eisenbahnreise von Massachusetts ins südliche Patagonien machte und diese Fahrt, besonders aber ihre letzte Etappe auf dem *teeny-weeny steam train* La Trochita, literarisch verewigte.

Links: Im Volksmund heißt er »der alte Patagonien-Express«, doch für einen Express fährt er recht gemächlich.

Rechts: In den historischen Passagierwagen sorgt der Salamander für die nötige Wärme.

Dieser Zug sei viel zu unbedeutend für einen Namen, berichtete Theroux – und machte ihn unsterblich.

Die Schmalspurbahn von Ingeniero Jacobacci über El Maitén nach Esquel begann ihren Dienst 1945 zunächst als Güterzug und erreichte Esquel, gezogen von deutschen Henschel- und amerikanischen Baldwin-Lokomotiven, die mit schwerem Petroleum beheizt wurden. 1950 wurde der erste Passagierzug mit Anschluss nach Buenos Aires eingesetzt, es mangelte ihm allerdings an Komfort: Die Passagiere saßen auf Holzbänken, für Wärme sorgte ein Salamander genannter Ofen. Das Tempo war so gemächlich, dass manch einer es vorzog, abschnittsweise zu Fuß neben der Bahn herzulaufen – 16 Stunden waren doch eine lange Fahrtzeit. Dass diese Form des Reisens langfristig keine Zukunft hatte, lag auf der Hand. 1993 wurde die Linie eingestellt.

Übrigens: *In El Maitén werden die historischen Lokomotiven und Waggons mit großem Einsatz und Know-how gewartet. Das Städtchen gleicht einem einzigen großen Eisenbahnmuseum – ein unbedingtes Muss für jeden Eisenbahnfan!*

Seither gibt es immer wieder Initiativen, die durch Theroux berühmt gewordene Bahn durch die harsche Landschaft Patagoniens wiederzubeleben. Gelungen ist dies auf zwei Teilstücken: zwischen Esquel und Nahuel Pan (15 km) und zwischen El Maitén und Bruno Thomae (26 km). Die Waggons sind nach wie vor unbequem, aber das Erlebnis ist unvergesslich. So wie es wohl auch im »alten Patagonien-Express« war.

Australien und Neuseeland auf Schienen

Seit den Anfängen Mitte des 19. Jhs. diente der Eisenbahnbau zwei Zwecken: der Anbindung küstenferner Städte an ihre Häfen und dem Transport landwirtschaftlicher und Bergbauprodukte an die Küste. Die meisten Bahnen fuhren auf kurzen Strecken, die allerdings waren häufig bautechnisch sehr anspruchsvoll: Es galt, hohe Gebirge zu überwinden, Schluchten zu passieren, Flüsse zu überbrücken und dem oft undurchdringlichen Tropenwald Schneisen abzutrotzen. Mit dem Bau von Straßen und Flughäfen wurden viele dieser Minen- und Hafenbahnen überflüssig und aufgegeben. Einige rettete der aufblühende Fremdenverkehr. Ob nun Puffing Billy, ABT 1 oder The Ghan – an all diesen Verbindungen, teils mit historischen Lokomotiven, können wir uns nur erfreuen, weil das rührige Engagement lokaler Eisenbahnenthusiasten und -vereine so laut und fordernd trommelte, dass der Staat sich dieses oder jenes Bähnchens erbarmte, finanziell etwas zuschoss und so überhaupt erst dessen Wiedergeburt ermöglichte. Deshalb sind auf vielen Strecken Australiens und Neuseelands Museumszüge mit entsprechendem Unterhaltungsprogramm unterwegs, das deren Attraktivität erhöhen soll, aber sicher nicht jedem Fahrgast zusagt. Mal gibt's musikalische Untermalung, mal Goldwaschen für Anfänger, der Fantasie der Veranstalter sind da keine Grenzen gesetzt.

+AUSTRALIEN / VICTORIA+

Mord im Regenwald

Täglich, unermüdlich und pflichtbewusst kämpfen sich Billy und seine Brüder seit über 100 Jahren durch die Hügel der Dandenong Ranges – offene Wagen aus den 1910er-Jahren machen die Zuggarnitur perfekt.

REISE-INFOS
- **Zug:** Puffing Billy Railway
- **Strecke:** Belgrave – Gembrook
- **Länge und Spurweite:** 25 km, Schmalspur (762 mm)
- **Dauer:** 2 h
- **Preis:** ab 30 €
- **Info:** https://puffingbilly.com.au

Bis zu fünfmal am Tag heißt es im Bahnhof Belgrave »Bitte einsteigen!«. Zuvor hatten wir Zeit, uns im Souvenirshop mit reichlich Memorabilia zur Zuggeschichte Australiens einzudecken und unseren Durst mit einem Softdrink zu löschen. In den Dokumenten lesen wir nun über die Geschichte der Bahn. Um 1900 entstanden im Hinterland von Melbourne mehrere kostengünstige Schmalspurbahnen, um die

Links: Mit einer großen Glocke gibt der Station Master dem Dampfzug Puffing Billy freie Fahrt.
Unten: Eine heiße Angelegenheit ist die regelmäßige Reinigung der Rauchkammer.

Puffing Billy reißt zumindest einen Teil seiner Besucher schier von den Sitzen.

ländlichen Regionen an die Stadt zu binden. Puffing Billy ist die einzig verbliebene Strecke. Wohl auch, weil sie bereits zu Beginn des 20. Jhs. für ihre landschaftliche Schönheit bei den Städtern überaus beliebt war. Sie entflohen dem hektischen Leben in den Straßenschluchten in Richtung der Regenwälder. Das ist bis heute so.

Übrigens: Bei Waldbrandgefahr – »total fire ban« – dürfen die Züge nicht mit Dampf fahren, der Funkenflug wäre zu gefährlich. Dann kommen Dieselloks zum Einsatz.

Alles ist Puppenstube, von den Loks über die Waggons bis zu den Haltepunkten. An den Übergängen senken sich wie eh und je Signalarme, und monotoner Klöppelschlag warnt Unaufmerksame vor dem Zug; Heizer und Lokführer in den Ständen grüßen beim Vorbeischlingern lässig mit der Hand an den blauen Mützen. Sonst noch? Nun, da gibt es noch den Regenwald mit einer Unzahl an ungekannten Bäumen, mit Lianen, Farnen und bunten Blumen, und da leben Koalas, Wombats und Wallabys im dichten Grün. Das sollte dann doch reichen!

Mord im Dandenong Express

In unregelmäßigen Abständen verlässt Belgrave an Wochenenden ein Zug mit Dinner-Gästen – Mord inklusive. Beim »Murder on the Puffing Billy Express« nimmt man am besten in passender Kleidung teil (»Roaring Twenties«), weil neben dem besten Detektiv auch noch die schönsten Kostüme prämiert werden.

Australien von Nord nach Süd

Mehr als ein Jahrhundert lang träumte Australien von einer Bahnlinie zwischen Nord- und Südküste durch das rote Herz des Kontinents. Der Ghan machte diesen Traum endlich wahr.

REISE-INFOS

- **Zug:** The Ghan, Great Southern Railway
- **Strecke:** Darwin – Alice Springs – Adelaide
- **Länge und Spurweite:** 2979 km, Normalspur
- **Dauer:** 47–49 h
- **Preis:** ab 1200 € mit Essen und Ausflügen
- **Info:** https://journeybeyondrail.com.au

Knapp 3000 km, vier Klimazonen, 22 Breitengrade, Tropen und Wüste – die Route des Ghan kann sich sehen lassen! Dabei ist der »Afghan Train« noch gar nicht so alt. Erst seit 2004 befährt er die gesamte Strecke. »Afghanischer Zug« heißt er deshalb, weil vor dem Bau der Bahn Kamelkarawanen den Kontinent durchquerten und die Australier deren Führer

Der Ghan folgt auf seinem Weg von Norden nach Süden den Routen der ehemaligen Kamelkarawanen.

Kanufahren, Schwimmen, Wandern oder ein Helikopter-Rundflug? Anything goes rund um die Katherine Gorge.

für Afghanen hielten – tatsächlich waren es Pakistani. Ab 1929 ersetzte die Güterbahn auf der nördlichen Hälfte der Strecke die Kamele. Am Ende wurde der Hotelzug The Ghan daraus, mit einem dieser Kamelreiter als Logo.

Er macht seinem Ruf alle Ehre: Luxus, Komfort, Service sind perfekt. Lang wie eine Karawane ist er auch. Mit 30 Waggons gleitet er als feuerrote, 700 m lange Schlange von Darwin nach Süden, während die Passagiere im Speisewagen feine australische Tropfen zu Kängurusteaks bestellen. Noch ist es grün draußen, wir fahren durch tropische Landschaft und stoppen in Katherine zum ersten Ausflug. Im Boot geht es auf dem gleichnamigen Fluss zu rätselhaften Felsbildern der Ureinwohner.

Übrigens: Der Sternenhimmel über der Wüste ist besonders klar. Unter den Millionen glitzernder Punkte ist das Kreuz des Südens deutlich zu erkennen.

Szenenwechsel am nächsten Morgen: Die Welt besteht nur noch aus Erdtönen, Felsen bilden bizarr erodierte Skulpturen, Wüstengewächse trotzen der Dürre, Alice Springs wird erreicht. Das Ausflugsangebot ist umfangreich – ein Helikopterflug über den Ayer's Rock beispielsweise. Eine Nacht später weicht die Wüste Buschwerk; es wird grüner, fruchtbarer, und schließlich leiten uns die Schienen durch Farmland auf Adelaide zu. Windräder, die Wasser für das Vieh heraufpumpen, zeigen den Standort der Farmen an, wir passieren Viehweiden und Weingärten. Schnell noch ein Frühstück – Eggs Benedict sind inzwischen unser Favorit – dann ist Endstation. Adelaide wir kommen!

Ausgebüchst

Das Old Ghan Heritage Railway Museum am Südrand von Alice Springs zeigt die Geschichte des Ghan sowie historische Loks und Waggons.

AUSTRALIEN / QUEENSLAND

Perspektivenwechsel

Bereits in den 1930ern galt die Zugstrecke am Korallenmeer wegen ihrer malerischen Führung als Touristenattraktion. Wer den Regenwald auch von oben erleben möchte, wählt für die Rückfahrt die Seilbahn.

In Dürrezeiten sind sie nur ein Rinnsal, doch in der Regenperiode können sich die Barron Falls sehen lassen.

Aus der Seilbahn erscheint der Regenwald unermesslich – er umfasst 9000 km².

REISE-INFOS

- **Zug: Kuranda Scenic Railway**
- **Strecke: Kuranda – Cairns**
- **Länge und Spurweite: 33 km, Kapspur (1067 mm)**
- **Dauer: 2 h**
- **Preis: 30 € (Heritage Class) bis 60 € (Gold Class)**
- **Info: www.ksr.com.au**

Kuranda ist tiefenentspannt, was bei der Lage am Korallenmeer und den damit einhergehenden Temperaturen ja auch kein Wunder ist. Wer hier startet, kann sich in den berühmten tropischen Gärten gleich beim Bahnhof auf die Reise einstimmen oder in einer der Galerien ein schönes Stück Kunsthandwerk erwerben. Und da steht er schon, der nostalgisch aufgehübschte Panoramazug.

Übrigens: *Wer in der Gold Class reist, bekommt Snacks und etwas zu trinken. Alle anderen versorgen sich besser mit ausreichend Getränken: So richtig kühlen Luftzug gibt's nämlich nicht.*

Kaum haben sie Platz genommen auf den roten Lederbänken, erfahren die Passagiere über Lautsprecher alles Wissenswerte zum Zug und seiner Baugeschichte. 15 Tunnel wurden beim 1886 in Cairns begonnenen Bau in die Berge gesprengt, 37-mal mussten die Arbeiter im Dschungel mit Viadukten aus Holz Schluchten überspannen, damit die Bahn schließlich die 328 Höhenmeter bis Kuranda überwinden konnte. Rund zwei Dutzend Menschen ließen bis zur Fertigstellung 1891 ihr Leben.

Gerade hat der Zug Kuranda verlassen, nun hält er schon wieder. Gegenüber einem herrlichen Aussichtspunkt tosen die Barrons Falls nach gutem Regen breit und lärmend in die Schlucht. Anschließend ruckelt und quietscht er durch enge Kurven an mehreren kleineren Wasserfällen vorbei zum Bahnhof Freshwater, wo eine Informationsstelle über die Ökologie des Regenwaldes aufklärt. Doch das Spannendste ist natürlich der Wald selbst, dessen Düfte und Stimmen auf der Fahrt begleiten. Die zwei Stunden bis Cairns vergehen im Flug.

Ausgebüchst

Wer die Zugfahrt von Kuranda nach Cairns mit dem Skyrail Rainforest Cableway für die Rückfahrt kombiniert, erlebt einen erstaunlichen Perspektivenwechsel vom Blick auf das Leben unter dem Blätterdach zum Flug durch die Szenerie einige Etagen höher. Die 7,5 km lange Seilbahn schwebt über den Wipfeln des tropischen Regenwaldes. Ein Bus bringt die Passagiere dann zurück zur Freshwater Station.

+ AUSTRALIEN / TASMANIEN +

Der Tasmanische Teufel

Der Tasmanische Teufel lässt sich nicht blicken, aber sonst hat die Museumsbahn am westlichen »Ende« Tasmaniens einiges zu bieten. Urwälder beispielsweise, mit mächtigen Huon-Kiefern.

REISE-INFOS

- **Zug:** West Coast Wilderness Railway, Queenstown Explorer
- **Strecke:** Regatta Point/Strahan – Queenstown – Regatta Point/Strahan (Rundtour)
- **Länge:** 70 km, Kapspur (1067 mm)
- **Dauer:** 8 h
- **Preis:** 117 €
- **Info:** www.wcwr.com.au

Diese Urwälder stellten neben dem steilen Gelände denn auch das größte Hindernis für den Bau der Eisenbahnlinie dar, die den Kupfertransport von den Minen in Queenstown an die Küste sicherstellen sollte. 1899 fuhr der erste Zug, abschnittsweise als Zahnradbahn nach dem »System Abt«, das der Schweizer Roman Abt (siehe S. 180) entwickelt hatte. Und seit 2002 ist diese in den 1960er-Jahren eingestellte Bahn wieder unterwegs, als Museumszug.

Links: Der Zug fährt abschnittsweise an einer Zahnstange nach dem System Abt.
Unten: Dichte Kiefernwälder, und zwischendurch immer mal ein Blick auf den King River.

Bei hoher Waldbrandgefahr oder auf Sonderfahrten kommen auch historische Dieselloks zum Einsatz.

Der lässt das Herz von Eisenbahnnostalgikern schon am Bahnsteig von Regatta Point höher schlagen, denn vorgespannt ist ihm eine runderneuerte, aber immer noch originale Dampflok, die ABT 1. Wir haben Plätze im Wilderness Carriage gebucht, der eine kleine Aussichtsplattform besitzt. Die Sonne strahlt vom Himmel, die Lokomotive schnauft ein paarmal, zieht an und ruckelt los.

Zunächst folgen wir dem King River und queren ihn mehrmals, begleitet von undurchdringlichen Wänden uralter Kiefern, mannshohem Farn und den Stimmen Hunderter Vögel, die sogar das Stampfen der Lok übertönen. Wir passieren verfallene Dörfer, die seit dem Ende der Kupferbahn verlassen sind. Dann geht's schon bald bergauf, schließlich sind wir auf der steilsten (regulären) Bahnstrecke der südlichen Hemisphäre unterwegs, und deren Höhepunkt ist hinter einem Dorf namens Dubbil Barril erreicht: Zur nächsten Siedlung Reenadeena bewältigt die nun im Zahnradmodus fahrende Bahn eine Steigung von 8,33 %. Ganz schön schräg!

In Queenstown freuen sich noch mal die Eisenbahntechniker: Die Lok wird für die Rückfahrt auf einer handbedienten Drehscheibe gewendet, während die Passagiere den Ort erkunden. Dann fahren wir auf der gleichen Route zurück.

Ausgebüchst

Ein kurzer Lehrpfad erläutert in Dubbil Barril die Besonderheiten des Regenwaldes und seiner Fauna – die ideale Gelegenheit, sich etwas die Beine zu vertreten. Der Zug wartet.

Neuseelands Alpen, Flüsse und Täler

Auf großer Reise – »great journey« – durch Neuseeland: Die Bahn klettert von Meereshöhe auf über 1000 m und wieder hinunter – eine aussichtsreiche Fahrt!

Waimakariri heißt dieser Fluss, was in der Sprache der Maori »kaltes, rauschendes Wasser« bedeutet.

Der TranzAlpine quert die Südinsel Neuseelands. Die Fahrt beginnt in Christchurch auf Meereshöhe, führt über den 739 m hohen Arthur's Pass (links) und endet in Greymouth an der Westküste (rechts).

REISE-INFOS

- Zug: The TranzAlpine, The Great Journeys of New Zealand
- Strecke: Christchurch – Greymouth
- Länge und Spurweite: 223 km, Kapspur (1067 mm)
- Dauer: 4 h 30
- Preis: 65 €
- Info: www.greatjourneysofnz.co.nz

Die New Zealand DX class-Lokomotive in den Farben von KiwiRail wartet geduldig im Bahnhof von Christchurch, bis die Passagiere ihre Plätze in den vier Großraumwagen eingenommen haben. Sie hat einiges an Arbeit vor sich, bevor der Zug in Greymouth einläuft. Auf dem Weg von der Ost- an die Westküste der Südinsel wartet eine mächtige Barriere: die Neuseeländischen Alpen. Mit Gipfeln über der 3000er-Marke und schwer passierbaren Pässen standen sie der Eisenbahn lange, bis 1923, im Weg.

Zunächst lässt die Fahrt jede Dramatik vermissen. Erst als die Bahn mehrmals den mächtigen Waimakariri-Fluss auf Viadukten quert, entfaltet sich die majestätische Schönheit dieser Landschaft, voraus tauchen die Alpen aus dem Morgendunst, und in Arthur's Pass wird's ernst. Zwei zusätzliche Lokomotiven werden vorgespannt und sorgen für den erforderlichen Schub über die Berge.

Übrigens: *Arthur's Pass, ein Dörfchen mit 30 Einwohnern, wird von einer wahren Landplage heimgesucht: Keas, eigentlich vom Aussterben bedrohte Bergpapageien, fallen hier zu Hunderten ein. Bitte keinesfalls füttern!*

Während der TranzAlpine sich durch Berge und Flusstäler schlängelt, haben viele Passagiere den Platz gewechselt: Die besten Fotoperspektiven bietet der offene Panoramawagen, aber dafür heißt es, sich warm anzuziehen. In knapp 1000 m Höhe pfeift eisige Luft herein. Als der Zug schließlich in den 8554 m langen Otira-Tunnel eintaucht, kehren alle in die kuschelig warmen Waggons zurück.

Berge bilden Klimascheiden, das gilt auch für die Neuseeländischen Alpen. Das Grün auf dem Weg zur Westküste könnte strahlender nicht sein! Tropenwald, Seen, Mini-Örtchen wie Moana mit einem Bahnhof im edwardianischen Stil, warme, feuchte Luft, oft allerdings auch Nebel. Schließlich kommt Greymouth in Sicht und mit ihm die wild zerklüftete Westküste. Das nächste Abenteuer!

Panorama am Pazifik

Der moderne Coastal Pacific verbindet die größte Stadt der Südinsel mit dem Hafen für die Überfahrt zur Nordinsel. Die Küstenfahrt durch das satte Grün Neuseelands ist im Panoramawagen am schönsten.

REISE-INFOS
- **Zug:** Coastal Pacific
- **Strecke:** Christchurch – Picton
- **Länge und Spurweite:** 348 km, Kapspur (1067 mm)
- **Dauer:** 5 h 30
- **Preis:** 50 €
- **Info:** www.greatjourneysofnz.co.nz

Gut besetzt ist der Zug fast immer, schließlich befährt er zwischen Christchurch und dem Hafen Picton mit seinem Karibikfeeling die Hauptstrecke, die beide Inseln Neuseelands miteinander verbindet. Nur knappe vier Stunden dauert dann die Überfahrt zur Hauptstadt Wellington durch die von Captain James Cook 1770 entdeckte Meerenge Cook Strait zwischen Tasmanischem Meer und Pazifik.

Gischt und eine steife Pazifikbrise erfrischen die Fahrgäste im Coastal Pacific.

In Picton legen die Fähren zur Weiterfahrt auf Neuseelands Nordinsel ab.

Übrigens: *Christchurch, wegen seiner historischen Häuser auch als englischste Stadt Neuseelands bekannt, steht auf unsicherem Grund. Das ehemalige, trockengelegte Schwemmgebiet saugt sich bei den relativ häufigen Erdbeben immer wieder mit Wasser voll – was der Standfestigkeit der Bauwerke auf Dauer wenig zuträglich ist.*

Um das Catering müssen Sie sich schon mal keine Gedanken machen: Den Barwagen haben 2020 die Lufthansa Sky Chefs (LSG) übernommen, und die wollen ihren guten Ruf bestimmt nicht verlieren. So haben Sie also ausreichend Gelegenheit, sich umsorgen zu lassen. Und fürs Auge gibt es sowieso genug Außerordentliches. Wobei gerade der Wechsel der Landschaften besonders eindrücklich ist: Aus dunklen Wäldern geht es hinaus über weite Flächen, auf denen Schafe als helle Wollknäuel am Horizont entlangziehen, dann fliegt wieder das lichte Rosa der Salzpfannen einer Lagune vorbei. Und immer ist der Blick durch die großzügigen Panoramascheiben der Wagen ungetrübt frei. Für Liebhaber salzgeschwängerter Pazifikbrisen ist auch noch ein offener Aussichtswagen angehängt: Die eigens für diesen Zug entwickelten *open-air viewing carriages* sind der perfekte Platz für ein Breitleinwandkino der Extraklasse.

Durchs Zugfenster

Wo liegen die besten Plätze? Unser Tipp: Buchen Sie nordwärts die rechten Sitzreihen im Zug, südwärts die Plätze auf der linken Seite.

+NEUSEELAND+

Lange Reise, kurzer Zug

Eine der schönsten (und vielfältigsten) Strecken des Landes führt einmal der Länge nach über die Nordinsel. Und zu einigen Drehorten der »Herr der Ringe«-Filme – also Kult!

REISE-INFOS
- **Zug: Northern Explorer**
- **Strecke: Wellington – Auckland**
- **Länge und Spurweite: 681 km, Kapspur (1067 mm)**
- **Dauer: 11 h**
- **Preis: 55 €**
- **Info: www.greatjourneysofnz.co.nz**

Von 1885 bis 1908 dauerte der Eisenbahnbau durchs Landesinnere der Nordinsel. Über Jahrzehnte bildete diese Strecke deren Lebensader mit mindestens einer Verbindung am Tag. Doch das Flugzeug hat alles geändert; zeitweise stand die Verbindung vor dem Aus. Heute fahren in jeder Richtung drei Züge pro Woche. Wenn das Buchungsaufkommen nicht gerade im Hochsommer zusätzliche Waggons erfor-

Der Ngauruhoe ist einer der aktivsten Vulkane weltweit. Zuletzt brach er 1975 aus.

Oben: Die Zeit scheint um 100 Jahre zurückgedreht am historischen Bahnhof von Wellington.
Rechts: Der Tongariro National PEllark, »Herr der Ringe«-Fans als Reich Mordor bekannt.

dert, ist die Zuglänge überraschend überschaubar: drei Sitzwagen, ein Barwagen, ein Gepäckwagen, als Highlight der seitlich offene *open-air carriage* und natürlich – je nach Streckenabschnitt und Länge des Zuges – ein oder zwei Diesellocks.

Übrigens: *»Herr der Ringe«-Fans wählen unbedingt einen Sitzplatz links, denn am Nachmittag kommt im Osten der Ngauruhoe in Sicht, der »Schicksalsberg«.*

So gewinnt die Reise außerhalb der Saison einen schon fast familiären Charakter mit guten Chancen auf interessante Gespräche mit den »Kiwis«. Die Mitpassagiere wissen das eine oder andere Interessante zu berichten auf der Fahrt durch dichte grüne Wälder, über Weideland und in die Berge, vorbei an Vulkanen und wuchernder Buschlandschaft. Zum Beispiel, welcher Gebirgszug, welches Tal eine tragende Rolle hatte in der Verfilmung der »Herr der Ringe«-Trilogie. Echte Begeisterung löst die Raurimu-Spirale kurz vor dem Tongariro-Nationalpark bei den technikaffinen Neuseeländern aus: Sie gilt als eine Meisterleistung des Eisenbahnbaus, die auf engster Fläche mit kreisförmiger Schienenführung und zwei Tunneln 200 Höhenmeter überwindet.

Ausgebüchst

Der 80 000 ha großen Tongariro National Park auf etwa der halben Strecke bietet sich für eine spannende Unterbrechung der langen Bahnfahrt an: Seine dramatische Szenerie mit drei aktiven Vulkanen und zahllosen Wasserfällen ist einen Aufenthalt von mindestens zwei bis drei Tagen wert. Bereits seit 1887 genießt er Nationalparkstatus, und die UNESCO hat ihn dann auch noch zweifach zum Welterbe geadelt: Er ist Naturerbe und – wegen der großen spirituellen Bedeutung für die Maori – auch immaterielles Weltkulturerbe.

Grüner Zug im roten China: Schon seit Jahrzehnten erschließen die spartanisch ausgestatteten ...

... »Green Skinned Trains« im einheitlichen Farbschema selbst die abgelegensten Provinzen (Seite 196).

Passt, wackelt und hat Luft: In Kambodscha sind stillgelegte Bahnstrecken eine wichtige Verkehrsader für die Landbevölkerung, die mit »Bamboo Trains« der Marke Eigenbau über die Gleise rumpelt (Seite 200).

Register

A

Ägypten
- Assuan 139
- Kairo 139
- Karnak 138
- Luxor 139
- VIP Express 139
- Watania Sleeping Train 139

Äthiopien
- Addis Abeba 146
- Dire Dawa 146, 147
- Khat-Express 146

Australien 142, 143
- Adelaide 290
- Alice Springs 290
- Belgrave 288
- Cairns 293
- Darwin 290
- Dubbil Barril 295
- Gembrook 288
- Ghan 143
- Great Southern Railway 290
- Katoomba Scenic Railway 251
- Kuranda 293
- Kuranda Scenic Railway 293
- Newman 142
- Port Headland 142
- Puffing Billy Railway 288
- Queenstown 294
- Skyrail Rainforest Cableway 293
- Strahan 294
- The Ghan 290
- West Coast Wilderness Railway 294

B

Bahnhöfe
- Die größten Bahnhöfe der Welt 210, 242

Bosnien-Herzegowina
- Mostar 125
- Sarajevo 125

Brasilien 143

Bulgarien
- Bansko 130
- Dobrinište 130
- Linija Nr. 16 130
- Rhodopenbahn 130
- Septemvri 130

C

China
- Badaling 193
- Beijing
  - Beijing Qinghe 192
  - Beijing-Westbahnhof 210
- Green Skinned Trains 196
- Guangzhou-Südbahnhof 211
- Jingzhang Intercity Railway 192
- Nanjing-Südbahnhof 211
- Peking 194
- Qinghai-Tibet Railway 194
- Shanghai
  - Metro Shanghai 34
  - Shanghai Hongqiao 210, 243
- Tangula-Pass 194
- Xining 194
- Zhangjiakou 192

D

Dänemark
- Kopenhagen 30
- Øresundbanen 30
- Öresundbrücke 31
- Peberholm 31

Deutschland 143, 219
- Bergbahnhof Wendelstein 63
- Bingen 58
- Brannenburg 63
- Chiemsee-Bahn 60
- Cranzahl 66
- Fichtelbergbahn 66
- Frankfurt (Main) Hauptbahnhof 243
- Fraueninsel 61
- Göhren 68
- Hangviadukt Pünderich 65
- Herrenchiemsee 60
- Koblenz 58, 64
- Kulturlandschaft Oberes Mittelrheintal 58
- Loreley 58
- Mittelrheinbahn RB 26 58
- München Hauptbahnhof 243
- Oberwiesenthal 66
- Prien 60
- Putbus 68
- Rasender Roland 68
- Rügenschen Kleinbahn 68
- St. Goar 58
- Trier 64
- Wendelsteinbahn 63
- Wuppertaler Schwebebahn 71

Dschibuti 146

E

Einschienenbahnen
- Disneyland Monorail 236
- Moseltal 65

F

Frachtzüge
- Die längsten Frachtzüge der Welt 143

Frankreich 219
- Bocognano 110
- Bolquère 109

305

Canari 108
Chemin de Fer de la Mure 107
Côte d'Azur 104
Digne-les-Bains 104
Eurostar 103
GR20 110
Hendaye 90
Korsika 110
Lac de Monteynard 107
La Mure 107
Latour-de-Carol 109
Le Train jaune de Cerdagne 109
Ligne à grande vitesse 103
Marseille 100
Nizza 104
Paris 57, 100
   Gare de l'Est 243
   Gare du Nord 243
Plateau de la Matheysine 107
Pont de Cassagne 108
TGV 102
TGV InOui 100
TGV V150 103
Train des Pignes 104
Villefranche-de-Conflent 109

G
Geschwindigkeit
   Die schnellsten Züge der Welt 218
Ghega, Carl Ritter von 74
Großbritannien 42, 44, 48, 50, 52
   Ben Nevis 43
   Caledonian Sleeper 42
   Coleraine 52
   Craven Arms 50
   Cynghordy-Viadukt 50
   Douglas 49
   Fort William 42, 44
   Glasgow 42, 44
   Glenfinnan 44
   Heart of Wales Line 50
   Isle of Man 48

Knuckles-Viadukt 50
Laxey 49
Loch Feabhail 53
London 42, 54, 57
   District Railway 47
   Inner Circle 47
   London Underground 47
   Metropolitan Railway 47
   Tube 47
   Waterloo Station 243
Londonderry 52
Londonderry Coleraine Line 52
Mallaig 44
Morar 44
Orient-Express 54
Simplon-Orient-Express 54, 57
Snaefell 49
Snaefell Mountain Railway 49
Swansea 50
Wales 50
West Highland Line 44
Guyer-Zeller, Adolf 80

H
Hängebahnen
   Chiba Monorail Line 212
   Wuppertaler Schwebebahn 71
Hendaye
   Lissabon
      Gare do Oriente 91
Herr der Ringe 300

I
Indien
   Darjeeling Himalayan Railway 182
   Darjeeling/Westbengalen 182
   Dibrugarh/Assam 186
   Ghum 182
   Howrah Junction 243
   Kanniyakumari/Tamil Nadu 186
   Konkan Railway 185
   Mangalore/Karnataka 185

Metupalaiyam 180
Mumbai 185
Nilgiri Mountain Railway 180
Shiliguri/Westbengalen 182
Udagamandalam/Tamil Nadu 180
Vivek Express 186
Italien
   Catania 117
   Circumetnea 117
   Domodossola 112
   Ferrovia Vigezzina 112
   Frecciarossa 57
   Lago Maggiore 112
   Mailand 57
   Messina 115
   Neapel 114
      Napoli Centrale 243
   Palau 118
   Palermo 114
   Riposto 117
   Roma Termini
      243
   Sardinien 118
   Sizilien 114
   Tempio 118
   Trenino Verde 118
   Trenitalia 114
   Venedig 54, 57
   Verzasca-Damm 113
   Villa San Giovanni 114

J
Japan
   Chiba 212
   Chiba Monorail Line 212
   Chishirodai 212
   Hakata (Fukuoka) 214
   Matsumoto 217
   Nagoya 217
   Nagoya-Hauptbahnhof 211
   Nakasendo-Trail 217
   Osaka 208, 214

Sanyo Shinkansen
(Hello Kitty) 214
Shinano Limited Express 217
Tokaido Shinkansen 208
Tokyo 208

K
Kambodscha
Angkor Wat 199
Bamboo train 200
Banon Tempel 201
Battambang 200
Phnom Banon 200
Phnom Penh 199
Kamerun
Douala 144
Édéa 144
Éseka 144
Express 181 144
Yaoundé 144
Kanada
Churchill 224
Sudbury 222
Sudbury–White River Train 222
The Hudson Bay 224
White River 222
Winnipeg 224
Winnipeg–Churchill Train 224
Kasachstan
Almaty 172, 175
Kenia
Lunatic Express 154
Madaraka Express 155
Mombasa 155
Nairobi 155
Nairobi-Nationalpark 155
Tsavo-Nationalpark 155
Uganda-Bahn 154

L
Lappland 26
Locher, Eduard 82

M
Marokko
Atlantiklinie 134
Casablanca 134
Marrakesch 134
Mauretanien
Choûm 140
Le train 140, 142
Nouâdhibou 140
Zouérat 140
Mesnier du Ponsard, Raoul 97
Montenegro
Bar 126
Podgorica 126
Tara Express 126

N
Namib
Baiweg 169
Namibia
Desert Express 169
Swakopmund 169
Windhoek 169
Neuseeland
Auckland 300
Christchurch 297, 298
Coastal Pacific 298
Greymouth 297
Northern Explorer 300
Picton 298
The Great Journeys of New
Zealand 297
The TranzAlpine 297
Tongariro National Park 301
Wellington 298, 300
Nordirland 52
Norwegen
Åndalsnes 22
Bergen 20
Bergensbanen 20
Bjorli 22
Bodø 18
Dombås 22
Finse 21
Flåm 24
Flåmbana 24
Hardangervidda 21
Kjosfossen 25
Kylling bru 22
Mosjøen 19
Myrdal 21, 24
Narvik 26
Nordlandsbanen 18
Oslo 20
Polarkreis 27
Polarkreis-Express 18
Rallarvegen 21
Rauma 22
Raumabanen 22
Trollveggen 22
Trondheim 18

O
Österreich
Arlbergbahn 76
Bludenz 76
Gloggnitz 74
Innsbruck 76
Mariazell 73
Mariazellerbahn 73
Mürzzuschlag 74
Semmeringbahn 74
St. Pölten 73
Wien 73, 74

P
Personenzüge
Der längste Personenzug der
Welt 143
Portugal 87
Braga 96
Douro-Tal 92
Elétrico de Sintra 95
Elevador do Bom Jesus 96

Linha do Douro 92
Lissabon 87, 90, 99
    Carros elétricos de Lisboa 99
Pinhão 93
Pocinho 92
Porto 87, 92
Praia das Maças 95
Sintra 95
Trenhotel Surexpreso 90
Potter, Harry 22, 44

R
Riggenbach, Niklaus 97, 180, 251
Rumänien
  Brașov 128
  Hermannstadt 128
  Kronstadt 128
  Sibiu 128
  Transsilvanien 128
Russland 32, 36, 38
  Baikal-Amur-Magistrale (BAM) 38
  Moskau 37
    Moskauer Metro 32, 35
  Rossiya 37
  Sovetskaya Gavan 38
  St. Petersburg 90
  Taishet 38
  Transsib 37
  Transsibirien 38
  Wladiwostok 37

S
Sambia 153
  Kapiri Mposhi 151
  Viktoriafälle 149
Saudi-Arabien
  Dschidda 177
  Haramain Express 177
  Medina 177
  Mekka 177
Schienennetze
  Die längsten Netze der Welt 40

Schottland 42, 44
Schweden 26, 29
  Kinnekulle 29
  Kinnekullebanan 29
  Kinnekulletåget 29
  Luleå 26
  Malmö 30
  Norrlandståget sleeper 26
  Stockholm 26
  Vänern 29
Schweiz
  Alpnachstad 82
  Centovallibahn 112
  Genf 57
  Genfer See 57
  Glacier Express 79
  Jungfraubahn 80
  Jungfraujoch 80
  Kleine Scheidegg 80
  Lauterbrunnen 80
  Pilatusbahn 82, 251
  Pilatus Kulm 82
  St. Moritz 79
  Zermatt 79
Serbien
  Belgrad 126
Simbabwe
  Bulawayo 164
  Dete 166
  Elephant Express 166
  Hwange-Nationalpark 165
  National Railways of Zimbabwe 164
  Ngamo Siding 166
  Victoria Falls 164
Slowenien
  Bled 123
  Divača 120
  Höhlen von Škocjan 120
  Hrastovlje 120
  Jesenice 122
  Koper 120
  Ljubljana 120

  Nova Gorica 122
  Slovenske železnice 120, 122
  Wocheinerbahn 122
Spanien
  Biskaya 84
  Cádiz 86, 88
  Camino del Norte 84
  Córdoba 86, 88
  El Tren Al Andalus 86
  Ferrol 84
  Feve 84
  Granada 86, 88
  Jerez de la Frontera 88
  Loiba 84
  Oviedo 84
  Ribadesella 84
  Ronda 88
  Santander 84
  Sevilla 86, 88
Sri Lanka
  Anuradhapura 189
  Colombo 190
  Kandy 190
  Matale Line 190
  Northern Line 189
Standseilbahnen
  Elevador do Bom Jesus 96
Steinbeis, Otto von 63
Südafrika
  Blue Train 156, 158
  Ceres Rail 161
  Elgin 161
  Johannesburg 156, 158
  Kapstadt 148, 156, 158, 161
  Karoo 156, 159
  Kimberley 149, 159
    Big Hole 162
    Vintage Tram 162
  Premier Classe 158
  Pretoria 156
  Pride of Africa 148
  Saldanha Bay 143

REGISTER

Shosholoza Meyl 158
Sishen 143
System Abt 82

T
Tansania
  Central Line 153
  Daressalam 148, 151, 153
  Kigoma 153
  Kilimanjaro Ordinary 151
  Mukuba Express 151
  Pride of Africa 148
  Selous Game Reserve 149, 151
  Tazara 151
Thailand
  Bangkok 199, 205, 206
  Brücke am Kwai 206
  Burma Railway 206
  Death Railway 206
  Eastern Line 199
  Hua Hin 205
  Kanchanaburi 206
  Nam Tok 206
  Northern Line 199
  North-South Railway 205
Tibet
  Lhasa 194
Tunesien
  Le Lézard Rouge 136
  Metlaoui 136
  Seldja-Schlucht 136
Turkmenistan
  Aşgabat 172, 175
  Registan 172
  Seidenstraßenexpress 172

U
U-Bahnen
  Die längsten U-Bahn-Systeme der Welt 34
  In der ältesten U-Bahn der Welt 46
  London Underground 46
  Moskauer Metro 32
USA
  Anchorage 230
  Antonito 244
  Broadmoor Manitou and Pikes Peak Cog Railway 248
  California Zephyr 227
  Chama 244
  Chicago 227, 232
  Colorado River 227
  Cumbres and Toltec Scenic Railroad 244
  Denali 230
  Denali Star 230
  Disneyland Monorail 236
  Durango 246
  Durango and Silverton Narrow Gauge Railroad 246
  Emeryville 227
  Empire Builder 232
  Fairbanks 230
  Glacier National Park 233
  Gore Canyon 227
  Grand Canyon Railway 241
  Grand Canyon Village 241
  Kingda Ka 252
  Manitou Springs 248
  Mount Washington Cog Railway 251
  Mt. McKinley 230
  New York
    Grand Central Terminal 242, 243
    New York City Subway 35
  Pacific Surfliner 238
  Pikes Peak 248
  Portland 233
  Prospect Park Incline Railway 251
  Rocky Mountains 232
  San Diego 238
  San Francisco 227, 235
    San Francisco Cable Cars 235
    Cable Car Museum 235
  San Luis Obispo 238
  Seattle 232
  Silverton 246
  Sixflags Great Adventure Park 252
  Williams 241
Usbekistan 175
  Buchara 172
  Samarkand 172

V
Vereinigte Arabische Emirate
  Abu Dhabi 178
  Ferrari World 178
Vietnam
  Hanoi 202
  Ho Chi Minh Stadt 202
  North-South Railway 202
  Reunification Express 202

W
Wasserballastbahnen
  Elevador do Bom Jesus 96
  Prospect Park Incline Railway 251

Z
Zahnradbahnen 250
  Broadmoor Manitou and Pikes Peak Cog Railway 248
  Jungfraubahn 80
  Nilgiri Mountain Railway 180
  Pilatusbahn 82
  Wendelsteinbahn 63
Zirkuszüge 228
Zuglänge
  Die längsten Züge der Welt 142

Und täglich rumpeln die »Remodelados«: Die von 1935 bis 1940 gebauten Straßenbahnwagen wurden in den 1990er Jahren modernisiert und prägen bis heute das Stadtbild von Lissabon (Seite 96).

BILDNACHWEIS

Abkürzungen: A = Alamy; C = Corbis; G = Getty Images; M = Mauritius Images

Cover: Vorderseite: G/Ekapat_Suwanmanee/EyeEm (Beach Train, Thailand), Rückseite: G/Oleh_Slobodeniuk (Zugstrecke mit Blick auf das Matterhorn, Schweiz)

S. 2-3 Richard Semik/Shutterstock.com; S. 4 Lucky Team Studio/Shutterstock.com; S. 5 M/Douglas Lander, S. 6 Sam DCruz/Shutterstock.com; S. 6 Amnat30/Shutterstock.com; S. 7 Cory Woodruff/Shutterstock.com; S. 8 M/Karol Kozlowski; S. 8 Dmitry Naumov/Shutterstock.com; S. 12 Serkant Hekimci/Shutterstock.com; S. 13 Kiat_foto/Shutterstock.com; S. 14-15 Sakarin Sawasdinaka/Shutterstock.com; S. 17 M/Douglas Lander; S. 18-19 Anders Haukland/Shutterstock.com; S. 19 M/Alamy; S. 20 C/Marco Cristofori; S. 20 Evikka/Shutterstock.com; S. 21 Feel good studio/Shutterstock.com; S. 23 M/Jan Enger; S. 23 M/Bjørn H Stuedal; S. 24 M/Rishu Sarpal; S. 25 G/Sergey Bogomyako; S. 26 Stefan Holm/Shutterstock.com; S. 27 G/Lena Hope; S. 28 DieFaerberei/Shutterstock.com; S. 28 Alexanderstock23/Shutterstock.com; S. 30-31 G/Secablue; S. 31 G/CP Cheah; S. 32 Marco Rubino/Shutterstock.com; S. 33 Elena11/Shutterstock.com; S. 33 Viacheslav Lopatin/Shutterstock.com; S. 34 Felix Lipov/Shutterstock.com; S. 35 M/Sergey Breev; S. 36 Look/Robertharding; S. 37 Serkant Hekimci/Shutterstock.com; S. 38 Look/Karl Johaentges; S. 39 Paul EtCetra/Shutterstock.com; S. 40-41 Ivakoleva/Shutterstock.com; S. 42 M/Joe Dunckley; S. 43 G/Simon Butterworth; S. 45 M/Travellinglight; S. 45 C/Alan Copson; S. 46 PHOTOCREO Michal Bednarek/Shutterstock.com; S. 47 Prochasson frederic/Shutterstock.com; S. 48 Powerofflowers/Shutterstock.com; S. 49 G/Tr3gi; S. 50 M/Way Out West Photography; S. 51 Look/Robertharding; S. 51 Look/age; S. 51 M/Leighton Collins; S. 52 G/Ros Kavanagh; S. 53 Pfeiffer/Shutterstock.com; S. 54 M/PjrTravel; S. 55 M/Graham Prentice; S. 56-57 Javen/Shutterstock.com; S. 57 G/Seng Chye Teo; S. 58 H. & D. Zielske; S. 59 Tim Schulz; S. 60-61 Look/Florian Werner; S. 61 M/Raimund Kutter; S. 62 FooTToo/Shutterstock.com; S. 62 G/Andreas Mohaupt; S. 62 Look/Wolfgang Ehn; S. 64 M/Hans-Joachim Aubert; S. 65 M/Erhard Hess; S. 67 Look/Franz Marc Frei; S. 67 M/Radius Images; S. 68 Tim Schulz; S. 68 M/Harald Schön; S. 69 G/Westend61; S. 70 Majonit/Shutterstock.com; S. 71 Majonit/Shutterstock.com; S. 72 M/Thomas Aichinger; S. 72 Mariazellerbahn - Österreich/weinfranz; S. 74 Photofex_AUT/Shutterstock.com; S. 75 M/Walter Geiersperger; S. 76 G/Laszlo Szirtesi; S. 76 M/Westend61; S. 77 M/Ludwig Mallaun; S. 78 M/Daniel Börtschi; S. 79 Chen Min Chun/Shutterstock.com; S. 81 Jungfraubahn Holding AG; S. 81 G/Hans Georg Eiben; S. 82 eXpose/Shutterstock.com; S. 83 G/Sabine Klein; S. 84 M/Juan Bautista; S. 85 Makasana photo/Shutterstock.com; S. 85 G/David Crespo; S. 86 Look/age; S. 86 Look/age; S. 87 Marques/Shutterstock.com; S. 89 Cezary Wojtkowski/Shutterstock.com; S. 89 M/Felipe Rodriguez; S. 90 Roman Debree/Shutterstock.com; S. 91 Saiko3p/Shutterstock.com; S. 92 Homydesign/Shutterstock.com; S. 93 Bondart Photography/Shutterstock.com; S. 94 Benny Marty/Shutterstock.com; S. 95 DaLiu/Shutterstock.com; S. 96 Elias Garrido/Shutterstock.com; S. 96 Miguel G. Saavedra/Shutterstock.com; S. 97 Makasana photo/Shutterstock.com; S. 98 Javarman/Shutterstock.com; S. 98 Photoshooter2015/Shutterstock.com; S. 100 G/Westend61; S. 101 Julie Mayfeng/Shutterstock.com; S. 101 G/Giacomo Augugliaro; S. 102-103 G/OGphoto; S. 103 G/Alexandre Marchi; S. 104 M/Les. Ladbury; S. 105 G/Wolfgang Kaehler; S. 105 M/Aerial-photos.com; S. 106 RudiErnst/Shutterstock.com; S. 107 RudiErnst/Shutterstock.com; S. 108 Leonid Andronov/Shutterstock.com; S. 109 Pani Garmyder/Shutterstock.com; S. 109 M/Martin Castellan; S. 111 Stockphoto-graf/Shutterstock.com; S. 111 Jon Ingall/Shutterstock.com; S. 112 Atmosphere1/Shutterstock.com; S. 113 Look/age; S. 114 Elzloy/Shutterstock.com; S. 114 M/DB Pictures; S. 115 Canadastock/Shutterstock.com; S. 116 Lucky Team Studio/Shutterstock.com; S. 116 Ruslan Kalnitsky/Shutterstock.com; S. 118 Lucky Team Studio/Shutterstock.com; S. 119 Jenny Sturm/Shutterstock.com; S. 120 TMP – An Instant of Time/Shutterstock.com; S. 121 Marcin Jucha/Shutterstock.com; S. 122 M/Adamzoltan; S. 122 Travellaggio/Shutterstock.com; S. 123 JRP Studio/Shutterstock.com; S. 124 Igbal/Shutterstock.com; S. 125 Alekk Pires/Shutterstock.com; S. 125 Eva Mont/Shutterstock.com; S. 127 Razvan Dima/Shutterstock.com; S. 127 Sashk0/Shutterstock.com; S. 128 Vadym Lavra/Shutterstock.com; S. 129 Adrian Bercaru/Shutterstock.com; S. 129 Emperorcosar/Shutterstock.com; S. 130 John Wreford/Shutterstock.com; S. 131 M/Johnny Photography; S. 132-133 Sam DCruz/Shutterstock.com; S. 134 Alex Cimbal/Shutterstock.com; S. 135 Christian Mueller/Shutterstock.com; S. 136 M/Kim Haughton; S. 137 M/Dallas & John Heaton; S. 138 Nick Brundle Photography/Shutterstock.com; S. 139 Ayordanov/Shutterstock.com; S. 140 M/ADB Travel; S. 141 M/Gary Cook; S. 142 M/Bill Bachman; S. 143 M/Jbdodane; S. 144 Scarabea/Shutterstock.com; S. 144 M/Peter Treanor; S. 145 Akturer/Shutterstock.com; S. 146 M/J Marshall; S. 147 G/Zacharias Abubeker; S. 148 G/Blaine Harrington III; S. 148 G/Blaine Harrington III; S. 149 M/Sergi Reboredo; S. 150 Wanangwe Muchika/Shutterstock.com; S. 151 G/Alex Saurel; S. 151 M/Feargus Cooney; S. 152 M/Matt Griggs; S. 153 Paco Forriol/Shutterstock.com; S. 154 M/RZAF_Images; S. 155 Heinz-Peter Schwerin/Shutterstock.com; S. 157 Zoomtraveller/Shutterstock.com; S. 157 Jane Karren Baker/Shutterstock.com; S. 157 M/Pete Titmuss; S. 158 Stephan Olivier/Shutterstock.com; S. 159 Peter Titmuss/Shutterstock.com; S. 160 Peter Titmuss/Shutterstock.com; S. 161 Ahturner/Shutterstock.com; S. 162 Wildeside/Shutterstock.com; S. 162 Grobler du Preez/Shutterstock.com; S. 163 Wildeside/Shutterstock.com; S. 164 Dendenal/Shutterstock.com; S. 165 Paula French/Shutterstock.com; S. 165 Slawinka/Shutterstock.com; S. 166 Imvelo Safari Lodges; S. 167 Imvelo Safari Lodges; S. 167 Imvelo Safari Lodges; S. 168 M/Michael Obert; S. 168 Cheryl Ramalho/Shutterstock.com; S. 171 Amnat30/Shutterstock.com; S. 172 M/Dennis Schmelz; S. 172 M/Christopher Schmid; S. 173 Ayazad/Shutterstock.com; S. 174 MehmetO/Shutterstock.com; S. 175 Thiago B Trevisan/Shutterstock.com; S. 176 Schusterbauer.com/Shutterstock.com; S. 177 G/Giuseppe Cacace; S. 178 Pit Stock/Shutterstock.com; S. 179 Vladimir Zhoga/Shutterstock.com; S. 180 CRS PHOTO/Shutterstock.com; S. 180 Denis.Vostrikov/Shutterstock.com; S. 181 G/IndiaPictures; S. 182 G/Christopher Pillitz; S. 183 M/Jane Sweeney; S. 184 Nikhil Bangalore/Shutterstock.com; S. 185 Grisha Bruev/Shutterstock.com; S. 186 Bodom/Shutterstock.com; S. 186 Manivannan T/Shutterstock.com; S. 187 AJP/Shutterstock.com; S. 188 Ruwan Walpola/Shutterstock.com; S. 189 Jaromir Chalabala/Shutterstock.com; S. 189 The Road Provides/Shutterstock.com; S. 190 SamanWeeratunga/Shutterstock.com; S. 191 Kunmingzijin/Shutterstock.com; S. 191 Intreegue Photography/Shutterstock.com; S. 192 G/VCG; S. 193 Beibaoke/Shutterstock.com; S. 195 HelloRF Zcool/Shutterstock.com; S. 195 Jiaye Liu/Shutterstock.com; S. 196 Mary416/Shutterstock.com; S. 197 Jiaye Liu/Shutterstock.com; S. 197 Samatha/Shutterstock.com; S. 198 Guitar photographer/Shutterstock.com; S. 199 Tossapon Nakjarung/Shutterstock.com; S. 200 Cristina Stoian/Shutterstock.com; S. 201 Francesco Lorenzetti/Shutterstock.com; S. 201 Paul Rawlingson/Shutterstock.com; S. 202 Leonardo Schiavone/Shutterstock.com; S. 202 Oscar Espinosa/Shutterstock.com; S. 203 Scenic Vietnam/Shutterstock.com; S. 204 Ton Bangkeaw/Shutterstock.com; S. 204 Nuttawut Suwannate/Shutterstock.com; S. 206 Apiguide/Shutterstock.com; S. 207 Mai111/Shutterstock.com; S. 208 Pond Thananat/Shutterstock.com; S. 208 Mirko Kuzmanovic/Shutterstock.com; S. 209 Blanscape/Shutterstock.com; S. 210 G/Zhao Liu; S. 210 G/DuKai photographer; S. 211 M/Hufton+Crow-VIEW; S. 212 TierneyMJ/Shutterstock.com; S. 213 Sakarin Sawasdinaka/Shutterstock.com; S. 214 EQRoy/Shutterstock.com; S. 215 EQRoy/Shutterstock.com; S. 215 SLinkooo/Shutterstock.com; S. 216 Nishi's Images/Shutterstock.com; S. 217 Structuresxx/Shutterstock.com; S. 218 Markus Mainka/Shutterstock.com; S. 219 Look/Robertharding; S. 221 Cory Woodruff/Shutterstock.com; S. 222-223 Drepicter/Shutterstock.com; S. 224 M/Michael DeFreitas; S. 224 M/David Wei; S. 225 Miroslav Chytil/Shutterstock.com; S. 226 Jacob Boomsma/Shutterstock.com; S. 226 M/Nick Suydam; S. 228 Stephan Rumpf/Süddeutsche Zeitung Photo; S. 229 M/Viennaslide; S. 231 FloridaStock/Shutterstock.com; S. 231 Martina Birnbaum/Shutterstock.com; S. 232 Kan Khampanya/Shutterstock.com; S. 233 Ian Dewar Photography/Shutterstock.com; S. 234 Canadastock/Shutterstock.com; S. 235 Sergey-73/Shutterstock.com; S. 235 Debbie Ann Powell/Shutterstock.com; S. 236 G/Bloomberg; S. 237 G/MediaNews Group; S. 238 M/Nik Wheeler; S. 239 Sean Pavone/Shutterstock.com; S. 240 TheBigMK/Shutterstock.com; S. 241 M/Greg Vaughn; S. 242 Paper Cat/Shutterstock.com; S. 243 M/Maximilian Weggen; S. 243 M/Harald Schön; S. 244 Nikki Gensert/Shutterstock.com; S. 245 Grossinger/Shutterstock.com; S. 245 Georgia Evans/Shutterstock.com; S. 246 Nick Fox/Shutterstock.com; S. 246 Jim Lambert/Shutterstock.com; S. 247 FloridaStock/Shutterstock.com; S. 248 George Burba/Shutterstock.com; S. 249 Randall Runtsch/Shutterstock.com; S. 250 Danny Ye/Shutterstock.com; S. 251 Denis Linine/Shutterstock.com; S. 252 Marti Bug Catcher/Shutterstock.com; S. 253 Pit Stock/Shutterstock.com; S. 255 M/Karol Kozlowski; S. 256 Look/Peter von Felbert; S. 256 G/Arturo Peña Romano Med; S. 257 M/Mauricio Ramos; S. 258 G/Philippe Giraud; S. 259 M/Urs Hauenstein; S. 259 M/Urs Hauenstein; S. 260 M/Alun John; S. 261 M/Alun John; S. 262 G/Jeremy Woodhouse; S. 262 M/Luciano Leon; S. 263 M/Edgar Bullon; S. 264 M/John Warburton-Lee; S. 265 M/Kalypso World Photography; S. 265 Podolnaya Elena/Shutterstock.com; S. 266 Schusterbauer.com/Shutterstock.com; S. 267 G/Peter Giovannini; S. 267 M/Mark Green; S. 268 wirestock creators/Shutterstock.com; S. 269 Chuyuss/Shutterstock.com; S. 269 Locomotive74/Shutterstock.com; S. 270 M/Michele Burgess; S. 271 M/Matt Crossick; S. 272 M/Nigel Greenstreet; S. 273 oscar garces/Shutterstock.com; S. 274 Look/Robertharding; S. 274 M/Diego Grandi; S. 276 M/Marco Sieber; S. 276 M/Vinicius Bacarin; S. 277 Bronis e Drones/Shutterstock.com; S. 278 M/Felipe Tavares; S. 279 M/ImageBroker; S. 279 A/Avalon.red; S. 280 M/AA World Travel Library; S. 281 M/Fernando Quevedo de Oliveira; S. 281 M/Revolucian; S. 282 M/Nick Albi; S. 283 M/Jeffrey Isaac Greenberg; S. 283 M/Travelib; S. 284 M/Karol Kozlowski; S. 284 M/Karol Kozlowski; S. 285 M/Karol Kozlowski; S. 287 Dmitry Naumov/Shutterstock.com; S. 288 Donlawath S/Shutterstock.com; S. 288 Danny Ye/Shutterstock.com; S. 289 Norman Allchin/Shutterstock.com; S. 290 Fritz16/Shutterstock.com; S. 291 Brett Andersen/Shutterstock.com; S. 292 Nick_J/Shutterstock.com; S. 293 ChameleonsEye/Shutterstock.com; S. 294 HP Honeywood/Shutterstock.com; S. 294 MelBrackstone/Shutterstock.com; S. 295 Steve Lovegrove/Shutterstock.com; S. 296 Steve Heap/Shutterstock.com; S. 297 BergelmLicht/Shutterstock.com; S. 297 Lucas Lau/Shutterstock.com; S. 298 Dmitry Naumov/Shutterstock.com; S. 299 Chingfoto/Shutterstock.com; S. 300 Sangchai Olanrittinunt/Shutterstock.com; S. 301 Dan Kosmayer/Shutterstock.com; S. 301 Milonk/Shutterstock.com; S. 302-303 Jiaye Liu/Shutterstock.com; S. 304 Kottysch.Photography/Shutterstock.com; S. 310 Advjmneto/Shutterstock.com

BILDUNTERSCHRIFTEN / IMPRESSUM

Titelfoto:
Mehr als 800 km, mindestens 17 Stunden – der Beach Train auf Thailands Southern Line verbindet Bangkok mit Nakhon Si Thammarat und passiert dabei einen Traumstrand nach dem anderen. Mit dem fahren wir das nächste Mal!

Seite 17:
Die norwegische Flåmbana erklimmt auf einer Länge von nur 20 km insgesamt 867 Höhenmeter und führt an zahlreichen Wasserfällen vorbei.

Seite 133:
Vom Sande verweht sind die Gleise des Desert Express, der durch die afrikanische Wüste Namib zum Atlantik fährt.

Seite 171:
In Kambodscha werden stillgelegte Bahnstrecken heute von sogenannten Bamboo Trains genutzt.

Seite 221:
Schon die Farben machen Lust auf Meer: In den USA fährt der Pacific Surfliner immer am Wasser entlang und bringt die Besucher zum Strand.

Seite 255:
An diesem Zug ist alles alt – der Patagonien Express dampft seit 1950 in gemächlichem Tempo durch den Wilden Westen Argentiniens.

Seite 287:
Der Costal Pacific verbindet Christchurch mit Picton auf der Südinsel Neuseelands und bietet beste Blicke auf Berge, Strände und Wellen.

Anmerkung zu den Reise-Infos:
Alle Angaben wurden von den Autoren sorgfältig recherchiert. Gerade Preise sind jedoch laufend Veränderungen unterworfen: Je nach Saison, Auslastung der Züge und Vorausbuchung können die Preise stark schwanken. Hinzu kommt ein wechselnder Umrechnungskurs bei Ländern, die nicht in der Euro-Zone sind. Die angegebenen Preise dienen also eher der Orientierung und erheben keinen Anspruch auf Genauigkeit.

© 2022 Kunth Verlag, München
– MAIRDUMONT GmbH & Co. KG, Ostfildern
St.-Cajetan-Straße 41
81669 München
Tel. +49 (0) 89 45 80 20-0
Fax +49 (0) 89 45 80 20-21
www.kunth-verlag.de
info@kunth-verlag.de

ISBN: 978-3-96965-013-4
2. Auflage

Printed in Slovenia

MIX
Papier aus verantwortungsvollen Quellen
FSC® C106600

Verlagsleitung: Grit Müller
Redaktion: Elke Sagenschneider Texte und Projekte, München
Gestaltung und Satz: Tim Schulz, Mainz
Text: Daniela Schetar und Friedrich Köthe

Alle Rechte vorbehalten. Reproduktionen, Speicherung in Datenverarbeitungsanlagen, Wiedergabe auf elektronischen, fotomechanischen oder ähnlichen Wegen nur mit der ausdrücklichen Genehmigung des Copyrightinhabers. Alle Fakten wurden nach bestem Wissen und Gewissen mit der größtmöglichen Sorgfalt recherchiert. Redaktion und Verlag können jedoch für die absolute Richtigkeit und Vollständigkeit der Angaben keine Gewähr leisten. Der Verlag ist für alle Hinweise und Verbesserungsvorschläge jederzeit dankbar.